KB175396

잘나가는
조직은

무엇이 다를까

잘나가는
조직은

무엇이 다를까

제니퍼 모스 지음

강유리 옮김 안주연 해제

심심

- 본문의 각주는 모두 옮긴이 주입니다. 참고 문헌은 숫자로 표시했습니다.
- 단행본과 학술지, 보고서는 《》, 잡지, 신문, 영화, TV 프로그램은 〈 〉, 기사와 논문은 ' '로 묶었습니다.

내 작은 섬이자 세상 전부인

짐, 와이어트, 올리비아, 라일라를 위해

리더는 조직 문화 개선에 대해 무엇을 다르게 생각하고 실천해야 하는가?

김호

조직 커뮤니케이션 전문가, 더랩에이치 코치
《직장인에서 직업인으로》 저자

코로나19 이후 기업이 일하는 방식과 젊은 세대가 일에 대해 생각하는 방식은 이전과는 또 다른 방향으로 바뀌고 있다. 이 책은 이 변화의 시점에서 "인재 채용과 유지를 고민하는 리더는 조직 문화 개선에 대해 무엇을 다르게 생각하고 실천해야 하는가?"라는 질문을 다룬다. 이 책의 저자 제니퍼 모스는 조직 문화 개선의 열쇠를 '번아웃'에서 찾는다. 그는 바람직한 조직 문화에서는 리더가 번아웃을 예방하고, 예측하며, 선제적인 조치를 취할 것이며, 그렇지 않은 문화에서는 "번아웃을 각자의 문제"로 돌릴 것이라고 말한다.

중요한 자리에 인재를 오랫동안 뽑지 못하는 기업을 볼 때가 있다. 주변에 물어보면 "그 회사는 사람이 남아나지 않아서 아무도 가려고 하지 않아요"라는 평판이 돌아온다. 이렇듯 번아웃을 조직 문화와 연결시켜 바라보지 않고, 직원의 자기 관리 실패로만 돌리게 되면 성과 저하, 이직률 증가, 더 나아가 인재 고용까지 어려움을 겪게 된다. 기업의 리더들은 젊은 인재들과 어떻게 일해야 할지, 업무로 지쳐 퇴사를 고민하는 직원들 문제를 어떻게 해결할 수 있을지 고민하지만 어디에서부터 시작해야 할지 몰라 걱정만 하거나 "요즘 젊은 직원들은…"이라고 말하며 혀를 차기만 한다. 젊은 인재들의 퇴사가 주요한 문제인 지금, 이 문제를 참고할 만한 가이드가 필요하다.

이 책에는 휴가 일수와 성과의 상관 관계, 기업이 좋은 의도로 실시하는 제도들이 역효과를 내는 사례 등 흥미로운 데이터와 사례가 풍부하게 실려 있다. 또한 직원의 안부를 확인하는 법이나 회의 시간 조정에서부터 휴가 정책 및 프로젝트 우선순위 조정까지 리더들이 현장에서 바로 쓸 수 있는 도구들을 소개한다.

코로나19 이후 찾아온 변화 속에서 팀과 조직 문화에 대해 새로운 각도에서 접근해야 할 필요성을 느끼는 사람, 번아웃으로 떠나가는 직원들 때문에 고민하는 사람은 물론 번아웃의 징후를 느낀 적 있는 사람에게도 이 책을 추천한다. 이 책에 나오는 수많은 도구 중 아주 작은 것이라도, 지금 자신의 상황에서 실천할 수 있는 것을 실행해본다면 조직 문화와 직장 내 관계 뿐만 아니라 성과 측면에서도 자기만의 효과적인 방법을 찾는 데 도움이 될 것이다.

차례

번아웃이라는 전염병

피험자에게 좌우 대칭의 잉크 얼룩을 보여주면서 연상되는 단어를 묻고, 그에 대한 대답으로 피험자의 정신 상태를 진단하는 로르샤흐 테스트Rorschach test를 해본 적 있는가? 이 간단한 테스트를 역순으로 해보자. 내가 제시하는 단어에서 연상되는 이미지를 떠올리면 된다.

　번아웃. 번아웃이라는 단어를 보면 무엇이 떠오르는가? 양옆에 서류 더미를 잔뜩 쌓아둔 채 한 손으로 턱을 괴고 텅 빈 컴퓨터 모니터를 침울한 표정으로 바라보는 남자의 잿빛 이미지? 아니면 방금 불어 끈 성냥개비에서 피어오른 연기가 컴컴한 허공 속으로 흩어지는 모습? 그것도 아니면 각자 다른 유니폼을 입은 아이들이 승합차에서 우르르 내리는 사이 식료품이 가득 든 장바구니 세 개를 들고 쩔쩔매는 어머니의 모습?

어쩌면 당신에게 번아웃은 오후 두 시에 소파에 앉아 엉뚱하기 짝이 없는 모험을 기다리며 담뱃불을 붙이는 세스 로건 Seth Rogen● 유형의 캐릭터처럼 느껴질 수도 있다.

내가 놓친 다른 이미지도 많을 것이다. 슬프게도 21세기에 접어들면서 번아웃의 개념은 비극에 편중된 밈으로 바뀌었다. 그리고 우리가 이 심각한 질병을 고정된 사진 속 이미지처럼 인지한 탓에 매년 전 세계적으로 1조 달러가량의 생산성 손실과 1900억 달러의 건강관리 비용이 발생하며, 미국에서만 12만 명이 번아웃으로 사망할 것으로 예상된다.

일본이 과로로 인한 자살 증가를 막기 위해 과로사 핫라인을 개통했을 때, 우리도 그 긴박함을 깨달았어야 하는 게 아닐까? 그리고 미국의 전국 평균 자살률보다 여성 의사의 자살률이 130퍼센트 더 높다면, 이것을 위기로 간주해야 하지 않을까?

기존의 문제점들을 급격히 악화시킨 팬데믹은 또 어떤가? 나는 오랫동안 번아웃을 연구했고, 번아웃을 해결하기 위해 여러 조직과 함께 일했지만 2020년을 보내면서 이 주제를 그 어느 때보다도 더 깊이 이해하게 되었다.

오래전부터 나는 "번아웃이 심각해지고 있습니다. 사람들이 아프다고요!"라고 외치며 이 사태에 대해 경각심을 가지자고 호소했

●　캐나다 출신의 배우 겸 코미디언.

다. 그러다가 우리 모두가 느닷없이 미증유의 사태 속에 내던져졌다. 4월까지 26억 명이 락다운에 들어갔고, 전 세계 노동 인구의 81퍼센트가 근무하는 직장이 전면 혹은 부분 폐쇄되는 경험을 했다.[1] 상당한 비율의 지식 노동자가 재택근무를 시작했고, 많은 이가 줌Zoom●●을 이용하면서 이 서비스의 일일 활성 사용자는 1000만 명에서 2억 명으로 급증했다.[2] 이 갑작스러운 변화는 이제껏 다른 무엇으로도 할 수 없던 일을 이루어냈다. 우리가 그동안 얼마나 무리하며 지냈고 다들 얼마나 지쳐 있었는지 드러낸 것이다. 그리고 이 상황은 번아웃을 훨씬 더 악화시켰다.

번아웃이 정신건강에 막대하고 심각한 위협을 끼친다고 생각하는 사람은 나 말고도 많지만, 소수 전문가 그룹의 노력만으로는 문제를 해결하기에 충분하지 않다.

문제 해결을 위해 모두가 분발해야 한다. 만연해 있고 빠르게 커지는 이 문제를 무시할 경우 너무 많은 비용이 들 뿐만 아니라 감당하기 힘든 인적 손실이 발생할 것이 분명하기 때문이다. 직원들이 건강하고 행복하며 높은 성과를 낼 수 있는 직장 환경을 조성해야 한다. 직원들이 가까스로 버티는 게 아니라 왕성하게 성장할 수 있는 환경 말이다.

번아웃과의 싸움은 심적으로 매우 힘들고 어려운 일처럼 느껴

●● 비디오 및 오디오 회의, 채팅 등의 서비스를 제공하는 가상 회의 플랫폼.

질 수 있지만 적절한 도구가 있다면 생각보다 쉬울 수도 있다. 그리고 준비가 되어 있건 아니건 이건 시급한 문제다. 우리는 번아웃이라는 전염병을 겪고 있다.

이 질병이 전 세계의 직장을 집어삼키는 지금이야말로 번아웃에 대해 재고해야 할 때다.

번아웃을 재고하다

직장 내 번아웃의 개념은 1970년대에 생겨났지만, 의료계는 그것을 어떻게 정의할지에 대해 오랫동안 논쟁을 벌였다. 2019년 세계보건기구WHO는 마침내 제10차 국제질병분류ICD-10에 번아웃을 포함시키면서 이를 "만성적 업무 스트레스가 제대로 관리되지 못한 결과로 발생하는 일련의 증상"이라고 규정했다.[3] 번아웃에는 다음 세 가지 특징이 있다.

- 에너지 고갈과 소진.
- 직장이나 업무와 관련한 거부감 또는 부정적인 생각의 증가. 냉소주의.
- 업무 효능감의 감소.

WHO의 정의는 번아웃이 단순히 직원 개인의 문제 이상임을

● '질병'이 아닌 '직업 관련 증상'으로 정의했음에 유의해야 한다.

잘나가는 조직은 무엇이 다를까

인정한다는 점에서 중요하다. 번아웃이 조직 수준의 해결책이 필요한 조직적인 문제라는 뜻이다.

내 경험상 좋은 관리자들은 번아웃을 문제로 인식하고, 좋은 기업은 직원의 스트레스를 낮추고 그들의 안녕을 증진하는 데 도움이 되는 복리 후생을 제공하기 위해 최선을 다한다. 하지만 솔직해지자. 이러한 시도는 취지가 얼마나 훌륭하든 효과가 없다. 자기 돌봄은 수십 년 동안 유행한 예방책이었다. 그런데도 번아웃은 늘어나고 있다. 이유가 뭘까? 우리가 번아웃의 진짜 원인인 구조적·조직적 요인을 무시하고 있기 때문이다.

번아웃 문제를 해결하고 싶다면 무엇보다 "번아웃은 사람 문제가 아니라 조직 문제"라는 진리를 되새기고 받아들여야 한다. 요가, 휴가, 웰니스 기술, 명상 앱은 컨디션이 좋아지고 더 건강해졌다고 느끼게 도울 수 있다. 하지만 이러한 도구가 '치료법'임을 암시하는 것은 위험하다. 이것은 무슨 의미일까? 우선 번아웃을 예방하고 관리할 책임을 더 이상 개인에게 맡겨서는 안 된다는 뜻이다. 그리고 리더와 조직이 담당하는 역할을 돌아볼 필요가 있다.

대표적인 번아웃 전문가인 크리스티나 매슬랙Christina Maslach과 수전 잭슨Susan Jackson, 마이클 라이터Michael Leiter에 따르면 번아웃의 근본 원인은 여섯 가지로 다음과 같다. 이는 대다수 관련 학술 연구의 기반이 된다.[4]

1. 과도한 업무량.

2. 통제력 상실.

3. 보상 또는 인정 부족.

4. 빈약한 인간관계.

5. 공정성 결여.

6. 가치관 불일치.

이 목록은 번아웃의 근본 원인이 노동자에게 있는 것이 아니며 경영진이 선제적으로 예방 전략을 개시한다면 번아웃을 피할 수 있음을 명확히 보여준다.

매슬랙은 나에게 탄광의 카나리아를 상상해보라고 했다. 건강한 카나리아는 탄광 안으로 들어가는 내내 계속 지저귄다. 하지만 어느 순간 카나리아가 일산화탄소에 노출되어 더 이상 지저귀지 않는다면 사람들은 카나리아가 왜 병들게 되었는지 이유를 궁금해할까? 그렇지 않다. 답이 너무나 명확하기 때문이다. 탄광이 새를 병들게 한 것이다.

나는 이 이미지에 깊은 인상을 받았다. 낙관주의, 감사, 희망과 같은 감성 지능 기술을 키운 사람들은 성공적인 업무 수행에 필요한 힘을 일시적으로 얻을 수도 있다. 그러나 직원이 번아웃과 싸우고 있다면 리더는 멈춰서 그 이유를 곰곰이 자문해야 한다. 조금 더 근성을 발휘하거나, 요가 수업을 한 번 더 가거나, 마음챙김 수업을 들는다면 번아웃을 피할 수 있을 거라는 식의 암시를 줘서는 안 된다. 나는 오래전부터 공감과 낙관의 리더십을 지지했다. 또 일과 삶에서 더 행복해지고 높은 성취감을 얻으려면 감사의 기술을 연습해야 한다고 믿는다. 스트레스에 더 잘 대처하려면 회복력을 길러야 한다는 생각에도 동의한다. 하지만 이러한 도구들은 번아웃의 치료법이나 백신이 될 수 없다.

좋은 기업 문화는 올바르게 실행된 조리법과 같다. 적절한 재료(직원)로 적절한 지시(정책)를 따라 결과물을 만들어낼 수 있는 사람(경영진)이 필요하다. 누구든 이 기본 틀을 따라 하면 맛있는 요리를 즐길 수 있다.

나쁜 기업 문화는 이러한 구성 요소들이 제대로 조합되지 않은 결과다. 내가 이 비유를 사용하는 것은 문화가 번아웃에 중대한 영향을 끼친다는 사실을 강조하기 위해서다. 번아웃은 문화 안에서 전염되므로 그 예방법을 다시 생각해야 한다.

리더는 직원들이 정신건강과 행복에 도움이 되는 기술을 기를 수 있도록 도와야 한다. 하지만 번아웃에 맞서는 것은 완전히 차원이 다른 이야기다. 각자의 행복을 최종적으로 책임지는 것은 자신의 몫이지만, 행복을 빼앗는 게 아니라 뒷받침해줄 환경을 마련하는 것은 리더의 몫이다. 번아웃은 이러한 환경이 무너질 때 발생한다.

번아웃은 한 분야에만 국한되지 않는다. 전 세계적으로 수천 가지 산업과 업종의 수많은 노동자가 극심한 번아웃을 경험한다. 나는 오랫동안 그들의 이야기를 너무나도 많이 들었다. 언제 들어도 충격적이고 화가 나며 마음이 아프다. 이 책을 쓰게 된 이유이자 내가 얻은 가장 흥미로운 깨달음은 그 이야기들에 나타난 일관성이었다. 그리고 그것은 거의 언제나 예방 가능한 원인과 연결된다. 번아웃에 관한 거의 모든 책이 자기 돌봄이 치료법이라고 암시한다. 그래서 자기 돌봄이 실제로는 번아웃을 해결할 수 없다는 사실을 알면 사람들은 대부분 충격을 받는다.

더 나은 결과를 얻으려면 행복으로 연결되는 선제적 대응 방법이 무엇인지, 그리고 무엇이 안녕을 해치는지 잘 파악해야 한다.

번아웃은 어떻게 일어나는가

갤럽 자료에 따르면 전 세계 노동 인구의 15퍼센트만이 업무에 헌신한다고 한다. 미국의 비율은 대략 30퍼센트로 훨씬 높지만 우리가 직장에서 보내는 시간이 매우 길다는 것을 생각해보면 여전히 우울한 통계다.[5] 실제 계산에 의하면 근무시간의 총합은 우리가 평균적으로 깨어 있는 시간의 50퍼센트인 9만 시간에 달한다.[6]

내가 하는 일을 중요하게 느끼고 집중력과 활력이 있을 때, 업무 수행은 상당한 기쁨을 안겨줄 수 있다. 일 덕분에 인생의 의미를 찾고 성취감을 느낌으로써 만족도도 올라간다. 하지만 너무나 많은 사람이 업무에 집중하지 못하며 일이 즐겁지 않다고 이야기하다 보니, 직장은 지나치게 단순화된 이미지를 얻었고 자주 텔레비전 시트

콤과 유머의 소재가 되곤 한다.

만약 외계인이 텔레비전 드라마 〈오피스The Office〉를 시청한다면 그 내용이 비극인지 희극인지 어리둥절할 것이다. 그래도 극 중에서 가장 지혜로운 캐릭터인 마이클 스콧Michael Scott의 다음 대사에는 배울 점이 있다. "어느 누구도 출근하면서 '아, 여기서 오늘 죽을지도 몰라'라는 생각을 해서는 안 됩니다. 병원이 왜 있겠어요. 사무실은 꿈이 실현되는 공간입니다."[7] 적어도 일터는 그런 곳이어야 하지 않겠는가?

직장의 클리셰는 클리셰의 본질상 쉽사리 사라지지 않고 현실을 반영하는 경향이 있다. 이를테면 항상 정해진 시간을 넘기는 회의가 그렇다. 시간 도둑질은 이름을 적어 공용 냉장고에 넣어둔 도시락을 훔쳐 먹는 사람 못지않게 짜증스럽다. 망가진 복사기나 끝없이 돌아가는 화면 로딩 이미지도 시간을 잡아먹는 도둑이다. 싱크대 위에 붙어 있는 수동 공격적인 메모와 애당초 그렇게 정중하지만 뼈가 있는 내용의 메모를 쓰게 만든 원인인 싱크대 안에 남겨진 설거지거리도 짜증스럽기는 매한가지다.

이런 것들은 작은 조약돌이다. 일이 만족스럽고 내가 직장에서 가치 있는 존재라고 느끼며 업무에 열중한 상태라면 이 정도의 성가신 일들은 충분히 감수할 수 있다. 고쳐질 거라는 믿음이 있고 좋은 문화가 있다고 여기기 때문이다. 조직이 리더십에 대한 인간 중심적 접근 방식을 꾸준히 강조한다면, 이러한 자잘한 문제점은 눈 한번 딱 감고 넘길 수 있다.

하지만 시스템이 무너지고 직원들이 과로하면서도 저평가되며 과도한 통제를 받는다고 느끼는 경우, 경영진에 대한 신뢰는 사라지고 이 작은 조약돌은 무시할 수 없는 바윗돌로 바뀐다.

번아웃은 소진된 느낌과 함께 시작되지만 머지않아 자신의 능력에 대한 의심이나 자책, 혹은 둘 다로 이어진다. 이에 자기효능감이 떨어지고 냉소적인 기분이 들며 무력감이 뒤따른다. 번아웃과 관련된 이야기는 어마어마하게 많다. 대부분 만성적 스트레스에서 비롯된 단순한 소진이 그 시작이다.

조직심리학자이자 경영 코치 겸 트레이너인 에얄 로넨 Eyal Ronen 은 한때 영업 사원으로 일하던 회사에서 어느 날 노트북 화면 보호기가 바뀐 것을 알아차리면서 자신이 번아웃 상태임을 깨달았다고 한다. 화면 보호기는 직원들이 일정한 영업 목표치를 달성하면 '따낼' 수 있는 휴가지 사진을 번갈아 가며 보여주었다. 영업 중심의 조직에서 이례적인 일은 아니었지만 로넨에게 그것은 회사와 자신의 가치관이 일치하지 않는다는 증거였다. "회사가 저를 바보 취급하면서 아주 원시적인 방법으로 동기부여를 하려고 한다는 생각이 들었어요. 회사도 마음에 들었고 판매하는 제품들도 좋아했지만 저는 그런 식으로 동기부여가 되는 사람이 아니거든요. 회사의 목적과 연결되어 있다는 느낌을 받고 싶었죠."

조짐은 그전부터 보였다고 한다. 로넨은 장시간 초과근무를 해야 했고, 자신의 가치관과 조직의 목적이 일치하지 않는다고 느꼈다. 그러니까 그날 컴퓨터 앞에 앉아 화면 보호기를 봤을 때 로넨의 번아웃은 이미 진행 중이었다. 화면 보호기는 회사를 떠나기로 마음먹는 계기가 되었을 뿐이다.

번아웃은 늘 이런 식으로 시작된다. 다양한 사람들이 겪은 수천 가지 사례를 보면 결국 다들 비슷하게 조약돌이 바윗돌이 되는 경험을 한다. 이를테면 몇 개월 동안 동료들과 끊임없이 언쟁을 벌인다거나, 거의 아무런 교육도 받지 못한 채 새로운 역할을 떠맡아 업무를 해내기 벅찬 상황들 말이다. 번아웃은 얼핏 무해하고 따분해 보이는 일들에서 생기지만, 원래 사람을 무너뜨리는 건 아주 작고 하찮은 것인 법이다.

스톡홀름 카롤린스카 연구소의 정신과의사 겸 교수 마리 오스베리Marie Åsberg는 그것을 "벽에 부딪힌다"라고 표현했다. 이는 노동자가 추가적인 부담을 받아 정신적 붕괴를 경험하는 상태를 가리킨다. 오스베리는 이렇게 더는 다른 것을 받아들일 수 없는 상황을 "여지가 없는 상태"라고 부른다. 우리 대부분은 너무 무리하게 일하며 오랫동안 만성적으로 스트레스를 겪었기 때문에 실수에 대한 허용치가 전혀 없다. 하지만 안타깝게도 인생에는 뜻대로 되지 않는 상황들이 있기 마련이다. 스트레스 요인은 언제나 존재하므로 여지가 시험받지 않기를 기대하는 것은 현실적이지 않다.

로넨에게는 화면 보호기가 최후의 일격이었다. 화면 보호기는 로넨과 직장 사이의 거래 관계를 상징했다. 그는 목적의식을 원했고 가치 있는 존재로 대우받고 싶었으나 단절감과 거리감을 느꼈다. 그래서 로넨은 벽에 부딪혔다.

오스베리는 스웨덴에서는 번아웃을 다르게 정의한다고 말한다. WHO의 제10차 국제질병분류에서 번아웃은 적응 장애와 외상 후 스트레스 장애처럼 과도한 스트레스로 인해 스트레스 요인이 사라지고 난 뒤에도 스트레스가 지속되는 의학적 상태로 분류된다. 극심한 번아웃에 시달리는 스웨덴인들은 이러한 의학적 상태를 질병으로 인정받는다.

오스베리는 이러한 상태가 업무에서 시작되어 삶의 모든 영역으로 퍼져나간다고 말한다. 번아웃은 만성 스트레스로 인한 소진 장애다. 오스베리는 일이 생활을 장악하고 다른 곳에 관심을 돌릴 여지가 사라져 결국 완전한 소진 상태에 이르는 현상을 '소진 깔때기' 모형으로 설명했다.

오스베리에 따르면 대부분의 사람은 번아웃에서 회복하는 데 여러 달이 걸린다고 한다. 사람에 따라서는 2년 이상이 걸릴 수도 있으며, 그 후로도 지속적으로 정신적 충격의 영향을 겪을 수 있다. "제 경험상 환자가 극심한 소진 장애에서 회복하는 데 필요한 유일하고도 현실적인 도구는 시간이었습니다. 애초에 이 재난에 가까운 상황이 벌어지지 않도록 예방하는 것이 중요한 이유죠."

로넨은 그 회사와 업계를 떠났다. 번아웃에서 회복한 후에는 자기 사업을 시작해 훌륭한 다국적기업으로 키워냈다. 그가 떠난 조직의 입장에서는 인재 손실이었지만 지금 경영하는 새 회사에는 득이 되었다. 이 반가운 소식은 번아웃을 겪더라도 잃었던 것을 되찾을 수 있다는 희망을 보여준다. 하지만 그러려면 한때 소중히 여겼던 무언가를 내려놓아야 할 수도 있다.

로넨은 번아웃에 시달렸지만 예전 회사에서 보낸 시간을 건전한 방향으로 리프레이밍reframing● 했다. 그는 회사의 복지 혜택은 번아웃을 멈추지 못했다고 말한다. 이것은 최근 몇 년 사이 내가 얻은 가장 큰 깨달음이며, 내 연구와 집필에 엄청난 영향을 주었다. 로넨은 그곳이 일하기 '좋은 회사'였지만 번아웃 예방에 대해서는 완전히 잘못 짚고 있었다고 지적했다.

위기에 처한 직장 내 안녕

나는 기자 겸 컨설턴트로 오랫동안 만성 스트레스에 맞서 싸우는 경영자들을 도우며 번아웃의 치명적인 영향을 목격했다. 하지만 팬데믹은 이 문제를 전염병 차원으로 끌어올렸다. 우리는 이제 번아웃 그 이상의 상태에 다다랐다.

2020년 말부터 2021년 초까지 나는 라이터와 매슬랙, YMCA 워크웰의 통찰과 연구 부서 책임자인 데이비드 화이트사이드David Whiteside

---

● 기존에 갖고 있던 사고방식이나 마음가짐의 틀을 바꾸는 방법.

와 함께 팬데믹이 직장 내 안녕과 번아웃에 끼치는 영향을 깊이 있게 이해해보기로 했다. 우리는 몇 가지 증거 기반 척도를 종합해 조사를 수행했다. 이를테면 매슬랙 번아웃 목록 일반 설문MBI-GS을 이용해 번아웃에 대한 심리 검사를 수행하고, 직장 생활 영역 설문AWS을 통해 몰입 혹은 번아웃 경험에 영향을 끼치는 업무 환경에 대한 직장인들의 인식을 평가했다.

〈하버드비즈니스리뷰Harvard Business Review〉의 지원을 받아 우리는 2020년 가을에 46개국에서 다양한 업종·역할·직급의 응답자 1500명 이상에게 답변을 받았다. 응답자의 67퍼센트는 중간 관리자 이상의 직급이었다.

이를 통해 우리가 알게 된 사실을 한마디로 정리하면, 번아웃은 전 세계적인 문제다. 몇 가지 통계를 살펴보자.

- 응답자의 89퍼센트는 직장 생활이 점점 나빠지고 있다고 답했다.
- 85퍼센트는 행복감이 감소했다고 답했다.
- 56퍼센트는 직무 요구 사항이 늘었다고 답했다.
- 업무량을 감당하느라 힘겨워한 사람들의 62퍼센트는 이전 3개월 동안 번아웃을 '자주' 혹은 '매우 자주' 경험했다.
- 직장인의 57퍼센트는 팬데믹이 업무에 '큰 영향'을 주었거나 업무를 '완전히 장악'했다고 느꼈다.
- 전체 응답자의 55퍼센트는 가정 생활과 직장 생활의 균형을 맞추지 못

했다고 느꼈으며, 그중 53퍼센트는 균형을 맞추지 못한 구체적인 이유로 자녀의 재택 수업을 언급했다.

- 25퍼센트는 가족과, 39퍼센트는 동료들과, 50퍼센트는 친구들과 강한 유대감을 유지하기가 힘들다고 느꼈다.
- 21퍼센트만이 자신의 행복도를 '양호'라고 평가했고, 겨우 2퍼센트가 '우수'라고 답했다.

이 설문 대상자 1500명은 팬데믹 이전 MBI-GS 조사에 응한 5만 명가량의 응답자보다 번아웃 특성에 훨씬 더 정확하게 부합했을 뿐 아니라 MBI-GS에서 이야기하는 번아웃의 두 예측 변수인 소진과 냉소 항목에서도 매우 높은 점수를 나타냈다.

라이터는 이러한 설문 응답을 통해 많은 사람이 업무에서 심각한 혼란을 겪고 있음이 명확히 드러났다고 지적했다. "사람들이 전보다 더 지친 상태인 것은 놀라운 일이 아닙니다. 일과 생활을 원활하게 유지하기 위해 열심히 일하고 있으니까요. 하지만 냉소가 늘어났다는 점은 심각한 문제예요. 냉소는 세상에 대한 신뢰감이 없음을 반영합니다. 팬데믹에 제대로 대비하지 못한 정부에 실망감을 느낄 뿐 아니라 팬데믹으로 인해 드러난 업무 및 복지의 불공정함에 낙담한 사람들이 너무나 많습니다."

특히 밀레니얼 세대가 가장 높은 수준의 번아웃을 겪는 것으로 드러났다. 주된 이유는 업무상의 자율성이 크지 않고 직급이 낮으며 금전적 스트레스 요인이 많고 외로움을 많이 타기 때문이다. 우리 연구에 따르면 외로움은 번아웃의 가장 큰 요인이었다. 밀레니얼 세대인 한 직장인은 이렇게 말했다. "팬데믹은 저의 안녕에 어마어마한 영향을 끼쳤어요. 정신건강 문제를 겪었고, 그로 인해 커다란 걸림돌들이 생겼죠. 예전처럼 운동을 할 수 없어서 건강 상태도 나빠졌어요. 경제적으로도 타격을 입었고요. 제 경력이 뒤로 주춤했다고 느껴요."

우리 팀은 3300개의 응답을 읽으면서 몹시 가슴이 아팠다. 스트레스와 불안이 균열 사이로 스며들고, 정신의 심연을 통과하며 피어오르고 있었다. 그들의 두려움이 뼈저리게 느껴졌다. 더 나쁜 것은 정신건강이 악화하는 상태인데도 사람들이 그냥 방치되고 있다는 점이었다. 많은 응답자가 직장에서 정신건강에 관해 이야기할 수 없다고 느꼈으며, 그 결과 해당 그룹의 67퍼센트가 번아웃 위험에 처해 있었다.

데이터는 팬데믹이 노동자들을 무겁게 짓눌렀음을 드러낸다. 하지만 이 기간에도 고용주들은 직원들에게 그저 일반적인 복지 혜택을 들이밀었을 뿐이다.

다국적 회계 법인에서 근무하는 한 여성 임원은 최근 회사가 전 직원에게 명상 앱 이용권을 나눠주었다고 말했다. 본사에서 몇 차례 이메일을 보내 이 앱이 제공하는 여러 가지 멋진 기능과 혜택을 소개했지만, 그는 아직 로그인할 시간조차 내지 못했다고 한다. 하루 중 그런 여유가 생긴다면 차라리 입안에 그래놀라 바를 하나 욱여넣고 화장실에 다녀오겠노라고 이야기하며 어이없다는 듯 웃었다. "너무나 아이러니한 상황이죠. 명상 앱이 필요 없도록 이곳을 스트레스가 적은 곳으로 만드는 것이 먼저 아닌가요? 벽에다 대고 이야기하는 기분이지만요."

하지만 긍정적인 소식도 있다. 나와 이야기를 나눈 사람 중 몇몇은 고용주가 스트레스를 헤쳐나갈 수 있도록 직원들을 돕는 일에 관심을 보여서 감사하다고 말했다. 직원 복지를 챙기는 방법은 셀 수 없이 많지만 이것은 "마음만으로도 고마운" 경우였다. 어떤 회사는 위기의 순간을 잘 헤쳐나가고 어떤 회사는 그러지 못하는 이유가 무엇인지 되새길 수 있었다.

연구를 통해 우리는 스트레스가 증가하는 시기에 직장에서의 안녕을 예측하는 중요한 지표가 신뢰와 커뮤니케이션임을 알 수 있었다. 고용주가 어려운 여건 속에서도 최선을 다하고 있다고 믿는 경우, 상황에 대한 이해의 폭이 훨씬 넓어졌다. 상사가 줌으로 하는 요가를 권했지만 그게 너무 싫으면 어떤가? 적어도 상사는 노력하는 모습을 보여주었다. 반려동물 퍼레이드나 가족과 함께하는 해피 아워가 꾸준히 이어지지 못한들 무슨 상관인가? 회사는 방법을 찾는 중이다.

이러한 신뢰는 위기가 닥치기 전에 쌓아두는 것이 바람직하지만, 수시로 허심탄회하게 소통하면서 쌓아나갈 수도 있다. 어떤 회사는 이미 하고 있는 것보다는 팀의 리더들이 앞으로 어떤 식으로 방법을 찾아나갈 것인지를 더 자세히 설명했다. 그리고 모두가 한마음으로 노력하는 것이야말로 성공을 결정짓는 요소였다.

팬데믹처럼 낯선 상황에서 겸손과 공감의 리더십은 큰 도움이 되므로 이러한 역량을 미리 길러두는 것이 중요하다.

공감하는 리더십을 향해

나는 리더들과 대화할 때, 공감하는 리더십의 정의를 번아웃 예방과 관련지어 다시 한번 내려보라고 권한다. 리더들은 흔히 공감이라고 하면 '그들에게 대접받고자 하는 대로 그들을 대접하라'라는 황금률의 법칙을 떠올린다. 하지만 그걸로는 충분하지 않다. 진심 어린 공감을 보여주고 싶다면 "그들이 자기 자신을 대하는 대로 그들을 대해야" 한다. 그러려면 리더 자신의 욕구에서 벗어나 자신이 가진 편견과 특권을 인식하고 없애며, 직원들의 말을 적극적으로 경청한 다음 필요한 행동을 취해야 한다.

아울러 리더는 자기 자신도 돌봐야 한다. 일이 삶에서 꼭 필요하고 건강한 요소가 될 수 있음을, 특히 일이 성취감과 행복감을 줄 때 그렇다는 것을 인정해야 한다. 메이요 클리닉˚의 연구에 따르면 일과 삶을 좀 더 균형 잡힌 시각으로 대하는 의사들은 번아웃을 경

●   미국의 대표적인 종합 병원.

험할 가능성이 현저히 낮은 것으로 나타났다.[8]

그렇다고 목적의식이 높은 직원이나 리더들이 번아웃의 영향을 받지 않는 것은 아니다. 오히려 더 위험할 수도 있다. 이 책의 후반부에서 자세히 살펴보겠지만 '사랑하는 일을 하면 평생 하루도 일하지 않게 될 것'이라는 오래된 격언은 그럴듯한 발상이지만 완벽한 착각에 가깝다.

흥미로운 사실을 한 가지 말하자면 1599년 윌리엄 셰익스피어William Shakespeare는 《열렬한 순례자The Passionate Pilgrim》의 일곱 번째 시를 썼고, 그 작품에서 최초로 '번아웃burn'd out'이라는 표현이 등장했다. 그 후로 사람들은 열정을 사랑에 관한 에너지가 소진되는 과정처럼 표현하게 되었다.[9] 말할 필요도 없이 많은 사람이 자기 직업을 사랑한다. 그리고 그중 다수가 번아웃에 빠진다. 또렷한 목적의식이 연료로 작용할 수도 있지만, 사명감으로 열정을 불태우다 보면, 정작 본인은 남에게 건네는 조언을 실천하기가 쉽지 않다. 실은 나 역시 번아웃으로 인해 전문가에서 피해자가 된 경험이 있다.

지식과 도구를 갖춘 사람에게도 맹점은 있다. 하지만 그것은 전부 간단한 해결책으로 예방할 수 있다. 그러니까 벽에 부딪히고 나서야 삶에 이러한 변화를 일으키려고 하거나 다른 사람들이 벽에 부딪힌 다음에야 대응하려고 하지 말라. 우리는 어떠한 상황에서든 다른 사람과 우리 자신에 대한 책임을 다해야 한다.

마지막 당부가 있다. 이것은 조직 내 번아웃 예방법에 관한 팁을 제시하고 끝나는 책이 아니다. 번아웃을 완전히 다시 생각하는 방법에 관한 책이다. 전 세계 모든 산업에서 번아웃은 기록적인 수준에 도달한 상태이며, 당신도 언제든 번아웃에 빠질 수 있다. 당신은 내가 그랬듯 직원들에게 휴가를 내라고 말하고, 그들이 괜찮은지 살피면서도 정작 자신은 전혀 돌보지 않고 있을지 모른다.

더는 그래서는 안 된다. 우리는 번아웃의 실체가 무엇인지, 번아웃이라는 전염병이 번지는 세상에서 살아간다는 것이 어떤 의미인지 이해한 후, 번아웃의 전파를 막기 위해 우리가 맡아야 하는 역할을 새롭게 배워나가야 한다.

이 책 전반에 걸쳐 나는 번아웃에 관해 당신이 알고 있는 모든 지식에 의문을 던지고 거기에 대처하는 새로운 기술을 익히도록 요구할 것이다. 실제 사례를 통해 최고 또는 최악의 직장을 가까이 들여다보고, 흥미로운 사례 연구와 조사 결과, 뛰어난 통찰들을 살펴봄으로써 우리는 완벽하게 해결 가능한 문제를 해결하기 위한 공동의 접근법을 개발할 수 있을 것이다.

1부

통찰

1 번아웃의 여섯 가지 근본 원인

번아웃은 하루아침에 일어나는 일이 아니다. 일상적인 만성 스트레스를 극복하는 기술과 스트레스에 적응하는 능력이 서서히 쇠퇴해 마침내 스트레스가 사람을 압도하는 현상이다. 그러므로 지금은 리더 위치에 있는 사람들이 번아웃 예방에 도움이 되지 않는 행동이 무엇인지 짚어볼 적절한 때다.

번아웃을 줄이는 방법으로 가장 추천하고 싶지 않은 것은 사람들에게 그냥 거절하라고 말하는 것이다. 대다수 직원은 상사나 고객에게 "죄송하지만 그럴 수 없습니다"라고 말할 형편이 아니다. 그것은 편견과 특권 의식으로 찌든 발상이며 피해자를 탓하는 행위이므로 더욱 나쁘다. 하지만 안타깝게도 과로를 줄이는 방법이라며 이 조언이 여전히 통용된다.

또한 요가 수업에 가거나 체육관에 가서 땀을 흘린다고 해서 번아웃이 사라지는 건 아니라는 점도 상기하는 게 좋겠다. 숨을 가다듬거나 심호흡을 깊게 한다고 해서 번아웃이 개선되지는 않는다. 빗소리를 30초 동안 가만히 듣는다고 예방할 수 있는 것도 아니다. 이것은 현실을 부정하고 싶은 리더들의 심리일 뿐이다.

물론 자기 돌봄은 유익하다. 필요할 때 기분을 북돋울 수 있고, 웰빙 전략의 하나로 곧잘 활용된다. 하지만 그것은 술책이지 전략이 아니다. 그리고 번아웃을 예방하는 것과는 꽤나 거리가 있다.

번아웃은 열악한 직장 내 관행과 정책, 시대에 뒤떨어진 제도적 유산, 위험에 노출되기 쉬운 역할과 성격, 변하지 않는 사회·구조적 문제가 너무 오랜 기간 동안 복합적으로 우리를 괴롭힌 결과로 생긴다.

현실 부정을 벗어났다면 번아웃의 근원이 무엇인지 더 깊이 파헤쳐보자. 반가운 소식은 원인이 어디에 있는지 파악하고 선제적으로 대처하기만 한다면 미리 손을 쓸 수 있다는 것이다.

앞에서 말했듯 크리스티나 매슬랙과 수전 잭슨, 마이클 라이터는 수십 년에 걸쳐 진행한 연구와 매슬랙 번아웃 목록[MBI]을 통해 번아웃의 근본 원인으로 다음과 같은 요소를 꼽았다.

1. 과도한 업무량.

2. 통제력 상실.

3. 보상 또는 인정 부족.

4. 빈약한 인간관계.

5. 공정성 결여.

6. 가치관 불일치.

번아웃의 여섯 가지 근본 원인을 언급하면 어떤 사람들은 이 원인을 전부 겪어야 번아웃이 오는 것인지 묻는다. 내 답변은 단호하게 '아니요'다. 각 원인이 모두 치명적이지만 몇몇 원인은 상대적으로 더 많이 나타난다.

위의 근본 원인들을 하나하나 자세히 다룰 예정이지만, 먼저 이 여섯 가지 근본 원인 뒤에 도사리고 있는 중요한 요인인 열악한 기업 위생에 대해 살펴보고 그것이 직원들의 필요 및 욕구와 어떻게 충돌하는지 알아보도록 하자.

동기-위생 이론

번아웃의 뿌리는 열악한 기업 위생과 결부된 경우가 많다. 기업 위생이 무슨 뜻이냐고? 아주 간단하게는 우리가 알고 있는 좋은 위생 습관과 관련 지어 이해할 수 있다. 이를 닦고 샤워를 하고 머리를 빗는 것처럼 신체를 건강하게 유지하는 기본적인 활동은 너무나 일상적이라서 그 활동을 하고 있다는 사실조차 잊어버리기 쉽다. 하지만 만약 이 활동들을 하지 않으면 본인은 즉시 차이를 느끼고, 나중에는 주변 사람들도 느끼게 된다.

직장에서도 이런 기본적인 욕구가 반드시 충족되어야 한다. 조직 위생은 아무도 의식하지 못할 만큼 깊이 박혀 있어야 한다. 좋은 위생 상태란 직원들에게 합당한 보상이 제때 이루어지고, 직원들이 신체적·정신적으로 안전하다고 느끼며, 모두가 자신이 하는 업무를 이해하고, 혹시 잘 모른다면 필요한 도구와 자원을 구할 수 있으며, 직원들끼리 원만하게 지내는 등의 아주 기초적인 상태가 유지되는 것을 말한다. 하지만 슬프게도 '상식적인 것이 그렇게 흔한 것은 아니다'라는 옛말은 사실일 때가 많다.

조직 내부에서 기본적인 위생 요건이 제대로 충족되지 않는데 리더가 이를 알아채지 못할 수도 있다. 누군가가 괴롭힘을 당하고 있는데 그걸 눈치채지 못한 적이 있는가? 직원들이 심리적 안전감을 느끼는가? 보상과 인정이 엉뚱한 사람에게 돌아간 적이 있는가? 모든 팀원이 지금 자신이 해야 할 일을 알고 있는가?

프레더릭 허즈버그Frederick Herzberg는 1960년대 초에 조직 위생 이론을 처음 제안한 사람이다. 그의 이론은 2요인 이론 혹은 동기-위생 이론으로 알려졌는데, 기본 욕구가 아니라 동기 요인이 충족되어야 직무 만족도를 유지할 수 있다는 내용이 핵심이다.[1] 허즈버그는 만족과 불만족이 연속선상에 있는 것이 아니라 서로 독립적이라는 사실을 발견했다. 다시 말해 만족이 커진다고 해서 불만족이 감소하는 것은 아니라는 뜻이다.

기본적으로 직원이 불만족 상태에 처하지 않으려면 위생 요인이 필요하고, 직원이 더 높은 성과를 내도록 장려하려면 동기 요인이 필요하다. 허즈버그는 '어떻게'와 '왜'라는 기준으로 사람들의 행동을 분류했다. 예를 들어 업무 관련 행동을 '해야 하니까' 하는 경우, 그 행동은 동작movement으로 정의되지만, 업무 관련 행동을 '하고 싶어서' 하는 경우, 그 행동은 동기motivation로 정의된다.

가령 어떤 직원이 "병실 바닥 청소는 내 일이니까 꼭 해야 해"라고 말하는 경우와 "환자들을 위해 바닥을 윤이 나게 닦으면 쾌유를 돕는다는 기분이 들어서 참 좋아"라고 말하는 경우를 떠올려보라. 리더는 직원들이 자기 일에 대해 후자에 가깝게 생각할 수 있도록 노력해야 한다.

이 이론을 적용하면 고용주는 직원의 역할에 대한 기본 목표를 높이고 동기를 부여하는 쪽으로 직무를 설계해야 한다. 허즈버그의 이론은 욕구를 충족하고 동기를 높이는 핵심 요소로 인정과 보상 시스템의 가치를 강조한다. 인정과 보상에 관해서는 나중에 다루도록 하겠다. 허즈버그는 또한 동기와 위생이 둘 다 똑같이 중요하다고 주장한다. 불만족을 방지하여 번아웃의 확률을 낮출 수는 있지만, 그렇다고 업무에 대한 긍정적인 태도나 동기가 저절로 생겨나는 것은 아니다. 좋은 위생은 당연히 보장해야 한다. 하지만 더 강력하게 동기를 부여하려면 직원들이 업무에서 반드시 목적의식과 열정, 몰입감을 느껴야 한다.

직장에서의 욕구 충족

허즈버그의 이론과 에이브러햄 매슬로^{Abraham Maslow}의 연구 사이에는 흥미로운 교차점이 있다. 매슬로는 20세기에 매우 왕성한 활동을 한 심리학자로 욕구의 위계를 창시한 업적을 널리 인정받고 있다. 매슬로의 이론은 가장 기초적인 욕구가 충족되어야만 더 높은 단계의 욕구를 달성하고자 하는 의욕이 생긴다고 주장한다. 그의 욕구 피라미드 중 가장 근본적이고 기초적인 네 단계에는 매슬로가 일명 '결핍 욕구'라고 지칭한 존중 욕구, 소속감 및 애정 욕구, 안전 욕구, 생리적 욕구가 포함된다. 가장 근본적인 공기, 물, 음식에 관한 생리적 욕구 외에도 이러한 결핍 욕구가 충족되지 않으면 사람은 불안과 스트레스를 느낀다.[2]

흥미로운 사실은 매슬로가 허즈버그의 스승이었으며 환자로 넘쳐나는 뉴욕 약물재활치료소에서 활동하던 허즈버그에게 깊은 영향을 끼쳤다는 것이다. 거기서 허즈버그는 처음으로 번아웃을 발견하고 정의했다. 연민, 사랑, 안정, 신체적 안전에 대한 인간의 갈망을 이야기하는 매슬로의 욕구 위계 이론은 관련 과학 연구의 원동력이 되었으며, 허즈버그 이론의 밑거름이 되었다. 매슬로의 이론 덕분에 허즈버그는 직장에서 근본적인 욕구가 박탈되면 견디기가 힘들어진다는 사실을 인지할 수 있었다.

이러한 이유로 위생과 동기를 구분하는 것은 중요하다. 기본적인 욕구와 그 밖의 나머지 욕구, 즉 더 높은 몰입 상태에서 생산적으로 최적의 수행 능력을 발휘하도록 동기를 부여하는 욕구는 분명히 다르다. 매슬로의 이론으로 설명하자면 이것은 결핍 욕구와 성장 욕구의 차이에 해당한다. 매슬로는 이러한 욕구들이 본능과 비슷하며, 행동을 이끌어내는 데 중요한 역할을 한다고 생각했다. 예를 들어 생리적 욕구, 안전 욕구, 소속감 및 애정 욕구, 존중 욕구는 박탈되면 그제야 겉으로 드러나는 결핍 욕구다. 슬픔, 우울감, 불안, 스트레스를 줄이려면 이러한 욕구가 충족되어야 하며, 그렇지 않으면 불쾌감이 생긴다.[3]

매슬로의 위계에서 가장 높은 단계인 자아실현의 욕구는 개인의 잠재력 실현, 자아실현, 개인적 성장과 절정 경험의 추구를 가리킨다. 개인이 잠재력을 최대한 발휘해 조화와 이해의 상태에 도달했을 때 피라미드의 정점에 있는 '자아실현의 욕구'가 충족된다.[4] 허즈버그의 이론에서도 똑같은 패턴이 나타나는 것을 볼 수 있다.

한편 동기 요인은 위생 요인과 다르다. 동기 요인에는 도전적인 업무, 성취에 대한 인정, 책임감, 의미 있는 일을 할 기회, 의사 결정 참여, 조직에 대한 자부심이 포함된다. 반면 위생 요인에는 급여, 업무 환경, 회사 정책과 방침, 감독, 업무 관계, 지위와 보안이 포함된다.

회사의 위생이 좋을 때는 직원들이 이를 인지하지 못하지만, 나빠지면 큰 혼란이 생기는 경우가 많다. 사람들은 나빠진 위생을 체감한다. 직장 생활에서 당연히 기대되는 이러한 요소들이 결핍되거나 박탈될 때 번아웃이 일어난다.

이제 번아웃의 여섯 가지 근본 원인을 자세히 살펴보자. 첫 번째는 가장 꾸준히 문제시되는 과도한 업무량이다.

근본 원인 1 과도한 업무량

번아웃에 관한 오해와 관련해 갤럽이 내놓은 보고서에 따르면 언제나 할 일이 너무 많다는 데 강하게 동의하는 직원들은 직장에서 번아웃을 매우 자주 혹은 항상 경험한다고 말할 가능성이 2.2배 더 컸다. 성취도가 높은 직원이라 해도 감당하기 힘든 수준의 수행 목표와 기대치를 마주하면 빠르게 무기력에 빠질 수 있다.[5]

과로는 수천 년 동안 이어진 문제다. 이집트 고고학자 자히 하와스Zahi Hawass에 따르면 피라미드를 구성하는 2.5톤짜리 화강암 덩어리를 운반하고 배치한 사람들은 대부분 이른 나이에 죽음을 맞았고, 사망 당시 골격이 변형되거나 사지가 부러진 상태였다고 한다. 당시 귀족 계층의 평균 수명이 50~60세였던 것에 비해 노동자들은 평균적으로 30~35세 사이에 사망했다. 하와스는 〈뉴사이언티스트New Scientist〉 기사에서 "그들은 말 그대로 죽도록 일했다"라고 밝혔다.[6]

조엘 고Joel Goh와 제프리 페퍼Jeffrey Pfeffer, 스테파노스 제니오스Stefanos Zenios에 따르면 오늘날 과로는 미국의 다섯 번째 주요 사망 원인이다. 이 통계는 페퍼의 저서《월급을 위해 죽다Dying for a Paycheck》를 통해 널리 알려졌다.[7] 국제노동기구는 과도하게 긴 근무시간이 매년

280만 명의 생명을 앗아가는 원인이라고 밝혔다.[8] 업무 관련 압박은 지난 5년 동안 꾸준히 증가해 응답자의 3분의 1 이상이 과도한 업무량과 촉박한 기한을 가장 큰 걱정거리로 꼽았다.[9] 그러다 위기가 닥치자 원래도 심각하던 문제가 얼마나 빠르게 폭발할 수 있는지 드러났다.

팬데믹과 늘어난 업무량

2020년 들어 업무량은 하루아침에 급격히 늘어났다. 이미 과로 상태였던 사회에 촉진제가 더해지자 그해 번아웃은 경각심을 일으킬 만한 수준으로 증가했다. 사용자들의 서비스 접속과 로그아웃 기록을 추적한 노드VPN에 따르면 미국의 일일 업무량은 3시간 이상, 프랑스·스페인·영국의 업무량은 2시간 이상 늘어났다.[10]

이 책의 도입부에서 언급한 바와 같이, 우리는 설문을 통해 엄청난 양의 정성적 데이터를 얻었다. 그 안에는 번아웃이 자기 삶에 어떻게 영향을 주는지에 관한 수천 명의 이야기가 들어 있었다. 나는 그들의 이야기에 연신 가슴이 먹먹해졌다. 그것은 내가 정진해서 책을 쓰는 데 필요한 연료가 되었다. 그들의 이야기를 알려야만 했다.

어떤 사람은 이렇게 말했다. "우리 회사와 팀 사람들 모두 강도 높은 업무를 소화 중이고 매일 더 오래 일하는 것 같아요. 엄청나게 집중해서 일해야 하는 시기지만 그런 노력을 앞으로도 계속할 수 있을지 모르겠어요. 재택근무로 스트레스가 가중됐죠. 업무를 조율하고 점검하고 진행하려면 부득이하게 통화를 더 많이 하게 되니까요. 설상가상으로 업무량은 계속 늘어나는 중이고요. 더 많은 업무를 감당하고 결과물을 낼수록 점점 더 많은 일을 해내라는 요구를 받는 것 같아요."

근무시간이 길어지고 회의가 많아진 한편, 많은 사람들이 신체적 건강과 안전을 포함한 무수히 많은 외부 요인에 대해 여전히 혼란과 스트레스를 느낀다. 그런데도 2020년에 전 세계 11개국의 직원, 관리자, 인사책임자, 최고경영진 1만 2000명 이상을 대상으로 수행한 연구에 따르면 스트레스 상황에 처했을 때 응답자의 42퍼센트가 여전히 성과 기준을 충족해야 한다는 압박을 느끼고, 41퍼센트가 반복적이고 지루한 업무를 더 많이 처리해야 한다는 기대를 받으며, 41퍼센트가 감당하기 힘들 정도의 업무량을 동시에 진행하고 있었다.[11]

급격한 변화의 시기를 지날 때도 예전과 똑같은 업무 성과를 유지할 수 있다는 믿음은 착각에 불과하다. 요즘 같은 시기에 그 사실을 인정하는 사람이 드물다는 것이 놀랍다. 나는 리더들을 만날 때마다 자기 자신과 다른 사람에게 여유를 허락하라고 거듭해서 이야기한다. 리더들은 자신에게도 다른 사람들에게도 전혀 지속가능하지 않은 기대치를 품고 있고, 그것은 번아웃이 빠르게 퍼지는 원인이 된다.

팬데믹은 원래 있던 문제에 거대한 스포트라이트를 비쳤을 뿐이다. 하지만 어떤 리더들은 자신 역시 완전한 미지의 영역에 발을 들이고 있으면서도 해결책을 찾는 것을 우선 과제로 삼는 모범을 보여주었다.

금요일 휴무 정책의 맹점

나는 옥타의 최고경영자 토드 매키넌Todd McKinnon을 인터뷰했다. 옥타는 ID 및 액세스 관리 기업으로 팬데믹 기간 중 급성장했다. 이 회사는 여러 해 동안 지속적인 투자를 받았으나 10년 동안 적자 상태였다가 팬데믹을 계기로 마침내 10억 달러 규모의 기업 가치를 인정받게 되었다. 옥타는 재택근무 중에도 물리적인 사무실 방화벽 내에 있는 것처럼 직장인들의 신원을 보호해줌으로써 그들이 어디서나 일할 수 있도록 돕는다. 매키넌은 팬데믹과 동시에 찾아온 급성장 국면으로 근무 여건이 달라졌고, 이를 감수해야 하는 직원들을 위해 유급휴가 제도를 재정비했다고 말했다.

재택근무자가 비즈니스의 핵심인 회사로서 직원들의 온라인 근무 경험은 항상 고려해야 할 사안이었다. 매키넌은 직원들이 탄력근무나 휴가를 스스로 결정할 수 있도록 늘 노력했다고 한다. 그러나 팬데믹 기간 중 이 회사 직원들은 재충전에 필요한 휴식을 제대로 취하지 못했다.

매키넌은 이렇게 설명했다. "데이터에 따르면 저희 직원들은 집에서 거의 주 7일, 24시간 내내 일하고 있는 것으로 나타났습니다.

그래서 휴가를 의무화하는 방법으로 대응했죠. 그다음에는 금요일 휴무제를 도입했지만 그것도 효과가 없었어요. 왜냐고요? 업무량은 그대로인데 주당 노동시간만 짧아졌으니까요. 직원들이 못다 한 일을 토요일에 하더라고요. 진짜 효과를 보려면 업무 결과물을 조정해야 해요. 그게 필요하죠. 진정으로 팀의 업무 압박을 덜어주고 싶다면 업무량을 줄여야 합니다."

번아웃을 예방하고자 한다면 이것이 올바른 접근법이다. 위기 상황에서만 그런 것이 아니다. 매키넌은 데이터를 받아들이고 그에 따라 행동하는 경영자의 좋은 본보기다. 참조할 만한 과거 경험이 없을 때 데이터는 유익한 자료다.

과로 가능성을 낮추는 전략

만성 과로는 정신건강과 신체건강에 심각한 영향을 줄 뿐 아니라 제대로 관리하지 않으면 치명적인 결과로 나타날 수 있다.

인도 병원의 위생 노동자에 관한 연구에서 가장 큰 위험 요인으로 나타난 것은 근무시간이었다. 과도한 업무량은 체중 감소, 전반적인 신체 통증, 체력 고갈, 만성 관절통 등 직원 건강에 막대한 영향을 끼쳤다.[12]

스웨덴 여성 200명을 대상으로 한 연구에서는 과로하는 여성의 타액에서 코르티솔 수치가 상승한 것으로 나타났다. 코르티솔 과다는 고혈압, 면역력 결핍, 이유 없는 체중 증가의 원인이 될 수 있다.

연구진은 초과근무량과 코르티솔 증가 사이에서 뚜렷한 양의 상관 관계를 발견했다. 이뿐 아니라 과도하게 초과근무(주당 10시간 이상)를 한 참가자들의 평균 코르티솔 수치는 지나치지 않은 정도로 초과근무(주당 10시간 미만)를 한 참가자의 약 2배였다.[13]

　유니버시티칼리지런던이 60만 명 이상의 노동자를 대상으로 수행한 또 다른 연구에서는 주당 55시간 이상 일하는 사람들이 주당 35~40시간 일한 사람들에 비해 심장마비의 위험이 13퍼센트, 뇌졸중을 겪을 가능성이 33퍼센트 더 높은 것으로 나타났다.[14]

　일하기좋은직장연구소의 전략 파트너십 및 고객 솔루션 디렉터 곤살로 슈브리지Gonzalo Shoobridge는 이렇게 말했다. "직원들이 업무에 압도된 기분을 느낄 때, 자신감을 잃어버리고 분노와 초조함, 위축감을 느낄 수 있습니다. 직장 내 과도한 스트레스의 다른 징후와 증상으로는 불안, 우울감, 냉소, 업무에 대한 흥미 상실, 눈에 띄는 피로감, 집중력 감퇴, 근육 긴장이나 두통, 위장 장애, 사회적 위축 등이 있고, 일부 직원들은 이를 극복하기 위해 알코올이나 약물을 사용하기도 하죠."[15]

　유연한 목표 설정 외에 과로의 가능성을 낮추는 전략들은 다음과 같다.

- 직원들에게 기대하는 바가 무엇인지 명확히 알려준다. 리더와 팀원들 사이에 안전한 소통 채널을 만들어 궁금한 부분을 마음 편히 질문할 수

있도록 한다. 모두에게 각자의 우선순위를 주지해 우선순위를 수행할 때 후순위 목표 때문에 쓸데없는 초조함을 느끼지 않게 한다. 초조함은 업무 효율을 떨어뜨릴 뿐이다. 매주. 필요하다면 매일 목표를 재설정해 변화하는 요구 사항을 분명히 한다.

- 강점에 초점을 맞춘다. 직원들이 자신의 장점과 기술을 최상으로 활용하도록 보장한다. 가령 의사들은 기록적인 속도로 소진 중인데, 그 이유 중 하나는 전자의무기록EHR을 업데이트하느라 들어가는 부가적인 시간이다. 의사는 의학 전문가지 데이터관리 전문가가 아니다. 이런 문제는 큰 비용으로 돌아온다. 핵심 역량이 아닌 직무에 재능을 낭비하는 것은 사업적인 측면에서 나쁠 뿐 아니라 사람들을 지치게 한다.

- 직원들이 역할의 특정 부분을 완벽히 수행하는 데 어려움을 겪는다면 교육을 확대하라. 2020년에 사람들은 갑작스레 방향을 바꾸고 새로운 기술들을 익혀야만 했다. 그리고 대부분은 이 모든 상황을 알아서 감당해야 했다. 상황이 조금 안정되었다면 적극적인 교육을 실시해야 한다.

- 프로젝트. 캠페인, 제품 출시 초기 단계처럼 평소보다 더 많은 문제 해결 능력이 필요한 시기에는 직무를 적절히 완수하기 위한 지원, 도구, 예산. 인력이 충분한지 확인해야 한다. 중간 관리자가 상사에게 '예'라고 답한 다음 그 기대치만 팀원들에게 전달해서는 곤란하다. 필요한 부분이 마련되어 있지 않다면 윗선에 이를 전해야 한다.

- 모두에게 발언권을 줘서 우려나 의견을 공유할 수 있도록 한다. 이것은 착오를 예방하고 일의 속도를 높이는 데 도움이 된다.

- 노고를 인정하라. 때에 따라 직원들의 업무량이 늘어나는 시기가 찾아올 수는 있지만, 과로 문화가 만연해서는 안 된다. 업무량이 급격히 늘어날 때는 모두가 자신의 시간이 존중받는다는 느낌을 받을 수 있게끔 배려해야 한다.

- 자주 상황을 점검하되 마이크로매니징®은 지양하라. 직원들이 과도한 보고나 끊임없는 브리핑 같은 잡무 때문에 꼼짝 못 하면 곤란하다. 관리자와 직원 사이의 관계는 신뢰가 기반이 되어야 한다. 더욱이 마이크로매니징은 짜증스럽고 사람을 지치게 하며, 게으른 리더십이다. 생산성과 결과물을 관리하는 데는 이보다 더 효과적인 다른 방법이 많다.

- 질문을 던지고 익명으로 데이터를 수집해 직원들이 자신의 상황을 부담 없이 알릴 수 있도록 하라. 변화와 스트레스의 시기에 되는대로 조직을 이끄는 것은 비효율적이며 최악의 경우 안전을 해칠 수 있다.

'상시 업무' 체제가 점점 더 보편화됨에 따라 그러잖아도 피곤한 직원들이 더욱 지치고 있다. 전미경제연구소에 따르면 2019년과 2020년 사이 회의 수는 12.9퍼센트 증가했고, 북미·유럽·중동의 데이터를 기준으로 근무시간은 정확히 48.5분 늘어나 9퍼센트 가까이 증가했다.[16]

노드VPN의 데이터 또한 직원들이 점점 더 늦은 시각에도 프로

● 리더가 지나치게 세부적인 업무까지 일일이 관여하는 관리 스타일.

그램에 로그인하고 있음을 보여주었다. 최대 사용량이 자정에서 새벽 3시 사이에 나타났는데, 이는 2020년 이전에는 없던 일이다.[17]

직원들이 상시 업무 중이어야 한다는 압박을 느끼지 않도록 하려면 디지털 기기에서 벗어나는 시간을 보장해줘야 한다. 몇 가지 방법을 추천하자면 아래와 같다.

- 매일 산책을 장려하라. 일정표에 20분의 산책 시간을 표시하는 방법을 권장한다. 직원들이 그 시간을 지키면 축하하면서 지지해주고 습관화를 유도하라. 리더들은 자기 돌봄을 위해 언제라도 시간을 내야 한다는 사실을 행동으로 보여줄 필요가 있다.

- 가짜 출퇴근을 시도하라. 집에서 일하는 사람들 대부분은 업무와 가정생활을 분리하기 힘들다고 느낀다. 팬데믹 기간에 상황은 더욱 힘들어졌다. 직장과 집 사이에 구분선을 만드는 방법으로 가짜 출퇴근을 추천한다. 20분간 동네를 한 바퀴 돌면서 아침을 시작하거나 차를 몰고 커피를 사러 갔다가 집으로 돌아온다. 오가는 길에는 음악이나 팟캐스트를 들어도 좋다. 일을 마칠 때도 똑같이 반복한다. 이 행동은 하루의 업무가 끝나고 나머지 생활이 시작된다고 느끼도록 뇌를 준비시킨다.

- 책상에서 점심을 먹지 말라. 점심을 먹으면서 하는 회의도 안 된다. 점심시간에 하는 직무 교육이나 발표조차 그만둘 것을 강력히 권고한다. 그것은 업무와 관련된 일이므로 업무 시간 중에 해야 한다. 누구나 식사에 전념하고, 계속되는 업무에서 한숨 돌릴 시간이 필요하다.

- 지침을 만들어라. 프랑스는 직장인들에게 이메일, 스마트폰을 비롯한 기타 전자 기기에 '연결되지 않을 권리'를 부여하는 법을 시행하고 있다.
- 주 4일 근무를 고려하라. 그렇게 급진적인 생각은 아니다. 영국 레딩대학교의 대규모 연구에 따르면 주 4일 근무를 하자 직원 생산성이 향상되는 효과가 나타났다. 이 연구에 참가한 직원의 4분의 3은 더 행복해졌고 스트레스가 줄었다고 말했으며 휴가를 내는 날도 줄어들었다. Z세대의 67퍼센트는 주 4일 근무 여부에 따라 회사 선택이 달라질 수 있다고 말했다.[18]

직원들이 업무에 압도되어 지치면 무슨 일이 벌어질까? 선제적인 개입이 시작되었지만 사람들은 여전히 고통받고 있다. 그들을 어떻게 도울 수 있을까?

만성 스트레스와 정신질환이 업무에 끼치는 영향

WHO에 따르면 세계 인구의 4분의 1은 인생의 어느 시점에 정신질환이나 신경질환을 겪는다. 현재 약 4억 5000만 명이 그러한 상태에 시달리고 있을 정도로, 정신질환은 전 세계적인 질병과 장애의 주요 원인이다.[19]

따라서 우리가 직장 생활을 하다가 정신건강 문제를 겪게 될 통계적 확률은 꽤 높다. 하지만 애석하게도 조직들은 이 문제에 적절히 대응하지 못하고 있다.

설문 데이터를 통해 우리는 정신질환에 관해 이야기하는 행위가 전 세계의 많은 기업에서 여전히 낙인 효과를 일으키고 있음을 확인했다. 직장에서 정신건강에 관해 이야기할 수 없는 사람의 65퍼센트가 자주 또는 항상 번아웃을 경험한다는 데이터가 있음에도, 응답자의 약 50퍼센트는 직장에서 자신의 정신건강에 관해 공공연히 이야기하기가 곤란하다고 생각했다.

이것은 심각한 문제다. 우리는 직장을 정신건강과 정신질환에 관련된 이야기를 나눌 수 있는 안전한 곳으로 만들 필요가 있다. 우선 정신건강 문제로 힘들어하는 사람의 몇 가지 징후를 인지하는 것이 그 시작이 될 수 있다.

- 업무 습관의 변화: 나쁜 업무 태도와 성과 문제는 혼동하기 쉽지만 정신질환이 원인인 경우가 의외로 많다. 예를 들면 의욕 저하, 실수 증가, 집중력 감퇴, 평소보다 낮은 생산성 등의 증상을 보인다.
- 행동 변화: 급격한 기분 변동, 침착하지 못함, 불안이나 걱정, 짜증과 같은 성격 변화의 징후가 있는지 살핀다. 스트레스 반응이 나타나지 않아야 할 일상적인 업무 상황에 발끈 성을 내거나 대처하기 어려워하는 경우가 있다.
- 잦은 결근: 평소 시간을 잘 지키던 사람이 갑자기 자주 지각하거나 아파서 결근하겠다고 전화를 한다면 상태를 살필 필요가 있다.
- 신체 증상에 관한 반복적인 불평: 정신질환으로 씨름하는 사람은 피로

나 불면증, 두통, 복부 불편감(구역질, 복통 등), 체중 변화 같은 신체 증상이 생길 때가 많다.

직원들의 행동에 이러한 변화가 나타나는 것을 인지했고, 그들과 함께 이에 대응하고 싶다면 이제부터가 시작이다.

관리자들은 감당할 준비가 되어 있지 않다는 이유로 정신건강에 관한 대화를 회피하는 경우가 많다. 나는 그럴 때마다 정신건강 문제에 대응한다는 것이 정신건강 전문가가 되어야 한다는 뜻이 아님을 일깨워준다. 오히려 그들은 조직 내에 전문가가 누구인지, 그리고 어떤 지원 도구, 프로그램, 앱을 사용할 수 있는지를 알아야 한다. 관리자는 정신건강 전문가로 가는 연결 통로여야지 전문가일 필요는 없다.

하지만 관리자들이 정보를 숙지하는 것은 매우 중요하다. 정신건강, 정신질환, 만성질환이 직원에게 끼치는 영향에 관해 어느 정도는 알아두자. 온라인으로 정신건강에 관한 교육을 시행하는 기관은 무수히 많다. 정신건강에 관한 교육은 입사 후 조직 적응 단계에서부터 다뤄져야 할 내용이며 전반적인 웰빙 전략의 일부가 되어야 한다. 모든 직원은 자기 자신을 위해 그리고 동료를 위해 직장에서 정신건강 문제에 대처하는 방법에 관한 기본적인 사항을 알아야 한다.

캐나다 산업안전보건센터는 정신건강 문제를 다룰 때 효과적인 의사소통을 위해 아래의 팁을 제안한다.[20] 이는 또한 비언어적 신호를 보다 효과적으로 제시하는 방법이 무엇인지도 알려준다.

- 차분한 신체 언어를 사용한다. 주먹 쥔 손을 펴고 세심하게 경청하라.
- 상대방을 마주 보는 정면보다 비켜선 대각선에 자리를 잡는다. 상대방에게 물리적 공간을 충분히 준다. 보통 60~120센티미터 정도면 적절하다.
- 상대방과 눈높이를 맞춘다. 상대방이 자리에 앉아 있다면 서 있는 것보다 무릎을 꿇거나 몸을 굽히는 것이 좋다.
- 상대방에게 집중하라. 전화를 받거나 이메일을 읽는 등 동시에 다른 일을 하지 않는다.
- 상대방 바로 맞은편에 서거나, 두 손을 허리춤에 올리거나, 손가락질을 하거나, 두 팔을 머리 위로 흔들거나, 팔짱을 끼는 것처럼 도발적이거나 위협적인 행동을 하지 않는다.

팀의 누군가와 정신건강에 관한 이야기를 나누었다면 다음 단계로 노동자 지원 프로그램* 등에 마련된 지원 도구를 이용할 수 있도록 안내해야 한다. 정신건강에 관한 대화를 하기 전에 그러한 후속 정보를 미리 확인하도록 한다. 대화가 심각해질 수도 있으므로

- 직원들의 직무 만족이나 생산성에 부정적인 영향을 미치는 문제들을 직원 스스로 해결할 수 있도록 도와주는 상담 서비스.

도울 방법을 미리 갖추고 시작하면 좋다. 그리고 필요하다면 언제든 도움을 청하라. 인사팀이 이런 유형의 시나리오를 끌고 가는 요령을 제시해줄 수도 있다.

당신은 과로에 시달리는 리더인가?

만약 과도한 업무량 때문에 균형을 찾기 힘들어하는 사람이 리더라면 어떨까? 그런 경우는 드물지 않다. 우리 설문 데이터에 의하면 번아웃을 겪는 리더들이 무서운 속도로 늘고 있다.

훌륭한 리더라면 번아웃 대처법에 관해서도 말한 대로 실천하는 책임감을 발휘해야 마땅하지만 일을 사랑하는 고성과자가 그러기란 쉽지 않다. 어렵사리 짬을 내서 이 책을 쓰던 2020년 5월의 어느 날이 기억난다. 다섯 식구인 우리 가족은 서로에게 지쳐 있었다. 3월부터 줄곧 락다운 상태였고, 아이 셋은 재택 수업 중이었다.

내가 5학년짜리보다 똑똑하지 않다는 것을 깨닫는 일보다 굴욕적인 순간은 없다. 딸아이의 선생님은 아이가 과제를 제대로 이해하지 못한 것 같다며 지도가 필요하다는 가정통신문을 보내왔다. 나는 회신으로 내가 잘못 이해해서 그렇게 된 거라고 실토해야 했다.

6학년인 둘째는 수업에 완전히 흥미를 잃고 예전의 학교생활이 너무 그립다면서 울음을 터뜨리곤 했다. 나로서는 다소 난감했다. 그리고 열세 살짜리 큰아이는 갑자기 올빼미족이 되어서 아침마다 정신을 차리기 힘들어 했으며, 늘 시무룩하고 짜증을 냈다. 아이를 탓할 생각은 없다. 십 대 청소년을 친구들과 떼어놓는 것은 미어캣을 무리에서 떼어놓는 것과 같으니까 말이다.

남편은 갑작스레 새로운 직책을 맡은 상태였고 지하실에서 일했다. 그나마 별도의 공간이 있다는 것은 특권이었으나 생활은 마찬가지로 엉망진창이었다. 나는 원래 쾌적하고 조용한 집을 독차지하고 책을 쓰는 중이었는데, 갑자기 〈링컨의 집에서 살아남기〉● 실사 버전에 들어온 것 같았다.

원래 낮 동안 집은 온전히 내 차지였고 나는 그게 좋았다. 나는 원격으로 일하는 것을 좋아하고 재택근무를 잘해내는 편이다. 남편은 정반대다. 그는 사람을 좋아하고 동료들을 직접 만날 때 나오는 에너지를 사랑한다. 그래서 반드시 조율이 필요했다. 나는 종종 침실에서 글을 써야 했다. 너무나 피로했고, 도로 침대 속으로 기어들어가고만 싶었다.

모든 상황이 달라졌지만 기대치는 변하지 않았다. 우리는 여전히 마감일을 지켜야 했고, 목표를 달성해야 했으며, 배우고 해내고 이행해야 했다. 그런데 우리는 모두 한 집에 갇혀 있었다. 극한상황 속에 뉴스에서 눈을 떼지 못했고 우리 자신과 사랑하는 사람들의 건강을 염려했다. 번아웃에 관한 책을 쓰면서 번아웃이 시작되었다. 참

●　미국의 텔레비전 애니메이션 시리즈. 11남매 중 유일한 아들인 링컨 라우드의 어지러운 일상 이야기를 다룬다.

으로 얄궂은 상황이었다.

힘겨웠던 몇 달의 최종 결과물을 읽고 있으니 짐작하겠지만 나는 방법을 찾았다. 책을 쓰고 강연 일정을 소화하고, 자문 업무와 자료 조사를 계속하는 동안 가장 중요한 실천 덕목은 죄책감을 걷어내는 일이었다.

전 세계의 응답자들에게 들은 이야기는 내 상황과 유사한 부분이 많았다. 비슷한 사례 중 하나를 소개해보겠다. "균형이나 분리 같은 건 눈을 씻고 찾아봐도 없어요. 요즘은 생활공간이 곧 직장이고 '사무실(부엌 식탁)'에서 육아를 하거든요. 역할이 충돌하면서 우스꽝스러운 상황이 벌어지기도 하죠. 구석방에서 중요한 회의를 하는데 딸이 간식 먹고 싶다는 쪽지를 문 아래로 들이민다든가 하는 상황이요."

나는 누구의 감독도 받지 않고 독립적으로 일하는 특권을 누렸다(알다시피 여기에도 장단점은 있다). 하지만 상사에게 업무 보고를 하면서 다른 사람들을 이끌어야 하는 일반적인 직장 생활에서는 역할이 더욱 복잡해진다. 관리자는 변화와 스트레스의 시기에 불확실성을 제어하려면 감정을 한쪽으로 제쳐둬야 한다고 생각하기 쉽다. 그들은 종종 나쁜 소식을 전하는 전령이 되어야 하는데 그것 또한 부담스러울 수 있다. 사람들이 흔히 변화로 인해 생긴 불편을 관리자 탓으로 돌리기 때문이다.

리더는 번아웃에 너무나 취약하다. 정신없는 속도로 끊임없이 움직여야 한다는 압박을 느끼며, 등에 멘 연료통을 벗고 속도를 늦춰야 할 때를 인지하지 못한다. 그러나 직원들을 번아웃에서 보호하고 싶다면 리더가 본보기를 직접 보여주는 것이 좋다. 볼 수 없는 것을 할 수는 없는 법이다.

〈하버드비즈니스리뷰〉의 기사 '진지한 리더도 자기 돌봄이 필요하다'에서 팔레나 닐Palena Neale은 경영자들에게 휴식을 취하라고 권하면 "시간이 없어요!"라거나 "지금 장난해요? 팀이랑 가족을 돌보고, 아이들 재택 수업을 준비하고, 친구들에게 힘이 되어주기도 바쁜데 쉴 시간이 어디 있어요!" 같은 답변을 듣는다고 한다.[21]

나도 예전에는 그렇게 말하곤 했다. 번아웃을 직접 겪고 나서야 그런 말을 더는 하지 않게 됐다. 당신은 부디 그런 경로를 택하지 않길 바란다. 번아웃이 오기 전에 지금 당장 하루 15분이라도 자기 돌봄에 시간을 할애하라. 재충전의 시간을 갖지 않으면 리더로서 역량을 제대로 발휘할 수 없다.

닐은 이 사실을 뒷받침하는 조사 결과를 다양하게 제시한다. "휴식을 취하면 결정 피로를 예방하고 동기를 새로이 하거나 강화할 수 있으며 생산성과 창의력이 높아진다. 또한 기억이 또렷해질 뿐 아니라 학습 능력도 향상된다는 연구 결과가 있다. 잠깐의 짧은 휴식조차 집중력과 생산성을 높일 수 있다."[22]

닐은 또한 리더들이 다음과 같은 내적 성찰을 통해 "시간이 없다"라는 핑계를 다시 생각해봐야 한다고 주장한다.

- 인생의 가장 중요한 우선순위는 무엇인가? 건강이나 안녕감 없이 그것을 달성할 수 있는가?
- 스트레스 상태에서 감정적으로 반응하지 않고, 상황을 통제하며 이성적으로 대응한다면 얼마나 많은 시간을 절약할 수 있겠는가?
- 오늘 하지 않을 경우 적어도 5분을 확보할 수 있는 일 한 가지는 무엇인가? (힌트 : 생각보다 소셜 미디어에 많은 시간을 들이고 있을 것이다.) 안녕감과 성과를 향상하는 데 이 시간을 어떻게 활용할 수 있는가?[23]

항상 시간은 있다. 우선순위 조정이 필요할 뿐이다. 시간이 없다는 핑계 대기를 멈춘다면 더 유능하고 능률적으로 변화를 만드는 리더가 될 수 있을 것이다.

근본 원인 2　통제력 상실

다양한 업무를 동시에 처리하고, 경영진의 기대에 부응하면서 생산성까지 유지해야 하는 상황에서는 마이크로매니징에 빠지기 쉽다. 하지만 번아웃 예방의 관점에서 그것은 완전히 잘못된 접근법이다.

경영 컨설팅 회사 콘 페리가 5000명 가까운 전문직 종사자를 대상으로 한 여론조사에 따르면 응답자들은 신선함 부족, 업무 의욕 상실, 단조로움, 자율성 결핍을 직장을 떠나는 주된 요인으로 꼽았다. 즉 마이크로매니징을 당하는 상황이다. 위의 요인들은 직장 내

스트레스와 번아웃의 잠재성을 높인다.[24] '번아웃의 6가지 요인과 예방법'이라는 글에서 엘리자베스 그레이스 손더스Elizabeth Grace Saunders 는 "자율성이 없고 자원을 이용할 수 없으며 직장 생활에 영향을 주 는 의사 결정에 참여할 기회가 없다고 느끼는 상황은 행복감에 악영 향을 끼칠 수 있다"라고 말했다.[25]

직장 생활의 단조로움은 사람을 지치게 하고 번아웃을 예고한 다. 자율성 결핍도 마찬가지다. 번아웃을 경험하는 직원들은 마이크 로매니징이 지나치다고 느낄 가능성이 세 배 더 높다.[26] 스웨덴의 정 규직 노동자 8500명을 대상으로 한 다른 연구에서 높은 영향력과 업무 통제력을 발휘한 직원들은 다음과 같은 특징을 보였다.

- 12가지 건강 지표 중 11가지에서 질병 징후가 낮다.
- 결근 빈도가 낮다.
- 우울감을 덜 경험한다.[27]

'마이크로매니지먼트: 값비싼 경영 스타일'이라는 논문에 따르 면 "마이크로매니지먼트는 신규 직원 교육, 저성과 직원의 생산성 개선, 높은 위험이 따르는 이슈의 통제, 누가 책임자인지 의문의 여 지가 없는 경우처럼 특정한 단기적 상황에서 이로울 수 있다. 그러 나 마이크로매니지먼트의 장기화에 따르는 비용은 터무니없이 크 다. 직원 사기 저하, 이직률 증가, 생산성 감소와 같은 증상이 (…) 마이크로매니징과 연관될 수 있다. 그 부정적인 영향은 너무나 강력해서 직원들의 3대 사직 이유에 꼽힐 정도다."[28]

이어서 저자들은 마이크로매니징을 하는 관리자 역시 업무를 효과적으로 위임하지 못해 번아웃의 위험에 크게 노출된다고 지적한다. 전략적으로 미래를 계획하는 대신 일상의 의무를 다하느라 시간 외 근무를 하게 되기 때문이다.

마이크로매니징을 줄이는 방법은 다음과 같다.

- 직무에 합당한 기술을 갖춘 사람을 고용한다.
- 일관적이고 체계적이며 공식적인 내부 커뮤니케이션 채널을 마련한다.
- 상사보다 동료끼리 서로에 대해 책임감을 느끼도록 한다.
- 완벽을 기대하지 말라(이것은 리더 자신에 대해서도 마찬가지다). 실수는 학습의 중요한 과정이며 가치 있는 일로 받아들여야 한다.

지속적인 감독 없이 자립적으로 혹은 하나의 팀으로 달성한 성취에 자부심을 느낄 때, 자신감과 자기효능감, 자긍심이 높아진다.

지나친 간섭 없이 대화를 이끌어가고 싶은 관리자는 다음과 같이 노력해야 한다.

- 진심을 다해 학습을 지원하라. 그러면 실수를 좀 더 현실적으로 받아들이고 학습이 주는 혜택을 얻게 될 것이다.

- "괜찮지 않습니다"라고 말해도 안전한 분위기를 만들어라. 인재를 키우고 싶다면 그 사람에게 어떤 부분이 어려운지, 그가 감당할 수 있는 수준 이상의 일을 다루고 있지는 않은지 알아야 한다. 모든 신호가 정반대를 가리키고 있는데도 "괜찮습니다"라는 답변이 나오기를 기대하지 말라.
- 견해 차이를 허용하라. 토론의 기회를 만들되 직원들이 회의 중 반대 의견을 역할극으로 표현할 시간까지 마련한다면 더욱 좋다.

사람은 누구나 의사 표현의 욕구가 있다. 따라서 개방적이고 협력적이며 무엇보다도 안전한 커뮤니케이션 문화를 지지하는 조직은 번창할 가능성이 크다.

'검은 모자'의 역할

경영 컨설팅 기업 갤러허 엣지의 최고경영자 겸 창업자 로라 갤러허 Laura Gallaher는 미국항공우주국NASA에서 직장 생활을 시작했다. 그는 2003년 2월 1일 지구로 귀환하던 우주 왕복선 컬럼비아호가 공중 분해되면서 탑승했던 승무원 7명이 사망한 후, 나사의 기업 문화를 전환하는 작업에 깊이 관여했다. 나사는 사고 조사를 진행하는 2년 동안 우주 왕복선 비행을 중단시켰다.

갤러허는 인터뷰에서 "결국은 의사 결정과 커뮤니케이션의 문제였습니다"라고 밝혔다. 그는 당시 나사의 기업 문화가 논란을 불러일으킬 만한 발언을 피하고 각자의 차선을 충실히 지키는 것이었다고 말했다. 사람들은 실수를 두려워했고, 목소리를 높이면 자리가 위태로워질 것을 알기에 소신 발언을 멈추었다.

그러다가 승무원 7명이 사망했다. 2년간의 조사 끝에 심각한 문화적 이슈가 사고의 원인이었음이 밝혀졌다. 당시 발사 전 과정을 총괄한 나사의 실무 관리자 린다 햄Linda Ham이 소통의 창구를 막은 장본인으로 지목되었는데, 일각에서는 그런 창구가 있었다면 폭발을 막을 수도 있었을 거라는 견해가 나왔다.

20년이 지난 지금도 어떤 사람들은 햄을 비난한다. 하지만 햄은 이러한 행동의 밑바탕이 된 기업 문화를 상징하는 존재였을 뿐임을 인식하는 사람들도 있다. "햄이 나쁜 사람이었던 게 아니에요. 저는 그에게 상당한 공감과 연민을 느낍니다." 갤러허는 회고했다. "더 광범위하고 구조적인 문제가 있었던 거죠."

갤러허는 발사를 결정할 때 기술팀과 공학팀이 함께 이야기하지 않아서 반대 의견을 낼 목소리가 없었다고 말했다. 그러다 보니 햄은 왕복선에 청신호를 줄 수밖에 없었다. "물론 문제는 언제나 복합적입니다. 여러 요인이 있지만 사건의 원인이 늘 인간의 행동, 즉 오류를 일으킨 인간의 의사 결정으로 귀결되는 것을 보면 경청과 커뮤니케이션이 제대로 이루어지지 않는 것은 전적으로 문화적인 문제임을 알 수 있습니다."

갤러허는 나사 이후, 조직들이 이처럼 중대한 문화적 문제를 해결할 수 있도록 돕는 컨설팅 회사를 운영 중이다. 나는 갤러허의 팀이 문제 해결에 나선 후 나사에서 무엇이 달라졌는지 물어보았다.

대답은 다음과 같다. "조직 설계 관점에서 공학 전문가들과 안전 전문가들은 실무에만 파묻혀 있었습니다. 그러다 보니 고위 관리자들과 이야기를 나눌 때 동등한 대표성을 얻지 못했죠. 그래서 안전과 공학 분야를 독자적인 부서로 승격시켰습니다. 그 두 팀의 고위 관리자도 테이블에서 발언권을 얻게 된 거죠. '나는 오로지 공학팀을 대표하러 그 자리에 가는 것이다. 우리 팀원들을 대변하기 위해 여기에 왔다'라는 책임감을 가질 수 있었습니다."

나사는 자체적인 기업 문화 조사를 수행했고 결과를 집중 분석했다. 특히 "나는 내 경력에 부정적인 영향 없이 반대 의견을 편안하게 개진할 수 있다"라는 명제와 관련된 이슈를 깊숙이 파고들었다.

갤러허는 서로를 신뢰하고 솔직하게 소통하는 기업 문화를 장려하고 싶다면 그럴 만한 환경을 마련하라고 권고한다. 가령 회의나 조직 활동을 할 때 누군가에게 '검은 모자'를 쓰고 반대 의견을 내는 임무를 맡게 하라는 것이다.

이의 제기 임무를 누군가에게 맡기면 '까다로운' 사람이 될 수도 있다는 두려움이 사라진다. 특히 여성들은 '상냥하지 못한' 사람이라는 낙인이 찍힐까 봐 반대 의견을 내기 힘들어한다. 이런 행동은 여성들의 경력에 부정적인 영향을 끼치지만 남성들은 반대 의견을 내더라도 경력에 부정적인 영향을 덜 받는다는 증거가 있다.[29] 무엇보다 중요한 것은 목소리를 높이는 행위가 칭송받는 환경을 만드는 것이다.

사고 일 년 후 일간지 〈볼티모어 선Baltimore Sun〉과 진행한 인터뷰에서 햄은 여전히 그 사고의 기억에 시달리고 있으며 인생이 완전히 달라졌다고 털어놓았다. "하루도 컬럼비아호 사고에 대해 생각하지 않고 넘어가는 날이 없습니다." 햄은 조용한 목소리로 말했다. "당시 임무 관리팀에서 내려진 모든 결정은 전적으로 제 책임입니다."[30]

이 사건은 우리 모두에게 중요한 교훈을 준다. 생사를 가르는 결정이 아니더라도, 누군가를 중요한 대화에서 제외하는 행동의 도미노 효과가 심각한 결과로 이어질 수 있다는 것이다. 건전한 토론과 비판적인 피드백을 지향해야만 언제든 목소리를 높이고 잠재적 재난을 줄일 수 있다.

성장과 몰입을 극대화하는 직장 내 자율성

일리노이대학교 명예 부교수 샤흐람 헤시매트Shahram Heshmat는 직장 생활의 단조로움은 어떤 일을 할지, 누구와 함께 일할지 등을 선택할 때 자신에게 결정권이나 자율성이 없다고 생각하기 때문에 발생하며, 직장 내 자율성이란 이러한 결정과 관련해 직원들에게 자유가 얼마나 주어지는가를 가리킨다고 말한다. 자율성은 일정 수립부터 목표 달성 방식, 자신이 매일 관여하는 업무의 종류까지 넓은 범위를 포괄한다. 자율성이 높으면 만족도가 상승하고, 자율성이 낮으면 스

트레스가 커지는 경향이 있으며 이는 번아웃으로 이어질 수 있다.[31]

이러한 연구 결과가 분명히 말해주는 것은 직원들이 업무에서 의미를 찾을 수 없고, 목표 달성 방식에 관한 결정권이 별로 없으며, 매일 관여하는 업무가 그다지 새롭지 않을 때 정신건강과 신체 건강에 심각하게 부정적인 영향이 초래될 수 있다는 사실이다. 하지만 그런 일은 막을 수 있다.

연구에 따르면 일상생활의 약 40퍼센트는 매일 거의 똑같은 상황에서 수행된다고 한다. 무의식에 가까운 행동 덕분에 의식은 더 또렷해지고 뇌는 심리적 안전감을 느낄 수 있다. 다만 업무 수행에서 얻는 즐거움은 덜할 수 있다.[32]

직원들이 직무를 수행하는 방식에 살짝 변화를 주거나 업무를 인식하는 방식을 바꿔서 업무를 단조롭다고 여기는 대신 새롭고 의미 있는 일로 바라보게 할 수 있다면 어떨까? 이것이 바로 잡 크래프팅*의 마법이다. 이것은 의미 없게 느껴지는 업무 일부분을 가치 있는 활동이라고 느낄 수 있도록 의미를 부여하는 기술이다. 직원들은 이렇게 작은 변화도 크게 느낀다. 이때 직장은 업무를 쳐내고 지루함을 견디는 장소가 아니라 성장과 몰입의 장소가 된다.

● 자발적 직무 설계. 주어진 업무를 스스로 변화시켜 일을 더욱 의미 있게 만드는 활동을 말한다.

일의 의미와 직장의 정체성을 바꾸는 잡 크래프팅

2001년 미시간대학교 경영심리학과 명예교수 제인 더튼Jane Dutton과 예일대학교 경영학과 교수 에이미 브제스니에프스키Amy Wrzesniewski는 잡 크래프팅이라는 아이디어를 개념화하고 정의했다. 그들은 직원들이 자발적으로 직무 설계를 하려면 "직장에서 다른 사람들과 상호작용하고 관계를 형성할 때 인식, 업무, 관계의 경계를 바꾸는" 연습을 해야 한다고 주장한다. 이렇게 달라진 업무 및 관계 구조는 직무의 구도와 사회적 환경을 바꾸고, 나아가 일의 의미와 직장의 정체성까지 바꾼다는 것이다.[33]

더튼과 브제스니에프스키 그리고 조지워싱턴대학교 조교수 젤라예 데베베Gelaye Debebe는 '직장에서의 가치 인정과 평가절하: 사회적 가치 평가 관점'이라는 논문에서 일을 자신만의 시각으로 해석하는 병원의 환경미화원들은 환자나 방문자와의 상호작용 같은 세부 사항을 직무 내용에 포함시키고 자신이 하는 일을 매우 가치 있게 여긴다는 사실을 발견했다. 그들은 또한 자신을 "사절이자 치유자"라고 칭했고, 자신이 붙인 타이틀에 걸맞은 할 일을 찾아서 했다. 이를테면 외로워 보이는 환자들과 더 오래 함께 있어준다든지, 혼수상태인 환자의 병실 벽에 걸린 사진을 정기적으로 바꿔주었다. 병실을 더 기분 좋게 느끼고 어쩌면 소생에도 도움이 되기를 바라는 마음에서였다.[34]

여기서 가장 중요한 부분은 고용주가 직원에게 자신의 역할을 재설계하도록 허락해줘야 한다는 점이다. 자신에게 영감을 주는 요소가 무엇인지 알아야(영감을 주는 요소는 사람마다 완전히 다를 수 있다) 각자의 역할에 최적의 방식으로 변화를 줄 수 있다. 중요한 것은 관점 전환, 즉 노동자가 자기 역할의 의미를 인식하는 필터를 바꾸는 일이다. 그러려면 규정 준수 기반의 리더십 대신 개방성과 진정성의 문화가 필요하다.

미국의 영화배우 겸 극작가 메이 웨스트Mae West가 한 말을 빌리자면 "쉬울 거라고 말한 적은 없다. 가치 있을 거라고 말했을 뿐이다."

근본 원인 3 보상 또는 인정 부족

"일은 많고 보수는 적고." 영화 대사 같기도 하고 자동차에 붙이는 스티커 문구 같기도 한 표현이다. 사람들은 이 현상을 농담처럼 이야기하지만 수많은 직장인에게 이것은 현실이다. 게다가 번아웃의 핵심 원인이기도 하다.

미국 경찰관 200명을 대상으로 한 연구 결과에 따르면 "일에 대한 과도한 헌신은 냉소와 피로가 높아지는 결정적 요인"인 것으로 드러났다. 저자들은 "과도한 헌신이 나타나는 이유가 경찰관들의 인정 욕구와 비번 중에도 온전히 쉴 수 없는 처지 때문일 수 있다"라고 주장했다.[35]

노력과 보상의 격차 문제는 간호사들을 대상으로 한 연구에서 빈번하게 나타난다. 독일 간호사 204명을 대상으로 한 연구에서는 직무 요구 사항은 많은데 승진 전망이 낮을 때 간호사의 정서적 자원이 크게 고갈되었고 번아웃의 징후가 증가했다.[36]

폴란드 간호사 263명에 대한 또 다른 연구에서도 비슷한 결과가 도출되었다. 이 그룹의 간호사들은 급여가 깎이고 직업적으로 존중받지 못하는 상황을 겪었다. 업무상의 요구가 커진 동시에 직업인으로서 존중(더 큰 요인)을 받지 못하니 소진 상태에 이를 만했다. 더 늘어난 요구 사항과 더불어 충분히 존중받지 못한 결과로 간호사들이 탈인격화depersonalization●를 겪고 있다는 사실도 이 연구를 통해 드러났다. 수술실 간호사들이 번아웃에 걸리는 주된 이유로 과도한 요구와 존중의 결핍을 꼽은 다른 연구와 일맥상통하는 결과다.[37]

"저희는 정말 절박합니다." 미국 매사추세츠주 헤이버힐의 경찰서장 앨런 데나로Alan Denaro는 〈보스턴25뉴스Boston 25 News〉와의 인터뷰에서 말했다. "대원들이 주당 70~80시간씩 근무하다 보면 새벽 4시에 나무나 다른 차를 들이받지 말란 법이 없기 때문에 저는 그야말로 밤잠을 이루지 못합니다. 저희 대원들이 이렇게 장시간 근무해야만 일을 마칠 수 있다는 것은 너무나 끔찍한 일입니다."[38] 의사들은 이 뉴스를 보도한 〈25인베스티게이츠25 Investigates〉와의 인터뷰에서 과로 상태의 경찰관들이 잠을 제대로 보충하지 않으면 위험한 결과

●　업무에서 심리적으로 이탈되어 냉소적이고 냉담한 태도를 보이는 현상.

가 뒤따를 수 있다고 경고했다.

수면 부족은 건강을 심각하게 위협한다. 만성 수면 부족과 관련된 심각한 잠재적 문제로는 고혈압, 당뇨, 심장마비, 심부전, 뇌졸중 등이 있다. 또한 의사 결정과 판단력에도 지장을 주어, 생명을 구하는 일을 하는 사람들에게는 대단히 치명적인 영향을 줄 수 있다.

한 연구에 따르면 수면 부족 상태는 알코올중독에 맞먹는 장애를 불러왔다. 17~19시간 동안 잠을 자지 않은 사람의 수행 능력은 혈중알코올농도 0.05퍼센트인 사람의 수행 능력과 비슷하거나 그보다 떨어졌다. 그보다 더 오래 잠을 자지 않은 사람의 수행 능력은 혈중알코올농도 0.1퍼센트인 사람과 맞먹는 수준이었다.[39] 북미와 유럽 대부분 지역의 음주 운전 기준치는 0.08퍼센트이고, 이보다 더 낮은 곳도 있다. 예를 들어 스코틀랜드의 기준치는 혈중알코올농도 0.05퍼센트다. 하루 밤샘을 하면 법적으로 운전을 할 수 없는 상태가 되는 것이다.

당신이 만성적 수면 부족 상태의 경찰관, 소방관, 응급구조원, 간호사로 구성된 팀의 리더라고 상상해보라. 팀원들은 직무 특성상 끊임없이 순간적인 판단을 내려야 하며, 그 판단에 따라 피해를 예방하거나 유발할 수 있다. 이런 직원들에 대해서는 당연히 적절한 보상 패키지와 승진 기회가 주어져야 한다. 하지만 그러한 조치로 끝날 게 아니라 최대 노동시간에 제한을 둘 필요가 있다. 항공기 조종사들의 경우와 비슷한 관례를 따라야 마땅하다.

미국연방항공청에 따르면 조종사는 휴식 기간 중 반드시 8시간의 수면을 보장받는다. 휴식 기간은 조종사가 근무를 마친 후 시작되고 다시 출근하면 종료된다. 또한 새로운 규정에 따라 항공사들은 조종사에게 일주일에 최소 30시간 연속 휴식을 보장해야 한다.[40]

전문가의 수면 부족이 생명과 직결되는 다른 산업에 이와 비슷한 지침을 적용하지 않을 이유는 무엇인가? 리더들이 먼저 나서야 한다. 과로로 역할 수행이 점점 더 힘들어지는 산업의 경우 이러한 조치가 더욱 필요하다. 더 면밀한 조사를 통해 우리가 통제할 수 있는 부분을 통제하면 어떨까? 수면 부족이 단 한 사람의 생명을 앗아간다 해도 그것은 너무나 큰 희생이다. 경찰관들이 아무런 보호 지침 없이 장시간 근무한다면 시민과 경찰관 모두 위험에 빠진다.

세계경제의 불안정성이 높아지고 일자리 수가 급감과 반등, 다시 감소를 반복하는 가운데, 젊은 노동자들은 고용주에게 이용당할 위험에 노출되어 있다. 더 많은 청년이 거액의 학자금 대출을 떠안은 채 만성적인 자격 과잉● 상태로 자신의 교육 수준과 능력에 어울리지 않는 일자리를 받아들이고 있다. 국회의원들이 우선 국회의사당에서부터 무급 노동을 없애는 법안을 추진하는 이유다.

● 직무 수행에 필요한 수준 이상으로 교육 수준이 높은 현상.

무급 인턴십과 번아웃

무급 인턴십은 착취 행위 그 자체다. 무급으로 일할 형편이 안 되는 저소득 가구 출신의 취약 계층이 무급 인턴십을 하는 경우라면 더욱 그렇다. 이에 반해 고용주들은 무급 인턴십이 경비 지출을 피하면서 노동력을 제공받을 수 있는 수단이라고 생각한다.

카를로스 마크 베라Carlos Mark Vera는 워싱턴의 기관과 모든 기업들이 인턴에게 급여를 지급하게 할 목표로 2016년 10월 페이아워인 턴스라는 비영리 기구를 설립하고 로비 활동을 펼쳐 연방의회에서 유명 인사가 되었다.

인터뷰에서 그는 이 사명을 짊어진 것이 개인적인 번아웃 경험 때문이었다고 밝혔다. "대학교 1학년 때 주당 30시간의 무급 의회 인턴십을 했습니다. 그와 동시에 주 20시간의 아르바이트를 하고 수업 여섯 과목을 들었죠. 인턴십에 온전히 집중하지 못하고 쏟아지는 졸음과 싸워야 했어요. 이것은 전국의 많은 대학생이 여전히 겪는 현실이에요. 번아웃이 어쩌다 생기는지 쉽게 알 수 있죠."

베라는 번아웃이 "지속 불가능한 경제 현실을 청년들에게 떠민 결과"라고 여긴다. "첫째, 대학 등록금은 감당할 수 없는 수준이고 학비를 충당하기 위해 아르바이트를 하는 학생들이 늘어났습니다. 둘째, 무급 인턴십은 불평등을 악화시킬 뿐입니다. 셋째, 고용주들이 신입 사원에게 더 많은 경험을 요구하여 제가 그랬던 것처럼 매일 매시간을 바쁘게 움직여야 하는 악순환이 생깁니다." 베라는 "경험으로는 생활비를 충당할 수 없고, 인턴십도 결국은 일"이라면서, 고용주들이 정말 미래에 투자하고 싶다면 돈으로 값을 치러야 한다고 주장한다.

〈워싱턴포스트Washington Post〉 기자 마이클 게이너Michael Gaynor도 이에 동의한다. "무급 인턴십은 현대 경제의 악순환 중 하나다. 오늘날 많은 회사에서 신입직에 (아이러니하게도) 약간의 업무 경력을 요구하고, 그 경력을 쌓는 유일한 방법이 인턴십인 경우가 많다. 임금을 지급하지 않는(전미 대학·고용주 협회에 따르면 영리기업 인턴십의 43퍼센트는 무급이다) 조건을 받아들일 여력이 되는 건 돈 있는 사람들뿐이다. 결과적으로 저소득층 학생들은 인턴이라는 경로에서 소외되고 실제 구직 시장에 뛰어들 때 극명하게 불리한 위치에 놓인다."[41]

경제학 교수 니컬러스 폴로조지스Nicolas Pologeorgis는 이렇게 설명한다. "도제 신분의 역사는 중세로 거슬러 올라갑니다. 미숙한 제자(도제)가 스승의 감독과 보살핌 아래서 오랜 기간 기술을 배우는 방식이죠. 이 초기 형태의 직무 교육에서 도제는 스승의 집이나 작업장에서 변변치 않은 생활을 이어가는 경우가 많았습니다. 근무시간은 길었고 급여는 없었으며 스승의 처분에 좌우되는 존재였죠."[42]

베라는 이어서 말했다. "물론 코로나는 이 모든 상황을 악화시켰습니다. 팬데믹이 닥치자마자 도시들은 락다운을 시작했죠. 전국의 고용주는 여름 인턴십을 없앴고, 학생들은 학교가 문을 닫으면서 생활공간까지 잃었어요. 페이아워인턴스는 직접적인 서비스 제공자가 아닌데도 임대료와 고향으로 돌아가는 항공편 등 다양한 비용을 마련하는 데 도움이 될 만한 방편을 알려줄 수 있는지 궁금해하는 다급한 학생들의 메시지를 150통 이상 받았습니다. 상황에 대처하느라 저희도 대면 프로그램을 모두 취소했고 매출 대부분을 잃었죠."

그러한 요구에 부응해 베라는 인턴 구제 기금Intern Relief Fund을 조성했고, 1차 모집 기간인 5일이 끝나기도 전에 1000명 이상의 신청자를 받았다. 신청자 대부분은 유급 인턴십이 취소되었거나 더는 인턴십 비용을 지급해줄 수 없다는 통보를 받은 대학생들이었다. 베라는 하계 수혜자인 난디니의 이야기를 들려주었다. "난디니는 스토니브룩대학교에 다니는 학생입니다. 몇 달 동안 난디니와 가족들은 노숙자가 될 위기에 직면했죠. 당시 난디니의 부모님은 1년 이상 무직상태였고 여러 번 집을 압류당할 뻔했다고 해요. 팬데믹 이전에 난디니는 국제적인 비정부기구에서 인턴십을 하고 급여를 받았지만 기관에서 자금 지원을 취소했어요. 저희가 지급한 보조금 덕분에 난디니의 가족은 정해진 기일에 은행 융자금을 갚을 수 있었죠."

하지만 베라는 곧 열정에서 시작한 이 구제 활동이 또다시 자신을 번아웃 위기에 처하게 만들었음을 깨달았다. "아이러니하게도 무급 인턴들이 위기를 넘길 수 있도록 돕는 일이 다시 한번 제 번아웃을 부채질하고 있었어요. 매일 아침 새벽 3시 30분에 일어났고 제 건강을 돌보지 않았죠. 이런 일정을 한 달쯤 소화하고 나자, 인턴 구제 기금의 거의 모든 신청자가 페이아워인턴스에 했던 말을 저도 똑같이 하게 되더라고요. '이대로는 버틸 수 없어'라는 말이었어요. 속도 조절이 필요하다는 걸 깨달았어요. 물론 대다수 무급 인턴들은 그럴 만한 여력이 없을 거예요."

지금까지 베라와 그의 팀은 인턴 구제 기금으로 20만 달러를 모금했다. 이 보조금 덕분에 대학생들은 학자금을 충당할 뿐 아니라 월세를 내거나 식료품을 사거나 가계에 보탬이 될 수 있었다.

콜센터 전문 기업의 급여 지급 전략

사람의 가치와 그들이 들인 시간에 보답하기 위해서는 합당한 비용을 지급하는 것만으로는 충분하지 않다. 한 회사는 적정 수준의 급여뿐 아니라 지급 속도도 우선순위로 삼고 있다. 콜센터 전문 기업 컨티뉴엄 글로벌 솔루션즈의 이야기다. 최고인사책임자 일레인 데이비스Elaine Davis는 콜센터에서 근무하는 시간제 노동자 1만 7000명으로 구성된 조직을 이끌고 있다.

2020년 3월 중순, 데이비스는 모든 노동자가 재택근무를 하게 했다. 이것만으로도 작은 일이 아니었다. 여기에 더해, 직원들의 정신건강을 꾸준히 챙기고 가능한 여러 가지 방법으로 지원하려고 노력했다. 심지어 아이를 키우는 어머니에게는 집에서 격리 상태로 지내는 동안 아이들이 지루해하지 않도록 워킹맘 꾸러미까지 보내주었다. 하지만 직원들이 하루하루를 버틸 수 있도록 가장 중요한 니즈에 조금 더 신경을 썼다. 급여 지급이 그중 하나였다.

우리와 대화를 시작하자마자 데이비스는 급여야말로 직원들의 가장 큰 니즈라고 힘주어 말했다. 그는 〈포천Fortune〉이 선정한 1000대 기업 중 하나에서 인사팀을 이끌다가 직장을 옮겼다. 그리고 옮긴 회사 직원들의 니즈는 이전 직장 직원들의 니즈와 상당히 다르다는 것을 금세 알게 되었다고 한다. 직원의 상당수는 여성이었으며, 혼자서 아이를 키우는 어머니가 많았다. 어떤 사람들은 무직 상태와 힘겨운 구직 상태를 오락가락했다. 대부분은 여기가 첫 직장이거나 마지막 직장이 될 예정이었다.

물론 어느 조직이든 적절한 보상이 최우선 순위다. 하지만 많은 시간제 노동자에게 급여를 받는다는 건 병원에 가고 전기를 켜고 제대로 밥을 먹고 심지어 강제 퇴거를 막는다는 의미일 수 있다. 콜센터에 근무하는 직원은 대부분 신용이나 저축에 기댈 형편이 아니었다. 다른 대안이 없다는 현실이 그렇지 않아도 힘든 상황에 스트레스를 더했다.

건강관리 플랫폼이었다가 챌린저 뱅크˙가 된 브랜치가 3000명 이상의 시간제 노동자들을 대상으로 수행한 설문에 따르면, 시간제 노동자의 약 80퍼센트는 비상사태에 대비해 저축해둔 돈이 500달러 미만이었고, 52퍼센트는 저축해둔 돈이 전혀 없었으며, 이는 전

●　　대형 은행의 지배력을 축소하고 은행 간 경쟁을 촉진하기 위해 영국에서 시작된 인터넷 전문 은행.

년도보다 12퍼센트 상승한 비율이라고 한다. 76퍼센트는 이미 청구서 납부를 미루거나 연체한 상태였으며, 10퍼센트는 다음 달에 그런 상황을 맞이할 예정이었다. 기본 생활비는 시간제 노동자들의 주요 걱정거리에 빠지지 않고 올랐다.[43]

이러한 현실을 고려해 데이비스는 브랜치의 최고경영자 아티프 시디키Atif Siddiqi에게 도움을 청했다. 희망하는 고용주들은 브랜치와의 협력을 통해 직원들이 급여의 일부(50퍼센트)를 급여 지급일 이전에 당겨쓰도록 배려해줄 수 있었다. 계획에 없던 의료비 지출로 타격을 입거나 전기·가스·수도 등 공공서비스 중단의 위협에 처한 직원들은 그 돈 덕분에 가까스로 곤경을 벗어날 수 있었다. 데이비스는 이렇게 말했다. "이제 직원들은 자녀의 수학여행 비용을 대기도 합니다. 아이에게 더 많은 배움의 기회를 주고 따돌림당하는 일을 막을 수도 있는 거죠."

이 제도는 이자나 위약금 등의 다른 비용이 따르는 급여일 대출●과 비슷한 방식으로 운영되는 것일까? 답변은 '아니요'다. 2주에 한 번 급여를 지급하는 대신 번 돈을 즉시 받아갈 수 있도록 해줄 뿐이다. 간단하지만 데이비스의 직원들에게는 너무나 의미 있는 제도다. 직원들에게 공감하고 그들의 니즈를 깊이 이해하려는 그의 노력이 돋보인다.

● 급여일에 갚는 것을 조건으로 하는 소액 대출.

데이비스는 말한다. "저는 직원들에게 항상 되새겨줍니다. 이것은 여러분이 번 돈이고, 회사가 주고 싶을 때 주는 게 아니라 여러분이 필요로 할 때 드리는 것이라고요."

인정 네트워크의 효과

허즈버그의 동기-위생 이론에 따르면 사람들에게 합당한 대가를 지급하는 것은 적절한 기업 위생에 불과하다. 안타깝게도 인정과 피드백 같은 사회적 보상의 영향력은 간과될 때가 많다. 유아기의 발달은 바람직한 행동과 그 행동을 장기적 습관으로 강화하는 긍정적인 피드백을 기반으로 이루어진다. 그리고 그것은 학습된 행동으로 남는다. 잘한 일을 일관성 있게 인정해주면 그 일을 더 많이 하고 싶은 내재적 동기가 강화된다.

이와 반대로 동료이자 리더로서 우리가 서로를 인정하지 않으면 조직적 사명의 가치를 잃어버리고 스스로도 만족을 느낄 수 없게 된다. 단, 공감하는 방식으로 서로를 인정하는 것이 중요하다.

직장인 통찰을 연구하는 기업 타이니펄스는 '우리가 들어본 역대 가장 당혹스러운 직원 인정 사례'라는 블로그 게시물을 통해 좋은 의도로 시작했지만 엉뚱한 결과를 불러온 사례들을 소개했다. 한 사례에서는 상사가 회사 로비에 '최우수 영업 사원'이라는 타이틀을 붙여서 직원의 사진을 게시했다. 해당 직원은 잠재 고객과 고객들에게 자신이 그들의 문제를 함께 해결하고 성공을 돕기 위해 노력한다는 것을 보여주려 애써왔다고 말했다. "그런데 그 사진은 단번에 그런 노력을 모두 물거품으로 만들어버렸어요. 고객의 눈에 제가 꼭 필요한 상품을 살 수 있게 돕는 사람이 아니라 뭐라도 팔려는 장사꾼으로 비칠 것이 뻔했습니다."[44]

직장에서 직원을 인정해주는 일은 중요하다. 하지만 그 방법을 먼저 고려하라. 인정하는 방법을 사려 깊게 생각해야 하고 당연히 공정한 보상이 이루어져야 한다.

휴렛팩커드 엔터프라이즈HPE의 앨런 메이Alan May 부사장 겸 최고인사책임자는 회사가 팬데믹 절정기에 진입했을 때, 직원들의 노고를 인정하는 것이 중요한 역할을 했다고 말했다. 그는 전 세계 직원 중 조직의 가치와 문화를 실천하는 이들을 표창할 생각이었다. 그리고 거기에 더해 그들이 회사에 얼마나 소중한 존재인지를 상기시키고 싶었다. 그래서 메이는 임원진이 깜짝 격려 전화를 거는 아이디어를 떠올렸다.

사내 블로그인 'HPE 인사이더'에 올릴 영상 촬영을 위해 표창 대상 직원들에게 인터뷰를 요청한 것이 시작이었다. 해당 직원들은 임원진 중 한 명이 줌 화면에 등장할 줄은 꿈에도 몰랐다. 전 세계의 고위 임원들이 직원 한 명 한 명에게 일대일로 감사 인사를 전했다.

나는 이 회사 블로그에서 직원들의 반응을 몇 개 확인했다. 중국 다롄 사무실에서 근무하는 글로벌 법무행정 서비스 구매 담당자는 HPE 최고운영책임자 존 슐츠John Schultz의 깜짝 영상통화를 받았다. 슐츠는 "여러분의 노고에 대한 표창을 전달하고 고맙다는 인사를 직접 건네고 싶었어요. 감사합니다!"라고 말했다. 해당 직원은 너무나 놀라고 흥분한 나머지 숨도 제대로 쉬지 못했다. 직원은 잠시 후 간신히 이렇게 대답했다. "아, 감사합니다. 정말 영광이에요. 어머, 이런, 너무 기뻐요! 사진을 좀 찍어야겠어요!"

간단한 제스처였지만 이는 행복감에 엄청난 영향을 끼쳤다. 메이는 이런 식으로 직원들에게 먼저 다가가는 일이 너무나 즐거웠다고 말했다. 양쪽 모두 득을 보는 상황이다. "별 거 아닌 것처럼 보일수도 있지만 일을 하다 보면 마이크를 장악하고 싶은 충동이 많이들거든요. 하지만 저희는 귀 기울여 듣는 데만 집중했어요. 이것은 직원들의 정신건강에 결정적인 영향을 끼쳤습니다."

메이는 또한 공감적 경청을 통해 직원들의 니즈에 초점을 맞추고, 직원들의 좋은 아이디어를 실행에 옮김으로써 보답했다. "정신건강 관점에서 저희 직원들은 여러 계층으로 세분화되어 있어요. 어떤 사람들은 혼자 살지만, 어떤 사람들은 집에서 노부모 혹은 장애나 다른 질병이 있는 가족을 돌봅니다. 물론 아이를 양육하는 사람들도 걱정이 많고요. 재택근무를 하기에 아주 적절한 환경을 갖추고 있는 직원이 있는가 하면, 인도 벵갈루루 어딘가의 작디작은 아파트 부엌에서 일하는 직원도 있죠."

그 사실을 깨달은 후, 메이는 개인 간 커뮤니케이션을 위한 소셜 채팅방을 만들었다. 실질적인 목표 없이 사고방식이 비슷한 사람들을 한데 모은 것이다. "채팅 그룹을 감독하지는 않고 잘 듣는 데 주력하면서 적절히 참여했어요." 메이는 말했다. "그러다가 직원들이 재택근무에 필요한 구체적인 도구를 제안하거나, 집 안에 갇혀 외롭게 지내는 사람들을 위한 구체적인 아이디어를 제안하면 여러 채팅방에서 들은 아이디어를 살려 실행에 옮겼죠."

직원에 대한 인정은 이런 방식으로 이루어져야 한다. 그들에게 귀 기울이고 그들의 목소리를 중요하게 여긴다는 점을 알게 해야 한다. 일을 잘한 사람을 호명해 표창할 때는 활동, 성과, 행동을 구체적으로 밝히는 것이 중요하다. 예를 들어 누군가가 고객이나 동료를 위해 열심히 일하거나 프로젝트에서 기대 이상의 성과를 낸 경우, 단순히 피드백만 주지 말고 그들의 이야기를 공유하라. HPE 임원진이 참여한 최종 영상은 직원 6만 명 모두에게 화제가 되었으므로, 다른 직원들도 조직이 직원들을 얼마나 소중하게 생각하는지 확인할 수 있었다.

직장에서 인정 네트워크의 효과를 불러일으키는 방법은 이밖에도 많다. 특히 동료들의 이야기를 공유할 때는 다음과 같은 원칙을 따르자.

- 긍정적인 가십을 퍼뜨려라. 가십이 긍정적이라니 모순 어법처럼 들릴 수도 있지만, 이것은 사무실 사람들의 마음가짐을 전환하는 강력한 방법이다. '우리에게 없는 것'보다 '우리에게 있는 것'에 초점을 맞추기 때

문이다. 이는 감사와 이해를 더 많이 표현하게 하고, 비생산적인 불평을 보이지 않는 곳으로 밀어낸다.

- 감사를 나눔으로써 피드백을 수집하라. 동료들의 이야기를 감사의 벽에 붙여라. 접착식 노트와 마커를 준비하고 공용 구역의 빈 공간을 활용하면 간단하게 감사의 벽을 만들 수 있다. 매주 스탠드업 회의* 때 지난주에 누군가가 베푼 친절을 한 가지씩 공유하라. "누가 도움을 주었는가?" "덕분에 당신의 일이 어떻게 조금 더 나아졌는가?"와 같은 질문에 대한 답이면 충분하다.
- 감사를 표현하는 일정을 반복 설정하라. 달력에 일정을 잡고 누군가가 잘한 일에 대해 매주 2분씩 두 문장 이내로 감사를 표하도록 한다.

근본 원인 4 · 빈약한 인간관계

사회심리학자들에 따르면 "우리에게 장소 감각, 목적의식, 소속감을 주는 집단은 심리적으로 유익하다. 단단히 자리 잡은 느낌을 주고 삶에 의미를 부여하며, 자신이 특별하고 유능하며 성공한 존재라고 느끼게 한다. 또한 자존감과 자긍심을 높인다."[45]

이러한 느낌과 정반대되는 것이 고립, 외로움, 삶의 의미 부재, 건강한 애착 상실 그리고 번아웃이다. '공동체 의식과 번아웃'이라

● 불편하지만 짧게 집중할 수 있도록 주로 서서 진행하는 회의.

는 논문은 학부생을 대상으로 진행한 연구로 결과는 다음과 같다. 생활환경에서 공동체 의식을 강하게 경험하는 피험자들은 MBI와 마이어 번아웃 평가Meier Burnout Assessment에서 공동체 의식이 약한 피험자에 비해 낮은 번아웃 점수가 나타났다. 마이어 번아웃 평가는 23개 문항으로 구성된 '예/아니요' 방식의 번아웃 검사로 MBI를 보완한 것이다.[46] 사람은 매일 깨어 있는 시간의 50퍼센트를 일하면서 보내므로, 건전한 직장 내 관계는 정신건강에 대단히 중요하다.[47]

또한 공동체는 소속감을 높인다. 소속감은 웰빙과 함께 가장 중요한 인적 자본 이슈 중 하나로 2020년 딜로이트의 세계 인적 자본 동향 설문 조사에서 1위를 차지했다. 이 설문에 따르면 응답자의 79퍼센트가 직장 내 소속감을 기르는 일이 다음 12~18개월 내 조직의 성공에 중요하다고 말했고, 93퍼센트가 소속감을 갖는 것이 조직의 성과를 촉진한다는 데 동의했다. 과거 10년의 세계 인적 자본 동향 보고서를 통틀어 해당 연도에 가장 동의 비율이 높았다.[48]

딜로이트 보고서는 다양성과 포용의 가치를 분석한 베터업의 연구 결과를 인용해 다음과 같이 밝혔다. "직장에 대한 소속감은 대략 56퍼센트의 직무 수행 능력 상승, 50퍼센트의 이직 위험 감소, 75퍼센트의 병가 일수 감소로 이어질 수 있다. 이 연구에서는 단 한 번의 '아주 사소한 배타적 행동'만으로도 팀 프로젝트에서 개인 성과가 25퍼센트 즉각 감소할 수 있음이 드러났다."[49]

심화된 개인주의와 국가주의, 양극화가 우리를 갈라놓는 상황에서, 서로의 차이에 대한 존중은 무너지고 있다. 연결을 돕는 온갖 도구가 제시되고 노동 인력이 전 세계를 무대로 빠르게 확장 중이지만, 소속감에 대한 욕구가 커질수록 사람들 사이는 점점 더 멀어지는 듯하다. 이러한 상황은 달라져야 한다.

사내 정치, 인종 갈등, 불평등과 임금격차에 관한 논쟁은 점점 더 늘어나고 있다. 사람들은 양극단에 서 있다. 조직과 리더의 입장에서 이것은 건전한 기업 문화를 해치고 결국 전반적인 사업 목표 달성을 위태롭게 하는 커다란 위협 요소다.

나사의 컬럼비아호 사고 사례에서 살펴보았듯, 반대 의견을 허용하고 공개 토론을 장려하면 더 강력하고 높은 성과를 내고 건강한 문화를 조성할 수 있다. 심리적 안전감 확보 전략을 추진함으로써 보다 건강한 공동체를 구축하는 것이다. 그러려면 신뢰를 쌓아야 한다.

신뢰는 솔직함에 뿌리를 둔다. 하지만 복잡하고 미묘한 직장 환경에서 솔직해지는 일은 어려울 수 있다. 얼굴을 마주 보고 성공적으로 피드백을 주고받으려면 공감이 커뮤니케이션의 근간에 자리 잡고 있어야 한다. 그래야만 피드백이 뼈아픈 비난이 아닌 유익한 도구가 될 수 있다.

YMCA 워크웰의 최고책임자이자 인정받는 웰빙 전문가이며 나의 배우자이기도 한 짐 모스Jim Moss는 건전한 공동체 문화를 구축하려면 솔직한 피드백을 가치 있게 여겨야 한다고 말한다. 피드백이야말로 개인과 조직의 목표 달성에 중요한 행동을 인정해주는 최고의 도구라는 것이다. 또한 피드백을 줄 때는 공감이 대화의 밑바탕에 깔려 있어야 한다고 강조한다. "건강과 성과 사이의 균형을 찾으려면 직장 주변과 직장 내부 세계의 흐름을 파악하고 거기에 적응해야 합니다. 리더는 건강이나 성과 어느 한쪽이 전부 혹은 너무 많이 희생되지 않도록 그 균형을 책임져야 합니다. 이런 유형의 조직은 장기적으로 번창하고 '자기 치유력'이 강하며 기능적으로 회복 능력이 뛰어나죠."[50]

모스는 번아웃과 관련해 조직이 높은 성과를 내는 데 치중하느라 사회적 공동체 안에서 개인의 건강이 희생되는 것을 깨닫지 못한다고 지적한다. "개인의 건강은 모험을 걸 수 있는 대상이 아닙니다. 강한 공동체 의식은 정말 강력한 힘을 발휘하죠. 더 크고 중요한 무엇의 일부가 된다는 느낌을 주니까요. 공동체 의식이 없으면 외롭고 고립되며 소외된다는 느낌을 받을 수 있습니다."

또한 모스는 한때 사회적 지지를 받고 심리적 안전감을 얻던 공동체가 자신을 버렸다는 사실을 인지하면 부정적 파급 효과가 매우 클 수 있다고 말한다. "선수로 뛰다가 다쳐서 어쩔 수 없이 일찍 은퇴한 경험이 있어요. 한동안 음지로 떠밀리는 기분이 들었죠. 그동안 함께 뛰며 의지하던 공동체가 예전처럼 내 곁에 있지 않다는 사실을 깨닫는 것은 힘든 일이었습니다. 하지만 그때는 그게 무엇인지 정확히 몰랐고 그저 상실감만 들었기 때문에 정신건강에 나쁜 영향을 미쳤죠."

모스는 몇 사람만으로도 변화를 주도할 수 있지만 공동체가 건강한 방향으로 성장하려면 진정성이 전제되어야 한다고 말한다. 이것이 바로 직원과 회사의 가치관이 일치해야 하는 이유이고, 직장은 우리가 진정한 자신을 드러낼 수 있는 곳이어야 한다. "우리는 (물리적 공간이든 온라인 상의 공간이든) 의미 있는 방식으로 이바지하고 성장하고 발전할 수 있는 공간이 필요합니다. 그래야만 전체 조직 또한 의미 있는 방식으로 세상에 이바지할 수 있죠."

신뢰하라, 친구를 만들어라

갤럽이 Q12® 설문 항목에 "나는 직장에 절친한 친구가 있다"를 집어넣은 데는 그럴 만한 이유가 있다. 인간은 사회적 동물이고 직장은 사회 기관이므로 "좋은 인간관계를 키워나가는 것은 건강한 직장에서 지극히 정상적이고 중요한 부분"이기 때문이다.

갤럽은 직원 유지율, 고객 평가, 생산성, 수익성이 높은 직장들을 수년간 연구한 끝에 설문에 이 항목을 포함하기로 했다. "연구진은 이 네 가지 성과와 일관되게 상관성을 보이는 12가지 항목을 파악했다. 갤럽은 현재 이 12가지 문항을 사용해 직장의 건강 상태를 측정한다. 관리자 8만 명 이상을 대상으로 한 관련 연구에서 갤럽은

●　　직원 몰입도를 측정하는 12가지 지표. 갤럽은 이것으로 전 세계 직장인의 업무 몰입도를 분석한다.

훌륭한 관리자들이 양질의 직장을 만들기 위해 무엇을 하는지 알아내는 데 초점을 맞췄다."[51]

갤럽의 관찰 결과 직장에 절친한 친구가 있다고 밝힌 직원들은 다음과 같은 특징이 있었다.

- 지난 7일 동안 업무에 대한 칭찬이나 인정을 받았다고 답할 가능성이 43퍼센트 더 높았다.
- 직장에서 누군가가 자신의 발전을 격려해준다고 느낄 가능성이 37퍼센트 더 높았다.
- 동료가 업무 품질을 위해 최선을 다한다고 말할 가능성이 35퍼센트 더 높았다.
- 지난 6개월 동안 직장에서 누군가가 자신의 업무 진행 상황에 대해 물었다고 답할 가능성이 28퍼센트 더 높았다.
- 회사의 사명을 떠올릴 때 자신의 일이 중요하다고 느낄 가능성이 27퍼센트 더 높았다.
- 직장에서 자신의 의견이 중요하게 받아들여진다고 생각할 가능성이 27퍼센트 더 높았다.
- 직장에서 자신이 잘하는 일을 할 기회가 매일 주어진다고 답할 가능성이 21퍼센트 더 높았다.[52]

갤럽은 이 연구 결과를 다음과 같이 설명한다. "이 항목은 또한 동료들 사이의 신뢰 관계를 보여준다. 업무 집단 내의 유대감이 강하면 직원들은 스트레스나 어려움을 겪을 때 동료들이 자신을 도와줄 거라고 믿는다. 직장에 절친한 친구가 있는 직원들은 똑같은 수준의 스트레스 상황에서도 건강한 스트레스 관리 방법을 찾아내는 비율이 현저히 높다."[53] 하지만 갤럽이 전 세계 직장인 1500만 명 이상을 대상으로 조사했을 때 직장에 절친한 친구가 있다고 답한 비율은 3분의 1 미만에 그쳤다.[54]

텔아비브대학교 연구진이 20년 동안 진행한 흥미로운 연구에서는 동료들 간의 지지 시스템이 잘 갖추어진 직장에서 근무하는 사람들이 그렇지 않은 직장에 근무하는 사람들보다 더 오래 살 가능성이 높은 것으로 나타났다. 건강에 가장 큰 영향을 끼치는 요소가 동료임을 발견한 것이다. 연구진은 참가자들이 동료가 문제 해결에 도움을 주고 친절하다고 보고한 경우, 동료들 간의 사회적 지지가 높은 직장으로 평가했다.

또한 연구진은 참가자들에게 상사의 행동, 동료와의 관계, 업무 환경에 관한 질문을 던지고 그들의 건강 상태를 관찰했다. 그 결과, 건강과 가장 밀접하게 연관된 요인은 동료들의 지지인 것으로 드러났다. 직장에서 '동료들 간의 사회적 지지'가 거의 또는 전혀 없는 중년 노동자는 연구 기간 중 사망할 가능성이 2.4배 높았다.[55] 다시 말해 심술궂은 동료와 함께 일하는 피험자일수록 사망 위험이 더 컸다.

이 연구 내용을 읽으면서 내 머릿속에 제일 먼저 떠오른 생각은 싱크대 위에 수동 공격적인 메모를 붙여 놓은 사람이 누구든 그런 행동을 당장 멈춰야 한다는 것이었다. 또한 리더가 동료들과 굳건한 관계를 맺는 일이 얼마나 중요한지도 생각했다. 리더의 역할은 때때로 외롭게 느껴질 수 있지만, 전화를 걸어서 아이디어를 제시하거나 의견을 구할 사람을 적어도 한 명 확보하는 것은 큰 도움이 된다. 하지만 같은 직장에서 일하는 사람들과 점점 더 단절된 상태로 지내는 요즘은 그러기가 쉽지 않다. 2020년에 폭발적으로 늘어난 재택근무로 인해 고립이 증가한 탓이다.

우리가 조사를 통해 얻은 결과 중 하나는 재택으로 일하는 동안 굳건한 동료 관계를 유지하기가 쉽지 않다는 사실이다. 응답자의 약 40퍼센트는 그렇게 단절된 상태로 지내는 데 어려움을 느낀다고 말했다. 건강한 재택근무 문화를 유지하려면 구체적인 전략이 필요하며, 그중에서도 가능한 한 자주 사람들을 물리적으로 모이게 하는 일이 중요하다.

한 응답자는 공간의 분리와 그 분리 상태가 기업 문화에 끼치는 영향에 관해 느낀 점을 이렇게 밝혔다. "전적인 가상 세계가 됐죠. 제가 근무하는 회사는 글래스도어®의 '일하기 좋은 직장' 목록에서 여러 번 1위를 차지할 정도로 기업 문화가 좋은 회사예요. 저도 그 문

● 해당 회사 직원의 익명 리뷰에 기반한 직장 및 상사 평가 사이트.

화를 사랑하고요. 하지만 지금은 예전 같지 않아요. 그 모든 재미와 관계를 가상 세계에서 재현하기는 너무나 어렵거든요. 일만 남고 나머지는 전부 사라진 기분이 들어요. 정신건강을 잘 지키고 싶은 개인적인 욕구와 제가 해야 할 업무 사이에서 균형을 맞추기가 힘들었어요."

2020년에 우리 사회는 '가끔 재택근무'에서 '상시 재택근무'로 대대적인 전환을 맞이했다. 많은 기업이 이러한 전환을 영구적으로 받아들였다. 어떤 사람들에게 이것은 희소식이었다. 오래전부터 재택근무를 희망했으며, 어쩔 수 없는 상황으로 소원을 이룬 사람들이다.

앞서 언급한 바와 같이 나는 집에서 일하는 것을 좋아한다. 하지만 모두가 그런 건 아니다. 직장 내에서 건강한 인간관계를 촉진하려면 하이브리드 근무 체제를 최선의 접근법으로 고려해보라고 조언하고 싶다. 직원들이 원하면 직접 얼굴을 보면서 협업할 수 있도록 물리적인 모임 공간을 마련하되, 개인적인 공간을 원한다면 집에서 일할 수 있게 허용하라는 뜻이다.

직원들이 재택근무를 할 때는 점심을 먹다가 우연히 토론을 벌이거나 자리를 지나가다가 얼굴을 비추는 일이 더는 자연스럽게 이루어지지 않는다. 그러므로 리더들이 혁신의 돌파구, 즉 중대한 문제 해결의 전환점이 되는 돌발의 순간을 다른 방법으로 일으켜야 한다.

댄 쇼벨Dan Schawbel은 저서 《다시, 사람에 집중하라》에서 직장 내

외로움과 단절의 영향을 다룬다.[56] 쇼벨은 사람 간의 상호작용을 촉진하기 위한 "다리로서 기술을 사용"해야 한다고 강조한다. 그는 기술이 사람들 사이의 소통을 가로막는 걸림돌이 되도록 내버려두지 말아야 한다고 주장하며, 리더들에게 팀과 친해지는 데 필요한 시간을 들이라고 조언한다. 그는 "누군가의 인간적인 욕구를 해결해주면 업무상 욕구도 해결해주는 셈이다"라고 말했다.

쇼벨이 버진 펄스˚와 협력해 최근 진행한 연구의 목표는 인간관계를 강화하는 데 가장 효과적인 방법이 무엇인지 알아보는 것이었다. 다양한 연령대 및 국적의 관리자와 직원 2000명을 대상으로 수행한 조사 결과, 회사 외부에서 진행하는 행사가 인간관계 활성화에 도움이 되는 것으로 드러났다. 쇼벨은 직장과 다른 환경에서 만나는 경우 직원들이 업무적인 대화에서 벗어나 좀 더 개인적인 대화를 쉽게 나눌 수 있다는 사실을 알게 되었다. 참가자 데이터에 따르면 이런 행사 후 그룹 내 생산성과 몰입이 높아진 한편 고립감과 외로움은 감소한 것으로 나타났다.

쇼벨은 인터뷰에서 이렇게 말했다. "신뢰가 정말 중요합니다. 상대방의 얼굴을 본 적이 없으면 그만큼 신뢰하기가 어렵죠. 직접 만나는 순간 모든 것이 달라집니다."

예전과 달리 혼자 사는 사람들이 늘면서 문제는 더욱 복잡해졌

●　　버진 그룹의 건강 및 웰빙 사업 자회사.

다. 이제 1인 가구는 미국에서 미성년자 자녀가 없는 기혼 부부에 이어 두 번째로 흔한 가구 형태이고, 18세 이하 자녀가 있는 기혼 부부보다 더 많다. 도심에서는 대략 40퍼센트가 1인 가구다.

정신건강 전문가들은 혼자 사는 사람들이 많아진 추세에 대해 우려를 표한다. 1인 가구 생활이 우울감, 삶의 질 저하, 건강 문제와 결부된다는 연구 결과 때문이다. 현재 노동 인구에서 가장 비율이 큰 밀레니얼 세대는 가장 외로움을 많이 타는 세대다. 런던 기반의 조사 분석 기업 유고브의 조사에 따르면 밀레니얼 세대 열 명 중 세 명은 항상 또는 자주 외로움을 느낀다고 한다.[57] 영국의 학생·졸업생 진로 지도 기업 밀크라운드의 2018년 조사에 따르면 밀레니얼 세대의 66퍼센트는 직장에서 친구를 사귀기가 어렵다고 느꼈다. 이는 베이비부머 세대의 23퍼센트 미만이 그렇게 느끼는 것과 대조적이다.[58]

개인적인 연결은 직장에서의 몰입과 행복을 위해서만 좋은 것이 아니다. 그것은 우리를 사람답게 만들어준다. 우리의 유전자가 그렇게 만들어져 있다. 깊이 뿌리내린 이 진화의 유산은 수적 우위에 생존이 달려 있던 시절로 거슬러 올라간다. 오늘날 직장은 우리가 같은 종족을 발견하는 곳이다.

사람들을 물리적으로 모이게 하는 것 외에도, 리더들이 직장에서 건강한 인간관계 육성을 도울 수 있는 다른 방법들이 있다.

• 업무와 무관한 주제에 관해 교류할 수 있는 공간을 마련하라. 슬랙이

나 팀즈 채널®을 마련해(조직이 사용하는 소셜 협업 도구라면 무엇이든 좋다) 직원들이 퀼트, 도끼 던지기, 육아 등 폭넓은 주제에 관해 논의할 수 있도록 하라. 근무시간 중 이러한 채널에 정신이 팔리지는 않을까 걱정하지 말라. 직원들이 이러한 채널을 이용하도록 지지한다는 것은 직원들이 맡은 바 업무를 소화하리라 믿는다는 뜻이다.

- **조직 전체에 걸쳐 사람들을 연결하라.** 팀에 활력을 불어넣고 조직의 사명이나 가치와 연결되는 협업 프로젝트를 지원하라. 업무 경험 안에서 목적의식과 의미를 찾을 때 직원들은 커다란 행복감을 느낀다. 도파민은 창작 프로세스에서 대단히 중요한 역할을 하며 특히 완료의 순간 최고조에 달한다. 창조적 협업 과정 내내 적정량의 도파민을 경험하지만, 프로젝트를 완료할 때 뇌는 도파민으로 넘쳐나며 이 이로운 화학물질은 동기부여에 도움을 준다.[59] 도파민은 뇌가 궁금증을 갖고 새로운 아이디어를 떠올리게 하는 화학물질이기도 하다. 이것은 직장 내 유대감 형성에 도움이 될 뿐 아니라 혁신의 가능성을 높인다.

- **이타적 행위를 끌어내라.** 행복의 화학물질을 높이는 또 하나의 방법은 직원들을 자원봉사에 참여시키는 것이다. 자원봉사를 꾸준히 한 사람들은 이타적 행위를 하지 않는 사람들에 비해 삶의 질이 더 높고 인간관계가 더 건강하다고 느꼈다.

- **건강하지 못한 경쟁을 예의 주시하라.** 한편으로 경쟁은 유익할 수 있

● 채팅과 화상 회의 기능을 주력으로 하는 업무용 협업 솔루션.

다. 《미국경영학회저널 Academy of Management Journal》에 실린 연구는 "경쟁은 성과를 내고자 하는 개인의 동기와 노력을 높일 수 있다"고 밝혔다.[60] 하지만 과도하게 경쟁적인 업무 환경은 스트레스, 비밀주의, 방어적 태도, 약탈적 행동을 유발하기도 한다. 너무 심한 경쟁은 고립감을 키우고 각자도생의 문화로 이어질 수 있다. 협력적 매출 목표치를 제시하거나 팀 평가 지표를 사용하는 전략도 경쟁 완화에 도움이 될 수 있지만, 건전한 경쟁을 장려하고 외로움을 완화하는 최고의 방법은 직원들이 공동의 목표에 초점을 맞추게 하는 것이다.

- 포용적인 문화를 조성하라. 포용의 감정은 직원들이 소속된 집단의 사람들을 위하도록 해 '선순환'을 일으킨다. 이것은 팀을 위해 그리고 조직 전체를 위해 더 열심히 일하는 동기가 된다. 이에 반해 개인주의는 사회적 고립을 일으키고, 뇌 기능의 변화를 초래해 학습 능력 감퇴, 나쁜 의사 결정, 위협 반응 고조 등의 결과로 이어질 수 있다.[61] 우리는 생산 중심의 환경에서 자주 목격되는 '적자생존' 전략 대신 포용적인 그룹 목표에 바탕을 둔 문화를 조성할 필요가 있다.

직원들이 조직과 진정으로 소통할 수 없다고 느낄 때 어떤 일이 벌어질까? 가치관이 일치하지 않는데도 취업을 위해 본모습을 숨기면 결국 번아웃의 위기에 봉착하게 된다.

공정성 결여

부당한 대우는 조직 내의 정의가 부재한 상태라고 표현할 수 있다. 동료나 상사의 선입견, 편파주의, 학대, 공정하지 않은 보상이나 기업 정책 이외에도 다양한 요인에서 부당한 대우가 나올 수 있다.

갤럽에 따르면 직원들이 관리자나 팀원, 경영진을 신뢰하지 않을 때 유대감이 깨지며, 이때 직장은 더 이상 의미 있는 곳이 아니게 된다.[62] 이스트앵글리아대학교와 스톡홀름대학교 연구진은 직장에서 부당한 대우를 받고 있다고 인지하는 직원들은 병가를 내거나 병가 일수를 연장할 가능성이 더 크다고 밝혔다.

노리치경영대학원의 조직 행동 강사이자 이 연구의 공동 저자인 콘스탄체 아이브Constanze Eib는 "짧지만 잦은 병가는 개인이 높은 수준의 긴장이나 스트레스를 덜어내는 기회일 수 있지만, 장기적인 병가는 그보다 심각한 건강 문제의 신호일 수 있다"라고 설명했다.[63]

이 연구의 주저자인 스트레스연구소의 콘스탄체 라인베버Constanze Leineweber는 "직장에서 인지되는 공정성은 고용 불안과 마찬가지로 업무 환경에서 충분히 바꿀 수 있는 부분이다. 조직은 두 가지 모두를 상당 부분 통제할 수 있다. (…) 공정 관행에 관련된 업무를 전담하는 관리자를 선발해, 공정성 원칙에 대해 교육하고 조직의 공정성을 고려한 성과 관리 관행을 실천하는 방법도 도움이 될 수 있다"라고 말했다.[64]

리더들이 직장에서 부당한 대우를 줄이고자 한다면 전 세계 인

권위원회에서 사용하는 것과 같은 기준을 따라야 한다. 연구진은 직원들이 직장 내 부당 대우를 신고할 수 있도록 다음과 같은 시스템을 갖추는 것이 좋다고 설명한다.

- 진정·고소·고발 메커니즘을 갖춘다.
- 부당한 대우란 무엇인가에 관한 전사적 인식을 확립한다.
- 모든 고충에 대응한다.
- 문제를 진지하게 받아들인다.
- 즉각 조치한다.
- 사건을 조사하는 중에도 건강한 업무 환경을 제공한다.[65]

크리스티나 매슬랙은 공정성 결여 문제가 더욱 빈번해지고 있으며, 이것이 번아웃을 예측하는 지표가 될 수 있다고 말했다. 매슬랙이 소개한 한 사례에서 공정성 결여는 정말 큰 문제였다. 하지만 매슬랙과 경영진이 사람들을 거슬리게 한 요인이 무엇인지 깨닫는 데는 시간이 조금 더 걸렸다. 사람들은 어떤 관행이 부당하다고 느꼈을까? 리더들이 마침내 이유를 찾았을 때는 깜짝 놀라지 않을 수 없었다.

경영진이 훌륭하다고 생각한 관행(공로에 대한 표창)이 오히려 문제인 것으로 드러났기 때문이다. 처음에 그들은 상을 주는 것이 무슨 잘못일까 의아해했다.

매슬랙은 상을 주는 행위 자체가 아니라 '누구'에게 주느냐가 문제라고 설명했다. 이 조직에서 진행한 설문 응답을 통해 밝혀진 사실에 따르면 직원 대다수는 자격 없는 사람들에게 인정과 표창이 돌아간다고 생각했다.

알고 보니 이 회사는 그해에 급여 인상을 받지 못한 사람에게 충분한 보상을 해주지 못한 것을 상쇄하기 위해 상을 주는 경우가 많았다. "이것은 다른 사람들의 속을 긁는 행동입니다." 매슬랙은 말했다.

나는 매슬랙의 이야기에 힘차게 고개를 끄덕였다. 그가 하는 이야기는 내가 머리로 알고 가슴으로 느낀 진실과 일치했다. 매슬랙의 설명처럼 그것은 조약돌, 즉 약간 거슬리는 요소에 불과하다. 하지만 이 작은 스트레스 요인들은 번아웃의 주요 원인으로 발전할 수 있다. 이것은 직원들에게 물어보고 사소하지만 의미 있는 데이터를 얻었더라면 쉽게 바로잡을 수 있는 문제였다.

일을 제대로 못 하는 사람이 인정받는 상황은 당연히 짜증스럽고 기운 빠진다. 대대적인 사회운동●이 벌어지는 시기에 취약 집단에 속해 있다면, 게다가 전 세계적인 팬데믹으로 번아웃에 빠진 상황이라면 이는 더욱 억울하고 언짢게 느껴진다. 공정성 결여가 불평등으로 옮겨가는 순간이다. 모두가 함부로 이해한다고 말할 수 있는

●　여기서는 조금 뒤에 이야기할 '흑인의 목숨도 소중하다Black Lives Matter' 운동을 지칭함.

영역이 아니다. 이럴 때 리더는 기존의 운영 방식을 중단하고 직원들의 말에 귀 기울여야 한다.

불평등의 층

워싱턴대학교 부학장 아디아 하비 윙필드Adia Harvey Wingfield의 연구에 다음과 같은 내용이 있다. "많은 흑인 의료 종사자는 근무 여건으로 인해 특별한 종류의 번아웃, 스트레스, 소진을 겪는다. 대부분이 빈곤 지역의 공공 병원에서 근무하기 때문이기도 하지만, 직장에서 일어나는 인종차별까지 감당해야 해서 발생하는 문제다. 이를테면 그들은 저소득층 유색인종 환자를 도맡아야 한다. 백인 동료 대부분이 인종에 대한 고정관념 때문에 약물 남용자이거나 까다로운 환자 혹은 무책임한 부모일 것으로 보고 꺼리는 환자들이다."[66]

서던일리노이대학교에서 문예 창작을 가르치는 작가이자 시인인 티아나 클라크Tiana Clark는 흑인 번아웃이라는 주제에 관해 또 하나의 중요한 관점을 보탰다. 그는 흑인들이 겪는 번아웃을 배제한 채 밀레니얼 세대의 번아웃을 다룬 글에 대해 반론을 펼치며, 미국 흑인의 번아웃에 관한 한 "데이터는 암울하다"고 주장했다. 백인 남성 동료가 1달러를 받을 때 65센트의 급여를 받는다는 사실도 이미 충격적일 정도로 부당하지만, 거기에다 일상적인 인종주의의 스트레스까지 겹쳐지면 흑인 직장인들은 심신이 지칠 수밖에 없다. 클라크는 백인 중상위 계급의 밀레니얼 세대에게 번아웃은 정신적으로 부담스러운 일일 수 있지만, 과로와 박봉에 더해 소외 집단에 대한 미묘한 차별까지 감당해야 하는 흑인들에게 번아웃은 시시각각 강도 높게 몸을 해치는 원인이라고 말했다.[67]

2020년 8월 잡지 〈더컷The Cut〉을 통해 처음 소개된 아베나 아님-소무아Abena Anim-Somuah의 이야기는 유색인종이 일터에서 겪는 부가적인 압력에 관해 다룬다. 거기에다 사회불안까지 더해지면 자연스럽게 극심한 피로와 번아웃이 이어질 수밖에 없다.

아베나는 이렇게 말했다. "흑인 여성은 항상 두 배로 열심히 일해야 절반이라도 따라갈 수 있다는 느낌을 받아요. 그러다 보니 자꾸만 할 일을 끌어 담게 되죠. 이번 프로젝트를 맡아서 인사고과를 높게 받으면 회사가 나를 귀중한 자산으로 인정하고 그럼 그다음 기회가 생기겠지 생각하면서요."[68]

아베나에게 격리가 번아웃의 요인이 된 것은 사실이지만 감정적으로 압도된 것은 '흑인의 목숨도 소중하다' 운동이 시작되었을 때였다. "백인이 절대다수고 흑인이나 유색인종이 거의 없는 회사에서 일하는 것은 몹시 피로했어요. 밖에서 저나 우리 가족과 비슷하게 생긴 사람들이 무자비하게 죽어간다는 걸 알면서 회의에 참석해야 했으니까요." 아베나는 말했다. "조금 쉬면서 몸과 마음을 추스르는 시간을 가져야겠다는 생각이 절로 들더라고요."[69]

이 번아웃 이야기의 본질을 살피는 일은 너무나 중요하다. 겉보기에는 번아웃의 반대처럼 보이는 행동 뒤에 감춰진 동기를 파악해야 한다. 아베나는 수백 년에 걸쳐 부당하게 퍼진 근거 없는 편견을 누그러뜨리기 위해 극심한 감정적 동요 속에서도 프로젝트를 연달아 맡으며 업무량을 늘리고 있었다.

리더들은 더 깊이 파고들 필요가 있다. 우리는 더 나아질 수 있다. 우선 섬세하면서도 포용적인 질문을 던질 줄 알아야 한다. 그리고 질문을 던진다는 것 자체가 특정 집단에 대한 불신에 근거할 수 있다는 점을 이해해야 한다. 어떤 집단에게는 설문 대상이 된다는 것이 위협으로 느껴질 수 있다. 이러한 설문이 악의적인 의도로 활용된 역사적 사례가 많기 때문이다. 수집한 데이터를 공유하겠다는 약속 아래 공개적이고 투명한 대화를 나누는 것이 중요하다.

편향된 데이터를 모으면 조직 내 번아웃의 전체적인 그림을 파악할 수 없다. 직장 공동체의 요구를 진정으로 이해하는 다양하고 포용적인 전문가들을 경영진 내에 확보하는 것이 좋은 출발점이 될 것이다.

직장 내의 부당한 대우는 번아웃의 주된 요인이므로 경영진은 이를 우선순위로 해결해야 한다. 부당한 대우는 직원의 건강에 부정적인 영향을 끼칠 뿐 아니라 인권을 위협하는 요소로 비칠 수 있으므로, 이 문제에 즉각 대처하는 것이 더더욱 중요하다.

가치관 불일치

작가 엘리자베스 그레이스 손더스는 직원들이 조직의 목표를 가치 있게 여기지 않을 경우, 열심히 일하고 인내하려는 의욕이 현저히 떨어질 수 있다고 썼다.[70]

노스캐롤라이나대학교 사회학 교수 안 캘러버그Arne Kalleberg는 가장 흔한 가치관 불일치 사례와 그로 인한 결과를 분석했다. 자격 과잉이 왜 직장에서 불만족으로 이어지고 결국 직원에게 건강하지 못한 결과를 초래하는지에 관한 이유를 설명한 것이다. 그가 처음 연구를 시작했을 때, 노동 인력 중 직무에 자격 과잉인 사람의 수는 5명 중 1명꼴이었다.[71] 2008년 금융 위기 이후 그 숫자는 4명 중 1명 꼴로 증가했다.[72] 신규 졸업자의 경우, 그 비율은 더욱 높아서 3명 중 1명이 직무에 자격 과잉인 것으로 파악된다.[73]

경제학자와 인사 전문가들이 이 결과에 주목하는 한 가지 이유는 학력에 부합하는 일자리 선택의 폭이 넓지 않기 때문이다. 너무 많은 대학생들, 특히 거액의 학자금 대출을 떠안은 대학생들이 단지 월급을 받기 위해 자격 과잉임에도 기준을 낮춰 취업한다.

딜로이트의 조사에 따르면 2015년 기준으로 식당 종업원의 17퍼센트, 소매점 판매원의 33퍼센트가 학사 학위 이상을 소지했다. 두 가지 모두 공식적인 학력을 요구하지 않는 직종으로 고학력자에게 장기적인 만족감이나 직업적 발전 기회를 줄 가능성이 적다.[74]

자격 과잉 비율은 학사 학위를 요구하는 직업인 경우에도 상당히 높다. 2015년, 동일 연령 집단 중 보험계리인의 100퍼센트, 개인금융 자문인의 58퍼센트, 금융분석가의 47퍼센트, 기계공학자의 42퍼센트가 석사 학위를 소지했지만 노동통계국에 따르면 모두 학사 학위 이상을 요구하지 않는 직업이었다. 딜로이트의 연구에 따르면 "이것은 대학 교육을 마친 밀레니얼 세대에게 충격적인 현실이다. 학력 수준이 더 높은 사람들과 경쟁해야 하는 상황이기 때문이다. '부적합한' 지원자는 자신도 더 높은 학위를 따거나 다른 직업을 찾아야 한다."[75]

어쩌다 이러한 추세가 시작되었을까? 퓨리서치센터는 불안정한 구직 시장으로 인해 청년들이 학교로 돌아가거나 더 높은 학위 과정을 밟게 되었고, 실질적으로 대학 생활이 연장되었다고 말한다.[76] 아울러 대학 등록금은 연간 4.8퍼센트씩 상승했고, 금융 위기 이후 더딘 경기회복으로 신규 졸업자들은 한동안 학위 취득을 이어갔으며, 고학력 신규 노동자들이 지속적으로 유입되었다.[77]

애틀랜틱대학교 교수 마이클 하라리Michael Harari는 지각된 자격 과잉의 영향에 관한 25년간의 연구 결과를 검토했다.[78] 그는 필요 이상의 자격을 갖춘 직원들이 우울, 불안, 직무 번아웃과 같은 심리적 긴장을 겪는다는 사실을 발견했다. 일반적인 부정 정서 성향을 통계적으로 통제해도 결과는 마찬가지였다. 필요 이상의 자격을 갖춘 직원들은 긍정적인 심리적 안녕감을 경험할 가능성도 낮았다. 다시 말해 상대적으로 삶에 대한 만족도가 낮다.

지각된 자격 과잉은 직원이 자신의 자격과 능력을 사용할 수 있는 일자리를 기대하지만 실제로는 그런 직장에서 일하지 않아서 박탈감을 느낄 때 발생한다.

하라리는 다음과 같이 부연했다. "직원들이 박탈감 때문에 부정적인 직무 태도를 보인다고 할 수 있다. 기대치와 현실 사이에 괴리가 있는 것이다. 이 때문에 화가 나고 좌절감을 느끼며 결과적으로 현재의 일자리를 좋아하지 않고 만족하지 못한다."[79] 또한 "직원들은 업무에 노력을 쏟아부을 때 심리적으로 긴장을 경험하고 그 대가로 존경이나 직업적 기회 같은 보상을 기대한다. 필요 이상의 자격을 갖춘 직원들의 경우, 그런 기대치가 어긋나버린다."[80]

최근 노동 시장에 혼란을 불러온 요인으로서 팬데믹은 이러한 문제를 더욱 악화시켰다. 수백만 명의 직장인이 학교로 돌아가 공부를 하거나 절박한 마음에 자격에 부합하지 않는 일자리를 수락하게 되었다.

여기서 핵심 포인트는 다음 두 가지다.

1. 자격 과잉 인재들을 열등한 직책에 채용하지 말아야 한다. 이것은 불만족과 번아웃으로 이어질 뿐이다.
2. 하지만 자격 과잉 인재의 채용을 그만둘 수는 없다. 그러면 신규 졸업생들이 계속 일자리를 얻지 못할 테니 말이다.

그렇다면 어떻게 해야 할까?

- **경로를 제시하라.** 자격 과잉 입사자들에게 꼼짝없이 발이 묶인 신세가 되지 않을 거라는 확신을 줘야 한다. 계발과 훈련 계획이 포함된 전략을 수립하라.
- **계획을 전달하라.** 불만을 최소화하고 근속률을 높이려면 그들의 능력, 재능, 교육 수준을 (지금 당장은 아니더라도) 발전시키고 그들을 원하는 위치에 데려다 놓기 위한 계획이 마련되어 있음을 수시로 전달하라.
- **목표를 현실화하라.** 이 계획이 눈앞에 대롱거리는 당근이나 공갈 젖꼭지가 되어서는 안 된다. 계획에 따라 실제로 목표를 현실로 만들어야 한다. 그럼으로써 한번 내뱉은 약속은 꼭 지킨다는 사실을 조직 전체에 보여줄 수 있다.

적합성의 함정

세인트토머스대학교의 테런스 저민 포터Terrence Jermyn Porter에 따르면 "지원자들은 회사의 문화가 자신의 가치관이나 필요와 일치한다는 인식을 바탕으로, 최선의 성공 기회를 제시하는 조직 문화 안에서 일하고 싶어 한다".[81] 또한 포터는 구직자들이 조직에 관해 조사하는 초기 단계에서 조직의 문화에 대해 강한 신념을 발달시키는 경우가 많다고 설명했다. 이 단계가 바로 지원자가 개인-조직 적합성 여부를 판단하려고 애쓰는 단계다. 개인-조직 적합성 이론은 사람과 조직 사이의 조화 가능성을 설명하는 개념이다. 지원자들은 비슷한 가치관과 목표를 공유하는 조직에 매력을 느끼는 경향이 있다.

그러나 조직 문화에 관한 초반의 인식과 실제 현실 사이에서 불일치를 발견할 경우, 그 차이는 관련자 모두에게 대단히 해로울 수 있다. 조직 문화에서 추구하는 가치관이나 목표와 일치하지 않는 사람은 직무 만족도가 떨어지고 정신건강에 부정적인 영향을 받을 수 있다. 이것은 다시 생산성 저하와 높은 이직률로 연결된다.

그 밖에도 아래와 같은 결과가 뒤따를 수 있다.

- 신체적·정신적 피로와 스트레스 상승.
- 팀 내의 사기 저하.
- 개인과 팀의 동기 부족.
- 낮은 생산성과 불만족스러운 업무 성과.
- 채용과 훈련 비용 상승.
- 번아웃.

'적합성'만 보고 채용하는 과거의 방식을 답습해야 한다는 의미가 아니다. 인사 컨설턴트이자 넷플릭스의 전 최고인사책임자인 패터 매코드Patty McCord는 적합성만으로 직원을 채용하는 방식의 함정에 대해 이렇게 설명한다. "사람들이 말하는 문화 적합성이란 대체로 함께 맥주를 마시고 싶은 사람을 채용하겠다는 뜻입니다. 그러면 결과적으로 모두가 비슷하게 옷을 입고 비슷한 생각을 하고 오후 3시에 함께 어울려 맥주 마시기를 좋아하는 동질적인 문화가 만들어지죠."

인재를 채용하거나 스카웃할 때 이것은 당연히 바람직한 방향이 아니다. 구직자에게 입사하려는 회사가 어떤 회사인지 사실대로 알려줄 필요가 있다. 오후 3시에 맥주를 마시는 것이 회사의 문화이고 함께 일하는 사람들이 다양하지 않다면, 사실과 다른 이야기를 하지 말라. 그건 나중에 입사자들을 화나게 할 뿐이다.

원하는 문화를 만들고 홍보하든지 현재의 문화를 바꿔라. 하지만 적합성을 잘못 이해해 다양성에 대한 고려 없이 채용을 진행하면 인재를 놓칠 우려가 있으니 유의해야 한다.

〈월스트리트저널〉의 칼럼니스트 수 쉘렌바거Sue Shellenbarger는 "사람들은 사무실 탁구대를 이용하거나 공짜 점심을 먹을 수 있다는 이유로 일자리를 수락하는 실수를 저지른다. (⋯) 채용 관리자는 그보다 더 깊이 들어가 지원자가 기업 문화의 근본적인 요소와 맥을 같이하는 사람인지 알아내야 한다"라고 썼다.

쉘렌바거는 채용 단계에서부터 다음과 같은 부분을 고려하라고 조언한다. "지원자가 회사가 혁신하는 방식, 고객에게 서비스를 제공하는 방식, 사회적 영향력을 발휘하는 방식에 대해 기대감을 보이는가? 협업이든 경쟁이든 기존의 개인과 팀이 업무를 진행하는 방식에 잘 섞여들 만한 사람인가? 개인적으로 혹은 그룹의 일원으로 위험을 감수하거나 피하면서 고용주가 원하는 방향으로 자연스럽게 의사 결정을 할 사람인가?"[82]

리더는 직원과 회사 사이에서 공동의 가치, 신념, 행동을 장려하기 위해 힘써야 한다. 이러한 요소들이 맞아떨어질 때, 전반적인 성과가 개선되고 번아웃이 줄어든다. 나와 지향점이 같은 직장은 번아웃을 차단하는 장벽 역할을 하며, 회사의 사명과 자신이 단단히 연결된 느낌은 몰입의 원동력이 될 수 있다. 매슬랙과 라이터에 의하면 몰입은 번아웃의 반대 개념이기 때문이다.

지금까지 업무량, 자율성, 보상과 인정, 공동체, 공정성, 가치관 일치가 번아웃에 영향을 미칠 수 있으며, 조직이 이런 사안들을 제대로 다룬다면 건강하고 성취도 높은 문화를 만들 수 있음을 개괄적으로 훑어보았다.

번아웃의 근본 원인을 잘 관리하는 것으로 직원들의 번아웃을 예방할 수 있다고 단정 짓기는 어렵다. 그러나 선제적 개입에 중점을 두는 문화를 구축해야만 건강한 기업 위생이 유지되고 문화가 번성할 수 있다.

공감의 리더십은 우리의 지향점이다. 직원들의 기분을 묻고 그들의 필요에 귀 기울여라. 불이익을 두려워할 필요가 없도록 익명으로 의견을 공유해달라고 청하라.

- 업무량을 검토하라. 감당할 수 있는 수준인가?

- 직원들이 스스로 회사의 가치와 나란히 서 있다고 느끼는가?

- 보상 체계를 검토하라. 직원들은 합당한 보수를 받고 있다고 생각하는가?

- 어느 그룹이 인정받지 못한다고 느끼는가?

- 직원들이 가치 있는 존재라고 느끼게 하기 위해 무엇을 할 수 있는가?

- 직원들이 지나친 간섭과 통제를 받고 있다고 느끼는가? 어떤 부분에서 그러한가?

- 팬데믹이 소외 계층에 끼친 영향에 적절히 대처하고 있는가? 팬데믹은 직원들의 소속감에 영향을 끼쳤는가?

- 이러한 질문을 던지고 답변을 받은 후 어떻게 대응할 것인가?

여기서부터는 노력이 중요하다. 배움을 받아들이고 행동으로 옮겨라. 한 번에 모든 것을 해결할 준비가 되어 있지 않다면 우선순위를 정하라. 현실적으로 완수할 수 있는 일은 무엇이고 시간은 얼마나 주어지는가? 더 많은 일이 이루어질 미래를 공개적으로 약속하라. 물론 약속은 책임지고 지켜야 한다.

기업 위생 문제를 해결하는 동시에 동기부여 전략에 매달릴 수도 있지만, 위생이 첫 번째 우선순위가 아닐 경우 번아웃은 여전히 위협 요소로 남는다. 해결책이 비교적 간단하고 통증을 예방할 수 있을 때 문제를 내버려두지 말라. 곪아서 염증이 생기고 나면 상황은 더 나빠질 뿐이다.

노력은 생각만큼 힘들지 않다. 간단한 조치를 반복 실천함으로써 긍정적인 효과를 낼 수 있다. 훌륭한 업무 성과를 낸 직원들을 인정해줄 방법은 수백 수천 가지다. 의도적인 실천이 중요할 뿐이다. 변명은 필요 없다. 지금 당장 상류에 지원 보트를 띄우면 하류에서 물속에 뛰어들어 사람을 구조할 일이 없어진다.

이번 장에서 소개한 사례는 모두 더 심도 있는 대화를 위한 출발점이라는 사실을 기억하라. 모든 것을 한꺼번에 처리하려고 애쓰는 대신 집중할 영역을 선택하고 문제 해결에 시간을 투자하라. 그래도 배를 돌리려면 시간이 필요할 것이다.

번아웃은 현실이며 점점 심각해지고 있지만 해결 방법이 있다. 분명 무거운 짐처럼 느껴질 수 있다. 힘든 일이 아니라고 말한다면 그건 거짓말이다. 하지만 대응의 필요성에 의문을 제기할 때는 지났다. 이제는 의도를 갖고 실천에 옮기는 자세가 절실하다.

당신이 그럴 준비가 되었다고 가정하고, 이야기를 이어가겠다.

2

우리 중
가장 취약한 사람들

앞서 말한 것처럼 번아웃은 '우리'가 함께 해결해야 할 문제다. 사람들을 자꾸 병들게 하는 조직에는 구조적인 문제점이 있다. 하지만 특정한 역할과 부문은 번아웃에 더 취약하다. 그리고 성격에 따라서도 어떤 사람은 더 큰 위험에 노출된다. 번아웃에 여러 요인이 작용함을 인식하는 것이 중요하다. 이런 것들이 합쳐져 비극적인 결과를 불러올 수 있기 때문이다.

허버트 J. 프로이덴버거Herbert J. Freudenberger는 '직원 번아웃'이라는 논문에서 다른 사람보다 번아웃에 더 취약할 수 있는 성격 특성을 밝힌다. 그는 이전 연구에서 '헌신적'이고 '열성적'인 직원들이 더 위험할 수 있다고 주장한 바 있다.[1] 더 많은 감정적 개입, 공감, 개인적 투자를 요구하는 업무 환경에 미흡한 외재적 보상과 과도한 내재적 동기가 합쳐지면 번아웃의 위험은 더욱 커질 수 있다. 예를 들어 의료 전문가들은 번아웃에 유난히 취약한데, 그중에서도 직접적으로 환자를 치료하는 인력이 특히 그렇다. 그 밖의 번아웃 고위험 전문 직 직군으로는 교사와 교육자(특히 학생들을 직접 상대하는 사람들) 그리고 사명감으로 일하는 비영리 기구 직원들이 있다. "최고의 자리 는 외롭다"라는 말에도 어느 정도 진리가 담겨 있다. 고위급 임원과 스타트업 창업자들도 높은 성취욕, 고립감, 극기심으로 인해 번아웃 에 훨씬 더 많이 시달린다.

이번 장에서 우리는 의료, 교육, 기술 등 문제 산업 분야를 더욱 자세히 살펴볼 것이다. 모두가 이 업계에서 일하는 것은 아니지만 여기서 드러난 문제점은 기반 환경의 결함에서 비롯된 것이고 그러 한 결함은 다른 조직에도 존재할 가능성이 크다. 먼저 번아웃 위험 과 연관성이 있는 세 가지 성격 특성을 분석해보겠다.

위험한 성격 특성

신경증, 내향성 그리고 무엇보다 완벽주의가 있는 사람들은 번아웃 을 겪기 쉽다. 따라서 리더가 취약 분야를 파악하고 그에 따른 지원 시스템을 만들어 위험에 노출된 조직 구성원을 돕는 것이 중요하다.

신경증

신경증은 심리학에서 중요하게 다루는 다섯 가지 성격 특성 중 하나다. 정의를 자세히 살펴보면 이 성격 특성이 왜 높은 번아웃 비율과 상관관계가 있는지 이해할 수 있다. 신경증 척도에서 높은 점수를 받은 사람은 평균보다 더 감정 기복이 심하고 불안, 걱정, 두려움, 분노, 좌절, 부러움, 질투, 죄책감, 우울감, 외로움 같은 감정을 경험할 가능성이 높다. 또한 신경증 성향이 있는 사람들은 스트레스 요인에 더 부정적으로 대응하고 평범한 상황을 위협적인 상황으로, 사소한 좌절을 절망적인 난관으로 해석할 가능성이 더 높다.[2]

2018년 논문 '다섯 가지 성격 특성과 번아웃 사이의 관계: 교정 인력을 대상으로 한 연구'에서 월든대학교의 샤론 메일러Sharon Maylor는 신경증이라는 성격 특성을 보유한 사람들이 높은 수준의 감정 소진과 탈인격화를 겪었다고 밝혔다. 교정 시설 근무자 112명에 관한 연구에서 근속 연수, 근무 기간, 업무 유형, 결혼 여부는 번아웃과 별 관련이 없었다. 그러나 성격 특성과 연계해 살펴봤을 때 신경증은 번아웃의 세 가지 차원과 모두 관련되는 유일한 성격 특성인 것으로 드러났다.[3]

어바인 캘리포니아대학교, MIT 미디어랩, 마이크로소프트 연구진은 최근 수행한 연구에서 신경증을 보이는 직원들이 그렇지 않은 직원들에 비해 직장 생활을 더 힘들어한다는 사실을 발견했다. 어바인 캘리포니아대학교의 글로리아 마크Gloria Mark 교수와 동료들은 구체적으로 그들이 멀티태스킹과 집중에 어려움을 겪는다고 설명했다. "2주 동안 지식 노동자 40명의 온라인 활동을 추적했다. 온라인 화면에 집중하는 시간의 중앙값*은 40초였지만 신경증이라는 성격 특성을 가진 사람들은 온라인 집중 시간이 그보다 짧았다."[4]

하지만 이 성격 특성의 가치를 이해하는 것이 중요하다. 신경증은 좋지 않은 평판을 얻는 경향이 있지만 나름대로 장점도 있기 때문이다. 신경증이 있는 사람들은 다음과 같은 성향이 있다.

- 매우 분석적이고 위협이나 위험을 민감하게 인지한다.
- 조심스러우며 충동적인 결정을 내릴 가능성이 낮다.
- 책임감이 높고 실수에 대해 개인적인 책임을 느낀다.

직책에 따라서는 번아웃을 경계하기만 한다면 이런 성격이 좋은 업무 성과를 내는 데 유리할 수도 있다. 통계적으로 이런 유형의 사람들은 적은 보상을 위해서도 열심히 일할 가능성이 크기 때문에 적절한 웰빙 정책을 시행하는 것이 매우 중요하다.[5]

게다가 진지하고 신경증적인 성향이 높은 사람들은 걱정을 긍정적인 행동으로 돌리는 뛰어난 능력이 있다. 관리자들은 다음과 같은 방법으로 이러한 강점을 이용할 수 있다.

● 통계자료에서 변량을 크기 순서대로 늘어놓았을 때 한가운데 있는 값.

- 세부 사항에 꼼꼼히 주의를 기울여야 하거나 위험을 평가하고 관리해야 하는 직책에 이러한 성격의 직원들을 배치한다.
- 긍정적인 피드백을 충분히 제공한다. 이것은 성격 특성과 상관없이 기본적인 사항이지만 자기효능감 결핍을 극복해야 하는 그룹에게는 특히 도움이 된다.
- 너무 촉박하지 않게 기한을 설정하고 좀 더 장기적인 실행 기간을 준다.
- 혼자 일할 공간을 준다. 방해 없이 집중할 수 있는 시간이 확보되어야 한다.
- 팀 지향적 목표를 주면 일을 더 잘하므로 그룹 과제에 끌어들인다.

신경증이 있는 사람을 팀에 둘 때 잠재적 이익은 뚜렷하지만 그들이 번아웃을 피하게 하려면 리더십 방식에 더욱 유념해야 한다.

내향성

내향성 역시 5대 성격 특성 중 하나로 외향성의 반대 개념이다. 내향형인 사람들은 타인을 두려워하거나 싫어하고 수줍음을 타며 혼자 있기를 좋아한다는 통념이 있지만 그것은 사실이 아니다. 한두 명의 친구와 조용한 환경에서 시간을 보내는 데 더 적합한 신경계를 갖고 있을 뿐이다.

스토니브룩대학교, 사우스웨스트대학교, 중국과학원의 연구팀이 수행한 연구에 따르면 내향형의 뇌는 새로운 사람의 얼굴을 볼 때 강하게 반응하지 않는다. 보상과 관련된 신경전달물질인 도파민이 덜 분비되는 것이다. 외향형의 뇌는 사람의 얼굴에 더 관심을 기울이는 데 반해, 내향형의 뇌는 무생물과 사람의 얼굴을 구별하지 않는 것으로 나타났다.[6]

내향형의 신경계는 외향형과 다르지만 그렇다고 해서 내향형이 유능하지 않다는 뜻은 아니다. 베스트셀러《콰이어트》의 저자 수전 케인Susan Cain은 이렇게 말한다. "통상적으로 외향형이 리더가 되고 내향형은 외면당하는 경우가 많지만 실제로는 내향형이 더 나은 성과를 내는 경우가 많다. 그럼에도 내향형은 리더감으로 인지되지 않는다."[7]

리더의 전형적인 이미지는 주도적으로 목소리를 내고 좌중의 관심을 사로잡는 사람에 치우쳐 있다. 이러한 관심은 권력으로 치환된다. 그러다 보니 내향형은 나약한 지도자로 인식되고, 외향적인 리더에 비해 평균 수입이 20퍼센트 적으며, 관리하는 인원수도 절반에 불과하다.[8] 하지만 내향형을 효과적으로 이끄는 방법을 모른다면 그들의 잠재력을 놓치는 것이다.

케인의 연구에 따르면 내향형의 저력은 다음과 같은 행동에서 확인할 수 있다.

- 외향형보다 생산성이 높은 편이고 주의가 산만해질 가능성이 낮다.
- 문제를 더 심도 있게 탐구한다.

- 남의 말을 잘 경청하므로 문제 해결 상황에서 유리하다.
- 창작자인 경우가 많다. 자신을 내향형이라고 밝히는 작가와 예술가의 비율이 높은 편이다.
- 공감 능력이 뛰어나다.
- 중재자 역할을 하며 스트레스가 심한 상황을 진정시킬 수 있다.
- 신중하고 위기관리에 능하다.

하지만 사무실에서는 사회적 교류가 활발하게 일어나므로, 내향적인 직원들은 외향적인 직원들에 비해 번아웃이 생길 위험이 크다는 연구 결과가 있다.[9]

재택근무는 확대되는 중이었지만 2020년에는 그러한 추세가 폭발적으로 증가했다. 팬데믹 이전에 재택근무는 진보적인 조직에 근무하는 선택된 소수에게 제공되는 특전이었다. 하지만 이제는 다르다. 내향형인 사람들이 단체로 내쉬는 안도의 한숨이 귀에 들릴 지경이다.

전 세계적인 락다운은 예외지만, 대다수 상황에서 내향적인 사람들은 재택근무를 할 때 북적거리는 사무실의 시끌벅적한 소음, 심리적 안전감을 빼앗는 잠재적 방해 요인, 사무실의 규칙을 따라야 하는 압박감에서 자유롭다. 이런 종류의 긴장이 없는 일터를 만들면 어떨까? 몇 가지 간단한 변화만 주어도 내향형들의 정신 자원을 고갈시키는 대신 그들의 강점을 이용할 수 있다.

우리는 팬데믹 기간 중 건강 및 안전 수칙을 따르기 위해 광범위한 변화를 꾀해야 했다. 그렇다면 왜 사무실 공간을 심리적 안전감을 높이도록 설계하지 않는가? 별것 아닌 일인데도 대다수 조직은 이것을 우선순위로 삼은 적이 없다. 개방형 사무실은 계속 표준으로 통하고 있지만, 무수히 많은 사례에서 오히려 생산성을 가로막는다는 것이 입증되었다.

수전 케인은 인터뷰에서 이렇게 말했다. "사람들이 개인 공간과 공유 공간을 자유로이 왔다 갔다 할 수 있는 곳이 최고의 업무 공간입니다. 혼자 일하고 싶을 때가 있고, 동료가 필요할 때가 있고, 두 가지가 모두 필요할 때도 있잖아요. 이 자연스러운 선호를 고려해서 공간을 설계해보면 어떨까요? 과감한 개방형 사무실은 실질적으로 협업을 촉진하거나 외로움을 줄이는 데 별 도움이 되지 않습니다. 엄청나게 큰 공간 안에서 사람들이 헤드폰을 쓴 채 각자의 일을 부지런히 하게 할 뿐이죠."

케인이 사무 공간 및 가구 디자인 업체인 스틸케이스와 함께 진행하는 작업은 고용주들에게 내향형의 능력을 활용하는 최고의 방법을 가르쳐주기 위한 노력의 일환이다. 내향형에게 적절한 업무 공간은 아주 의미가 크다. 아래 내향형을 염두에 둔 설계 원칙 몇 가지를 소개한다.

- 혼자 있을 수 있는 자유: 노동자들에게 사적이고 방해받지 않는 공간

을 마련해주고 지나치게 자극적인 업무 공간에서 물러날 수 있게 한다.

- 환경에 대한 제어: 케인의 연구에 의하면 내향형은 자극에 민감하고 환경에 대한 통제 욕구가 더 큰 것으로 나타났다. 내향형들은 소음이나 빛과 같은 외부 환경에 대한 포용력도 낮다.
- 감각적 균형: 구체적인 물질(유기적인 소재)에서 얻는 진정 효과는 내향형이 감각적 욕구를 관리할 수 있게 도와준다.
- 심리적 안전감: 내향형은 끊임없이 동료들에게 주목받는 상태를 벗어나 남의 눈에 띄지 않게 지낼 공간이 필요하다.

케인은 "(몰입하거나 단순히 재충전을 위해) 기쁜 마음으로 혼자만의 시간을 모색하는 것과 (사회적 고립이나 나쁜 대인 관계 역학 때문에) 슬프고 외로운 기분이 드는 상태는 큰 차이가 있다. 최고의 직장은 전자를 극대화하고 후자를 최소화한다"라고 말했다.

완벽주의

완벽주의 성향(구체적으로는 완벽주의적 염려 성향)이 있는 사람은 번아웃에 빠질 위험이 크다. 더욱 걱정스러운 부분은 전통적으로 번아웃을 심하게 겪는 직업군에 번아웃 위험이 큰 성격의 사람들이 몰리고 있다는 점이다. 이 조합은 대단히 해롭고 치명적이다.

광범위하게 정의하자면 완벽주의는 매우 높은 기준과 극단적인 자기 비판적 평가에 대한 집착이 합쳐진 결과다. 켄트대학교의 요아

킴 스토버 Joachim Stoeber 와 라이프치히대학교의 캐슬린 오토 Kathleen Otto 는 서술적 고찰을 통해 완벽주의는 완벽주의적 노력과 완벽주의적 염려라는 두 가지 차원으로 이루어진다고 설명했다. 각각 완벽주의적 노력은 완벽주의의 긍정적인 측면과, 완벽주의적 염려는 부정적인 측면과 연결된다.[10]

완벽함에 도달하지 못하는 상황을 정서적으로 감당할 수만 있다면 완벽함에 도달하고 싶어하거나 완벽함을 위해 노력하는 것 자체는 문제가 아니다. 하지만 모든 일이 완벽해야 하며 그렇지 못한 일은 실패라고 생각하거나 남들이 실패라고 판단하리라 믿는다면 정신건강에 해롭다.

완벽주의적 염려로 힘들어하는 사람은 다음과 같은 특성을 보일 수 있다.

- 엄격한 자기 평가 스타일을 유지하면서 매사를 이분법적으로 판단한다. 이를테면 자신이 승자 아니면 패자라고 생각한다.
- 하나의 사건 또는 일련의 우연에 규칙을 만들어 부정적인 사건을 과도하게 일반화한다. 예를 들어 친구나 동료와 몇 차례 논쟁이 벌어지면 "우리는 항상 똑같은 문제로 싸운다"라고 생각하고, 누군가가 승진에서 밀려나는 것을 보면 "나는 이 회사에서 절대 승진하지 못할 거야"라고 생각한다. 완벽주의자의 어휘에는 이처럼 '항상' 또는 '절대'와 같은 표현이 자주 등장한다.

- 과거의 실패를 곱씹는다. 실수를 놓지 못하고 나중에 또 실수할 거라고 넘겨짚는다.
- 자기 검증의 욕구가 강하다. 예를 들면 자신이 가치 있는 사람인지 항상 의문을 갖는다. 상황에 따라서는 자신의 '올바름'을 증명할 방법을 무의식적으로 찾아 나서기도 한다. 자신의 가치가 끊임없이 위협받는다고 믿는다.

연구자인 앤드루 힐Andrew Hill과 토머스 쿠라Thomas Curran는 '다차원적 완벽주의와 번아웃: 메타 분석'이라는 논문에서 이렇게 설명한다. "완벽주의적 염려는 엄청난 긴장을 불러일으켜 개인을 스트레스 누적과 그에 따른 번아웃에 취약하게 만든다. 완벽주의-번아웃 관계에 대해 현재 우리가 알고 있는 바를 요약하자면, 완벽주의적 노력보다는 완벽주의적 염려의 핵심인 가혹한 자기 평가 프로세스가 완벽주의-번아웃 관계를 부채질하는 것으로 보인다."[11]

인지행동 심리학자들은 이러한 가혹한 평가 프로세스를 "인지 왜곡 혹은 잘못된 사고 패턴"으로 규정했는데, 이것은 본질적으로 뇌가 의식에 보내는 거짓말이다.[12]

스탠퍼드대학교 의과대학 정신과 및 행동과학과 명예교수 데이비드 번스David Burns는 완벽주의적 염려를 하는 사람에게서 찾아볼 수 있는 인지 왜곡의 예를 다음과 같이 제시했다.

우리 중 가장 취약한 사람들

- 이분법적 사고: "A를 못 받았으니 나는 멍청한 게 틀림없어." "환자를 살리지 못했으니 나는 의사가 될 자격이 없어." "고객을 잃었으니 나는 해고를 당할 거야."
- 과잉 일반화: "나는 절대 성공하는 법이 없어."
- 정신적 여과*: 긍정적인 면을 무시하고 부정적인 면에 초점을 맞춘다.
- 긍정적 측면 폄하: "99명은 내 프레젠테이션이 훌륭하다고 생각했지만 한 명은 아니었지. 내가 뭔가를 망친 게 틀림없어."
- 성급한 결론: 사람들이 자신의 능력을 부정적으로 생각한다고 넘겨짚거나 일의 결과가 좋지 않을 거라고 예측한다.
- 의미 확대 또는 의미 축소: 사건을 너무 심각하게 혹은 완전히 무의미하게 받아들인다.
- 감정적 추리: "나는 내 능력에 확신이 없어. 나는 형편없는 관리자야."
- 당위적 진술: "나는 지금쯤 부서장이어야 해." 이런 진술은 죄책감, 좌절, 불필요한 압박과 스트레스로 이어질 수 있다.
- 잘못된 명명하기: 사소한 실수 하나를 정체성의 기반으로 삼는다.
- 개인화와 비난: "이건 전부 내 잘못이야."[13]

의료 전문가, 특히 의사들 사이에서는 이러한 완벽주의적 염려

---

* 주어진 상황의 주된 내용을 무시하고, 특정한 일부 정보에만 주의를 기울여서 전체를 해석하여 생기는 오류.

가 만연해 있으며, 그들이 매일 직면하는 스트레스 요인 때문에 상황은 더 심각해질 수 있다. 이를테면 병원 진료와 관련된 자율성 상실, 관리 의료 Managed Care●●로 인한 진료권의 제한, 꾸준히 늘어나는 의료 과실 관련 소송, 빠르게 변화하는 전공 분야에서 경쟁력을 유지해야 한다는 압박 등이다. 〈미국내과학회회보 Bulletin of the American College of Physicians〉에 게재된 한 논문은 "이러한 스트레스 요인은 의사 고유의 심리적 특성과 상호작용할 수 있다"고 주장한다.[14]

위 논문의 저자 믹 오레스코비치 Mick Oreskovich와 제임스 앤더슨 James Anderson은 다음과 같이 썼다. "의사들은 절대 실수를 하지 않도록 훈련받는다. 그래서 실수를 저지르면 괴로워하며 자책감과 자기혐오를 느끼는 상태까지 이를 수 있다. 과도한 책임감과 죄책감, 자기의심이 겹쳐져 그렇지 않아도 힘든 상황에 스트레스를 더한다. 안타깝게도 어떤 의사들은 완벽주의와 탁월함을 향한 열망을 구분하지 못한다. 완벽주의가 우울, 불안, 번아웃, 자살의 원인이 될 수 있음은 이미 무수한 연구들이 입증했다."

이 연구는 완벽주의자인 의사들에 관해 이렇게 말한다. "의사들은 인지 왜곡에 시달리는 경우가 많다. 자신이 실력으로만 가치를 인정받으며, 잘할수록 더 잘할 것이라는 기대를 받고, '강점'을 잃으면 동료의 지지를 잃게 될 거라고 생각한다. 이러한 완벽주의로 인

●● 미국에서 주류로 자리 잡은 의료보험 방식.

우리 중 가장 취약한 사람들

해 그들은 성취에 대해 만족을 느끼는 시간이 짧고, 보상과 찬사가 분에 넘친다고 생각하며, 개인적·직업적 만족 혹은 기쁨을 위해서가 아니라 고통스러운 마음을 누그러뜨리기 위해 탁월함을 추구한다."

완벽주의가 의사의 심리에서만 나타나는 것은 아니다. 위험에 취약한 다른 직업에서도 완벽주의는 올가미로 작용한다. 오레스코비치와 앤더슨은 "완벽주의는 번아웃의 중요한 전조다. 완벽주의에 수반되는 과도한 책임감은 회의감과 죄책감을 불러오는 경우가 많고, 그것은 다시 경직성과 완고함, 업무를 위임하지 못하는 상태로 이어진다. 이러한 행동은 관계와 자기 돌봄 없이 일에 헌신하거나 일과 자신을 동일시하는 결과를 가져온다"라고 지적했다.

오레스코비치와 앤더슨은 완벽주의적 염려를 경험하는 경우 다음 사항을 기억해야 한다고 조언한다.

1. 사람, 장소, 사물, 상황을 장악할 수 있는 상태와 그럴 수 없는 상태의 차이를 식별하라. 모든 것을 통제하려고 애쓰지 않는다면 더 큰 기쁨을 얻게 될 것이다. 포기는 어려운 일일 수 있지만 번아웃을 막으려면 필요하다.

2. 자기 지식self-knowledge과 자기 인식self-awareness 사이의 차이를 이해하라. 자기 지식은 자신이 스스로에 대해 진실이라고 믿는 것이고, 자기 인식은 남이 나를 바라보듯이 자신을 바라보는 것이다. 이 두 가지는 같은 경우가 거의 없지만 똑같이 중요하다.

3. 도움을 받아들여라.

4. 자기 자신을 돌봐야 남을 돌볼 수 있다.

완벽주의자가 특정한 역할에만 국한되어 나타나는 것은 아니지만 이런 성격의 사람들을 끌어들이는 듯한 업종이 있다. 의료계는 이러한 결합이 가장 흔하게 벌어지는 곳이다. 안타깝게도 의료계는 번아웃의 역사가 너무 길어서, 과로는 영예의 훈장처럼 여겨지고 에너지가 고갈된 상태로 일하는 것이 표준처럼 받아들여진다.

의료진 번아웃

의료 분야의 기업 리더들은 번아웃으로 인해 발생하는 어마어마한 인적·금전적 비용을 외면하는 경우가 너무나 많아 지켜보기가 힘들 정도다. 나는 이 문제에 관해 오랫동안 목소리를 높인 몇몇 사람들과 이야기를 나눴다. 여기에 그들의 이야기를 소개한다. 그들은 의료계에서 번아웃이 천문학적인 수준으로 증가하고 치명적인 결과를 불러왔음에도 변화가 더뎠음을 인정했다.

코리 파이스트Corey Feist 박사는 버지니아대학교 의사 그룹의 최고경영자이자 로나 브린 박사 영웅 재단의 공동창업자다. 그는 특정한 성격 특성이 의학에 특히 매력을 느끼는 것 같다고 이야기했다. 그의 개인적인 의견이지만 완벽주의와 관련된 연구 결과가 이를 뒷받침한다. 파이스트는 의사들의 문화에 내재된 허세 때문에 의사들은 자신이 완벽해야 한다고 생각하는 경우가 많으며, 그러다 보니 절대 도움을 청하거나 패배를 인정하지 않는다고 말했다.

의료 산업 내에는 오래전부터 문화에 깊이 스며든 번아웃 문제가 있다. 과중한 업무량, 낙인에 대한 두려움, 외상 후 스트레스, 학습된 무력감 등 수많은 이유로 번아웃의 위협이 점점 더 심각해지고 있다. 하지만 이렇게 망가진 문화가 정상으로 여겨지고 어떻게든 왜곡되어 떠받들어질 때 시계를 거꾸로 돌리기란 쉽지 않다.

의료계에서 과로는 가장 큰 피해를 유발하지만 묵인되는 문제다. 간호사와 의사들의 긴 근무시간은 악명이 자자하다. 한 번에 최대 16시간 이상 근무하는 경우도 많다. 간호사들이 8시간 교대 근무 대신 12시간 교대 근무를 할 경우, 환자 간호에서 실수가 발생할 확률이 3배 늘어난다는 통계가 있는데도 그렇다.[15]

학술지 《헬스어페어즈 Health Affairs》에 게재된 한 연구는 병원 간호사들의 교대 근무시간이 길수록 번아웃 발생률과 환자 불만 수준이 높아진다는 사실을 발견했다.[16] 또 다른 연구는 "긴 교대 근무시간과 초과근무는 치료의 질 저하, 환자 안전 사고율 및 미완료 간호 사례 증가와 현저한 상관관계가 있다"라는 사실을 발견했다.[17] 직전 교대근무에서 12시간 이상 일한 간호사들은 8시간 이하로 일한 간호사들에 비해 자기 병동 내 간호의 질을 '불량' 또는 '보통'으로 표현할 확률이 30퍼센트 높았고, 자기 병동 내 환자의 안전을 '실격' 또는

'불량'으로 보고할 확률이 41퍼센트 높았다.[18]

중국 학자들의 또 다른 연구에 따르면 주당 60시간 이상 일한다고 밝힌 의사들과 심각한 번아웃을 보고한 의사들은 의료 실수 발생률이 더 높은 것으로 나타났다.[19] 《미국외과학회저널 Journal of the American College of Surgeons》에 게재된 연구도 비슷한 결과를 제시했다. 근래 의료과실에 연루된 외과의들이 더 장시간 일했고 야간 호출도 더 많았다는 사실을 발견한 것이다.[20]

우리가 시종일관 확인하는 것은 과중한 업무로 인한 번아웃은 대개 막을 수 있다는 사실이다. 의료계의 문제도 마찬가지다. 그러나 안타깝게도 지난 10년간 의료계에는 매우 단조롭고 불필요하며 다분히 행정적인 활동이 업무에 추가되어 번아웃을 유발했다.

시스템이 의사들을 소진시키다

예일대학교 응급의학과 조교수 에드워드 멜닉 Edward Melnick이 이끈 연구에 따르면 의사와 환자를 위해 의료의 질과 효율을 높이려고 도입한 전자의무기록 EHR이 오히려 직무 번아웃 증가의 원인이 되었다.[21] 연구진은 의사들이 한 시간 진료를 볼 때마다 EHR과 다른 서류 작업에 한두 시간을 할애하며, EHR 시스템 관련 활동에 매일 추가로 한두 시간의 개인 시간을 쓴다고 보고했다. 또한 EHR 시스템에 낮은 점수를 준 의사일수록 번아웃 징후를 보고할 가능성이 크다고 지적했다.[22]

멜닉의 연구에서 EHR 기술은 사용성 면에서 'F' 등급을 받았다. 비슷한 별도의 연구에서 구글의 검색엔진이 'A', 현금지급기가 'B'를 받은 것과 대조적이다. 이것은 해결할 수 있는 문제다. 시스템을 사용하기 쉽게 만들면 된다. 하지만 또다른 문제가 있다. 기술의 잠재력이 큰 만큼 사용성이 제한적이기 때문이다. 멜닉은 이야기한다. "구글 검색은 쉽습니다. 배우거나 기억할 것이 많지 않죠. 실수를 저지를 여지도 별로 없고요. 이에 반해 엑셀은 매우 강력한 프로그램이지만 따로 사용 방법을 배워야 합니다. EHR도 똑같아요."[23]

연구진은 "2009년 경제적·임상적 건전성을 위한 보건의료정보기술에 관한 법률에 따라 EHR을 신속하게 보급하는 과정에서 270억 달러의 연방 보조금이 투입되었다. 의사들은 복잡한 시스템에 빠르게 적응해야 했으며, 이것은 불만 증가로 이어졌다"라고 설명했다.[24] 멜닉은 EHR이 환자 치료에 도움을 준다기보다는 비용 청구에 이용되며, 오히려 환자의 건강 기록이 손실되는 문제도 있다고 지적했다.

파이스트는 EHR이 도입된 뒤 의사들의 업무량이 급격히 늘었고, 이것이 곧 번아웃의 주요 원인이 되었다고 굳게 믿는다. "EHR은 진료 행위의 기쁨을 빼앗아갑니다." 파이스트는 인터뷰에서 설명했다. "의사와 간호사가 학교에 다닌 이유는 환자를 돌보기 위해서지 데이터를 입력하기 위해서가 아니에요. 그리고 환자들이 의사에게 진료를 받는 건 그들의 의학적 전문 지식 때문이지 타이핑 능력 때문이 아니죠. 치료의 질을 향상하기 위해 이런 시스템을 도입했다는 걸 압니다. 덕분에 환자들이 병원을 자유로이 옮길 수 있게 됐지만, EHR은 의료진 번아웃이라는 의도치 않은 결과를 불러왔습니다."

파이스트는 업무 과부하 문제를 해결하려면 EHR이 야기하는 문제를 고쳐야 한다고 주장한다. '파자마 시간', 즉 사람들이 퇴근 후 집에서 일하는 시간을 줄이려면 어떻게 해야 할까? 파이스트는 데이터 입력을 대신해줄 사무원을 더 많이 배치하는 방안을 제안한다. 인공지능이나 가상 사무원 같은 기술은 아직 "개량이 더 필요"하지만 기술의 사용성을 높여줄 수 있는 바람직한 방향이라는 것이다.

이와 더불어 의사들이 기술 활용 능력을 키우고 숙련도를 끌어올릴 수 있도록 교육을 시행하는 것도 도움이 된다. 파이스트는 팀 기반 진료도 번아웃 예방을 위한 강력한 도구라고 말한다. "팀 기반 진료 모델에서는 데이터 입력 작업을 목표와 책임에 따라 여러 팀원이 분담할 수 있습니다."

또한 파이스트는 모니터링과 상태 점검에 파자마 시간이 얼마나 쓰였는지 데이터를 통해 확인할 수 있다고 말했다. "대형 EHR 회사들은 의사들이 근무 전후에 얼마나 많은 시간을 행정 업무에 쓰는지 보고서를 생성해줍니다. 그 정보를 바탕으로 업무 과부하를 줄이는 데 필요한 교육과 도움을 제공할 수 있죠."

의료 행위 대신 데이터 관리를 하는 경우처럼 불필요하게 발생한 과중한 업무를 감당하고, 동시에 대다수 의료진이 견디는 가혹한 근무시간을 소화하며, 사망과 임종에 수시로 노출되는 상황까지 겹치면 의사들의 심리적 안녕감은 위험에 빠질 수밖에 없다.

미국의사협회는 2017년 메이요 클리닉 및 스탠퍼드대학교 연구진과 함께 번아웃과 관련해 5000명 이상의 의사를 상대로 설문을 진행했고, 번아웃 비율은 43.9퍼센트로 나타났다.[25] 2020년 9월 미국가정의학과의사협회의 연구에서는 조사 대상인 의사의 64퍼센트가 팬데믹으로 인해 소진이 더 심해졌다고 답했으며, 그중 절반 정도는 코로나19 환자를 직접 치료한 적이 있다고 대답했다.[26]

팬데믹으로 인한 스트레스의 원인에 관해 질문하자, 응답자들은 사망할 가능성이 큰 환자를 치료해야 하는 상황과 적절한 개인 보호 장비 없이 코로나19에 노출되는 상황을 꼽았다. 팬데믹 스트레스를 극복하는 방법에 관한 질문에 응답자의 29퍼센트는 음식을 더 많이 먹음으로써, 19퍼센트는 술을 더 많이 마심으로써, 2퍼센트는 처방 각성제와 약품을 더 많이 복용함으로써 해소하고 있다고 대답했다.

의학박사이자 퍼머넌테 페더레이션의 전 공동 대표이사인 에드워드 엘리슨Edward Ellison 박사는 〈내과학연보Annals of Internal Medicine〉에 실린 논문에서 의사 번아웃의 막대한 부정적 영향에 관해 다음과 같이 썼다. "불안, 우울, 불면, 감정적·신체적 피로, 집중력 상실 등의 증상이 모두 의사들의 번아웃과 관련이 있으며, 이를 이기지 못하고 미국에서만 매년 약 300~400명의 의사가 스스로 목숨을 끊는다." 의사의 자살률은 의사가 아닌 집단의 자살률보다 현저히 높아서 남성은 40퍼센트, 여성은 130퍼센트 더 높은 수준이라고 한다.[27] 네덜란드의 한 연구는 여성 의사들이 환자에게 공감하는 능력이 더 뛰어나, 남성 의사보다 더 높은 비율로 극심한 번아웃을 경험한다는 사실을 발견했다. 높은 자살률의 원인을 설명하는 한 가지 가설이다.[28]

나는 2020년 10월 엘리슨과 다시 한번 이야기를 나누었다. 그가 운영하는 병원들이 다시금 급증한 코로나19와 싸우고 있고, 캘리포니아 산불로 주변 피해가 심각하던 무렵이었다. 그는 직원들이 매일같이 직면하는 고통에 관해 다음과 같이 이야기했다. "언젠가 우리가 마주하게 될 도전 중 하나는 위기를 넘긴 후에 찾아올 외상 후 스트레스 장애입니다. 특히 중환자실과 코로나19 집단 격리 병동에서 근무한 의사와 의료진들은 더하겠죠. 그들은 예전과 다른 속도로 환자를 치료하면서 동시에 그들의 죽음을 목격하고 있어요. 그중에는 젊은 환자들도 많고요. 그런 상황에서는 정서적으로 무너지는 기분이 들 수밖에 없습니다. 직업이 생명을 살리는 일이니까요. 이 참사 속에서 환자가 사망할 때마다 끔찍한 기분이 들겠죠. 사방에 슬픔과 상실감이 가득한 상황이에요."

엘리슨은 그들이 급변하는 상황에 속수무책으로 내던져져 있다는 사실을 깨닫고, 커뮤니케이션을 우선순위로 삼았다. 그는 커뮤니케이션은 아무리 해도 부족하다고 말한다. 엘리슨은 의사 전체가 참석하는 일일 공청회를 시작했다. 간단한 브리핑에 이어 충분한 질

의응답 기회가 이어졌다. 퍼머넨테 메디컬 그룹은 매일 모든 서비스 그룹과 부서 관리자에게 일련의 제안 사항이 포함된 이메일을 보냈다. 엘리슨은 언제든 직원들을 만날 준비가 되어 있었다. 그는 여러 병동을 순회하고 중환자실에서 근무하는 직원들을 만나며 어떤 어려움이 있는지 먼저 파악하려고 애썼다. 매일 이런 식의 대화가 오갔다고 한다. "저희가 아는 바는 이렇습니다. 질문 있으신가요? 저희가 어떤 식으로 그 문제에 대응할 수 있을까요?"

그러니까 엘리슨은 현장 경영®을 실천하고 있었다. 1982년 경영 컨설턴트 톰 피터스Tom Peters와 로버트 H. 워터먼Robert H. Waterman이 개발한 경영 방식이다. 이 리더십 방식은 한동안 의료계에서 널리 받아들여졌다. 이는 대형 병원에 흡수되는 개인 의원들이 점점 더 늘어나고 의사가 아닌 최고경영자들이 병원을 운영하게 되면서 더욱 유행했다. 엘리슨은 의학박사이자 퍼머넨테 메디컬 그룹의 공동대표다. 이것은 경영인이 운영하는 병원보다 의사가 운영하는 병원이 도로 늘어나는 추세에 부응한다.

피터스와 워터먼의 분석 결과, 성공적인 기업에서는 최고경영자와 관리자들이 사무실에 틀어박히기보다 현장에서 훨씬 더 많은 시간을 보내는 것으로 나타났다. 피터스와 워터먼은 이러한 관리자들이 회사의 운영 상황을 잘 파악한 상태였고 전반적으로 문제 해결

● 　경영진이 직접 현장에 나가 직원과 의사소통하는 경영 방식.

능력이 더 좋았다는 점에 주목했다.

이 방식은 휴렛팩커드와 디즈니가 관리자를 직원들처럼 교대 근무조로 배치하는 독특한 경영 스타일을 실행하면서 유명해졌다. 엘리슨은 현장을 돌아다니면서 집에 돌아가지 않은 의사, 간호사, 의료 인력의 이야기를 들었다. 집에 돌아가서도 차고에서 따로 잠을 자거나 아이들을 조부모님에게 보냈다는 사람도 있었다. 직원들이 위기로 인해 어떤 타격을 받았는지 더 깊이 이해하자 더 나은 지원 방안이 나왔다.

동료 집단과 2차 피해 집단에 대한 지원이 강화되었다. 가령 한 병원 그룹이 다른 병원보다 피해를 덜 입었다면 피해가 더 큰 병원에 정신적·정서적으로 도움을 주는 형태였다. 퍼머넨테 메디컬 그룹은 몇 가지 복지 혜택을 마련해 별도의 주거와 육아 서비스도 제공했다. 엘리슨은 이렇게 말했다. "저는 낙인을 줄이고 싶습니다. 도움을 청해도 괜찮고, 도움을 청하는 건 건강한 행동이라고 말해주고 싶어요. 여기 자원이 있으니 필요하다면 얼마든지 이용하라고요."

그러한 지원 가운데는 필요할 때 언제든 도움을 받을 수 있는 심리치료사도 포함된다. 혹은 포털 사이트의 다양한 자료를 읽거나 애플리케이션을 통해 정신건강과 중독에 관한 도움을 얻거나 영적 돌봄을 받을 수도 있다. 퍼머넨테 메디컬 그룹은 번아웃 목록을 활용하고, 장기적으로 의사들을 모니터링해 어떤 개입 방법이 유익할지 살피고 있다. 엘리슨은 무엇보다도 인간애와 희망이 위기를 극복하는 해답이 될 거라고 믿는다. 의료 산업의 경우도 그렇지만 코로나 이후의 세계에서도 마찬가지다. "연결된 상태를 유지하고 경청하는 것이 정말 중요하다고 생각합니다. 그렇게 알게 된 문제를 어떻게 조치할 것인가도 중요하고요. 저희는 미래에 대한 희망을 이야기해야 하고, 희망은 현실에 근거해야 하니까요."

엘리슨은 이 회사가 '55단어로 소설 쓰기' 캠페인을 시작했다고 말했다. 캠페인의 목표는 인간애에 관해 이야기하고 직원들의 목소리를 들음으로써 그들이 어떻게 느끼고 있는지 파악하는 것이었다. 심금을 울린 작품이 몇 편 있었지만 다음 작품은 특히 큰 감동을 주었다.

눈을 들여다보며

모두가 마스크를 썼다. 나도 간호사도 환경미화원도 그리고 환자들도. 우리가 볼 수 있는 것은 서로의 눈동자뿐. 눈은 영혼을 비추는 창이라고 했던가? 그 안에 고통, 괴로움, 두려움이 보인다. 하지만 사랑, 연민, 희망도 보인다. 다들 안전하시기를.

하지만 모든 것이 도저히 감당하기 어려운 지경에 이르면 어떻게 될까?

침묵은 고통을 키운다

파이스트는 의료진 번아웃과 관련된 여러 원인을 예전부터 솔직하게 비판해온 사람이지만, 그와 그의 아내 제니퍼 파이스트_{Jennifer Feist}가 의료진 번아웃이라는 주제를 본격적으로 탐구하게 된 것은 제니퍼의 동생인 로나 브린_{Lorna Breen}의 비극적인 자살 이후였다. 그때부터 겉으로 드러나는 일상부터 드러나지 않는 이면까지 번아웃의 진실에 대해 의료 산업 종사자들을 교육하는 것이 그들 부부의 사명이 되었다.

로나 브린은 프레스비테리안앨런병원의 응급실 의학책임자이자 컬럼비아대학교 조교수였다. 브린은 코로나19 바이러스가 뉴욕을 휩쓸고 도시가 봉쇄된 1차 대유행 상황에서 밀려드는 환자들을 최일선에서 돌봤다. 브린 자신도 코로나19에 감염되었다가 열이 잦아든 지 불과 사흘 만에 업무에 복귀한 처지였다. 코로나19는 의료진들에게도 낯선 바이러스였다. 의료진들이 바이러스에 줄줄이 감염되는 바람에(당시 동료의 약 20퍼센트가 이미 감염된 상황이었다) 서둘러 업무에 복귀해야 했다. 지금은 바이러스 검사 결과가 음성으로 나오더라도 한동안 피로감이 심하고 머릿속이 뿌연 느낌이 계속된다는 것이 알려졌지만 당시만 해도 그렇지 않았다.

파이스트는 업무 복귀 첫날 브린이 병원을 '아마겟돈'이라고 표현한 일을 기억한다. 내가 그를 인터뷰한 것은 브린의 죽음 이후 겨우 여섯 달이 지난 시점이어서, 그는 여전히 슬픔에 잠겨 있었다. 하지만 브린의 이야기와 번아웃이 브린의 삶에 미친 영향을 정확하게 전달하려는 의지가 확고했다. 〈뉴욕타임스New York Times〉에 브린에 대한 기사가 나가고 채 이틀이 지나기 전에, 그는 제니퍼와 함께 브린의 죽음과 관련된 서사를 통제하기 위해 '로나 브린 영웅 재단'을 설립했다.[29] 브린은 본능적으로, 그리고 자연스럽게 환자들을 돌봤지만(확실히 타고난 천성의 영향이었다) 그것이 번아웃을 일으킨 유일한 원인은 아니었다. 궁극적으로는 일련의 사건들과 의료계 내부의 망가진 문화가 죽음을 불러왔다.

"의사들이 약점으로 비칠까 봐 도움을 청하지도 않고 도움을 받지도 않는 것이 의료계의 전반적인 분위기입니다." 파이스트는 말했다. "브린은 힘들다고 이야기하면서도 돌아올 후폭풍과 동료들에게 끼칠 피해 때문에 휴식을 취할 생각도 하지 않았어요. 여기에는 많은 기저 요인이 있어요."

파이스트는 브린의 번아웃 타임라인이 대단히 빠르게 진행되었다고 설명했다. 불과 5개월 전 브린 박사는 응급실에서 번아웃을 완화하는 방법에 관한 학술 논문을 발표했다. 그런데 2020년 4월, 번아웃이 브린의 목숨을 앗아갔다. 파이스트에 따르면 브린의 죽음에 영향을 준 요인은 여러 가지다.

첫째, 브린은 코로나19에 감염되어 지치고 방전되었으며 머릿속에 안개가

긴 것처럼 멍한 느낌을 비롯해 우리가 이제는 알고 있는 여러 가지 바이러스 감염 증상에 시달리는 중이었다. 그리고 심하게 앓은 것에 비해 지나치게 빨리 일터로 복귀했다. 그는 완전히 녹초가 되었다. 이렇게 아프고 지친 상태인 데다 직업 의료인으로 살면서 이제껏 한 번도 본 적 없는 수많은 죽음을 마주해야 했다. 거기에 자신이 이 사태에 힘을 보탤 수 없다는 생각과 죽어가는 환자들을 제대로 돌보지 못했다는 죄책감이 더해졌다. 의사들은 병을 고치도록 훈련받는 데 익숙해서, 적절한 치료 방법이 없을 때는 정신적으로 견디기 힘들어한다.

업무 복귀 후 불과 며칠 만에 보다 못한 가족들이 브린을 끌어내 버지니아대학교병원 정신과 병동에 입원시켰다. 정신건강 문제나 우울증 전력이 없는 사람에게 이것은 충격적인 일이었다. 브린은 동료들이 자신을 뒤처지는 사람으로 바라볼까 봐 우려했고, 그것이 경력에 치명적인 단점으로 작용할 거라고 여겼다. 버지니아에서 치료받는 동안 브린은 "자신의 뉴욕주 의사 면허증이 취소될 것이고 두 번 다시 병원에서 근무할 수 없게 될 것"이라고 확신했다.

잡지 〈배니티페어 Vanity Fair〉의 객원 편집자이자 '의사의 응급 상황'이라는 기사를 쓴 모린 오코너 Maureen O'Connor 는 브린에 관해 이렇게 썼다. "마흔아홉 해 동안 로나 브린은 남들이 자신에게 기대하는 모든 일을 했다. 그는 이상적인 관점에서 선한 인간을 묘사하려고 할 때 누구나 머릿속으로 떠올릴 법한 사람이었다. 글자 그대로 생명을 살리는 일을 했고, 전 과목 A를 받는 우등생이었으며, 가족을 사랑했고, 마라톤을 뛰었고, 교회에 다녔다. 원칙을 지키는 사람이었으며, 차근차근 필요한 교육도 받았다. 박사는 모든 것을 다 하려고 하면 번아웃의 위험이 온다는 사실을 알고 있었고 그런 일을 피하려고 나름대로 노력했다. 생애 마지막 몇 해 동안 번아웃을 연구한 것이다. 그런데도 결국 번아웃을 맞았다."[30]

파이스트는 직업적으로 실패했다는 기분과 동료들의 인식, 그리고 그것이 의사 면허에 미칠 영향이 전부 의료계 사람들이 도움을 청하지 않는 이유로 작용하며, 그때문에 의사들이 침묵 속에서 고통을 키운다고 말했다. "자살까지는 아니더라도 정신 붕괴의 위기에 놓여 있다고 털어놓은 의사들이 얼마나 많은지 모릅니다. 그들은 이런 식으로 이야기해요. '자, 제 이력서를 보시면 여기 공백기가 보이시죠. 특별 연구원으로 가 있었다고 되어 있지만 실은 신경쇠약이 왔거나 곧 올 것만 같은 상태여서 휴식이 필요했어요. 하지만 솔직하게 적을 수가 없었어요.' 여기에는 일정한 패턴이 있다고 생각해요. 이제는 확실히 전국적으로 확대된 상태고요."

엘리슨은 팬데믹 이전에도 사람들이 의료계 종사자에게 슈퍼맨의 모습을 기대했고, 의료진 스스로도 슈퍼맨이 되어야 한다고 여겼다고 말한다. "하지만 그들도 사람이고 우리는 그들이 사람답게 살 수 있도록 해줘야 합니다. 그것이 이 모든 문제의 열쇠라고 생각해요. 우리는 그런 식의 이분법을 타파해야 합니다."

엘리슨은 이것이 의사들이 수련을 시작할 때부터 자기 돌봄의 철학을 훈련해야 하는 이유라고 설명했다. 2020년에 버나드 타이슨 의과대학교는 처음 문을 열고 1기 학생 50명을 받았다. 이 학교의 교과과정에는 REACH라는 4년짜리 필수 과정이 포함되어 있다. REACH는 성찰Reflection, 교육Education, 평가Assessment, 코칭Coaching, 건강과 웰니스Health and wellness를 의미하며, 교과과정 안에 웰니스를 자연스럽게 통합할 방편으로 만들어졌다. 학생들에게 자신의 경험과 학습한 내용을 돌아볼 여지를 마련해주려는 취지다. 여기에는 긍정 심리학에 대한 교육도 포함되어 있다.

학년마다 6주에 한 번씩 일주일에 걸쳐 이루어지는 이 수업은 다음과 같은 내용으로 구성된다.

- 각 학생은 의사인 REACH 코치(공식 코치 훈련을 마친 사람)를 배정받으며 코치는 해당 학생이 자신의 목표와 목표 달성에 필요한 전략을 파악할 수 있도록 돕는다.
- 학생들은 무료 개별 상담 기회를 얻는다. 적어도 세 번의 세션에 의무적으로 참여해야 한다. 학교는 현장에 임상심리학자뿐 아니라 건강과 웰니스 관리자를 두고 학생들을 위한 특별 프로그램을 진행한다.
- 교수들은 통합 교과과정 내의 여러 지점에서 주요 개념을 강화하고 연계시키려고 노력한다. 예를 들어, 학생들은 REACH뿐 아니라 통합 과학 수업과 건강 증진 과목에서도 영양학을 공부한다. 이 모든 수업은 필

수 과정이다. 학교 측은 이러한 주제들을 한층 더 복합적으로 탐구할 수 있도록 3년차와 4년차 선택 과목들을 개발 중이다.

"저희는 정신건강에 관해 이야기하지 않거나 그것을 강조하지 않는 백 년간의 의학 교육 사슬을 끊어내고 싶습니다." 엘리슨은 말한다. "우리의 목표는 환자들을 잘 돌볼 수 있을 뿐 아니라 그렇게 하기 위해 자기 자신을 잘 돌보는 일의 중요성을 이해하는, 새로운 세대의 의사들을 배출하는 것입니다."

번아웃에 관한 교훈

2018년 기준 전 세계 교사 수는 8430만 명이었지만 다양한 설문과 연구에 따르면 교사의 상당수가 교직을 떠나는 것을 고려 중이라고 한다. 2019년 《경제정책보고서》에서는 대대적인 변화가 없다면 2017~2018년까지 부족한 교사 수가 연간 약 11만 명에 이를 거라고 예상했다.[31]

교사가 교직을 떠나면 학생들만 힘들어지는 것이 아니다. 학교 역시 교사들이 학교를 옮기거나 교직을 아예 떠나는 데서 발생하는 비용으로 10억 달러에서 22억 달러 사이의 손실을 감수해야 한다.[32] 신규 임용자수는 꾸준히 늘어났지만, 고용주(주로 정부)는 여전히 낮은 근속률 때문에 고심하고 있다.

데이터에 따르면 앞으로 5년 동안 교사의 약 절반이 새로운 학교로 이직하거나 교직을 완전히 포기할 것으로 전망된다. 교사 부족은 전 세계적으로 너무나 중대한 고용 문제라서 유네스코는 2030년 교육 목표 달성을 위해 세계가 6900만 명의 신규 교사를 충원해야 한다고 주장했다. 교사 부족과 관련해서는 여러 가지 복합적인 문제가 있지만, OECD 국가에서 가장 자주 거론되는 이유는 청년들을 교직으로 유인하기가 어렵고 현직 교사들이 번아웃에 시달리고 있다는 것이다. 개발도상국의 경우 교사의 지위 하락과 훈련 부족이 퇴직 사유로 가장 자주 언급된다.[33]

나는 교원 복지 지원을 중요하게 생각한다. 이 직종은 원래도 번아웃이 극심한 데다 팬데믹으로 인해 번아웃을 겪는 교사의 수가 역대 최고 수준에 이르렀다. 미국 학교의 대다수가 재택수업을 진행하는 사이 초중등 교사들을 대상으로 수행한 광범위한 조사 결과, 교사들은 '다소' 또는 '매우' 불안하고(81퍼센트), 스트레스를 받으며(77퍼센트), 걱정스럽고(75퍼센트), 압도되고(74퍼센트), 슬프고(60퍼센트), 외롭다(54퍼센트)고 느꼈다.[34]

캐나다에서 ESL(제2 언어로서의 영어) 교사로 일하는 메리도 힘든 일 년을 보내고 있었다. 메리의 반에는 장애인 학생이 한 명 있었다(드문 경우는 아니었다). 이 학생의 학년이 높아짐에 따라 학교에서 도움을 받아야 하는 부분은 늘어나는데, 인적자원은 턱없이 부족했다. 메리의 에너지는 극심하게 고갈되었다. 메리는 이렇게 설명했다. "특수교육 담당자에게 받는 도움이 거의 없었고 교장 선생님의 지원도 없었어요. 아이의 행동을 진정시키느라 45분이 그냥 지나는 날이 많았고, 솔직히 (제가 교실에 있는데도) 그 시간 동안 다른 아이들이 뭘 하고 있는지 신경 쓸 여력이 없었어요."

메리는 나머지 학생들과의 균형을 맞추느라 쩔쩔맸고 모두를 실망시키고 있다는 기분을 떨칠 수 없었다. 심지어 장애 학생의 부모까지도 아이의 행동에 대해 메리를 탓했다. "저는 학생에게 매일같이, 그리고 그 부모한테도 주기적으로 심한 말을 들었어요." 메리는 말했다.

메리와 비슷한 이야기는 드물지 않다. 건강한 문화를 구성하는 적절한 요소가 없을 때 이런 식의 정신 붕괴가 나타난다. 그러다 보면 메리가 불만이 많고 특이한 사람이라는 취급을 받기 쉽다.

하지만 그것은 부정확한 시선이다. 교육자들 사이에서 번아웃은 흔하다. 장애 학생이 늘고 교사에 대한 지원은 줄면서 업무 과부하는 감당 못 할 수준에 도달했다.

시스템이 무너진 조직 문화가 메리를 힘들게 한 것이지, 메리에게 문제가 있는 것이 아니다. 번아웃의 원인은 직원이 아닌 직장이다. 게다가 번아웃의 근본 원인인 급여 면을 봐도 교사에 대한 처우는 좋지 않다.

대다수 국가의 근로기준법에 따르면 교사는 면제 대상 노동자로 간주된다. 초과근무 수당을 받을 수 없다는 뜻이다. 하지만 그렇다고 교사가 주당 40시간 이상 일하지 않는다는 뜻은 아니다. 미국 노동통계국이 실시한 최근 연구에서 교사는 평균적인 미국인에 비해 주말에 일할 가능성이 더 큰 것으로 나타났다.[35]

한 보고서에 따르면 교사들은 대학 교육을 마친 다른 전문직 종사자들보다 수입이 18.7퍼센트 적고, 그러다 보니 교사 다섯 명 중한 명은 어쩔 수 없이 아르바이트를 해야 하는 실정이다.[36]

2018년 시사 주간지 〈타임Time〉은 호프 브라운Hope Brown이라는 교사의 이야기를 헤드라인에 올렸다. 미국 교사들이 직면하는 임금 격차 문제를 조망한 기사였다. '세 가지 일을 하면서도 피까지 팔아야 생활비를 벌 수 있습니다: 미국 교사의 적나라한 현실'이라는 제목의 이 기사는 다음과 같이 보도했다. "호프 브라운은 일주일에 두 번씩 혈장 헌혈을 하고 60달러를 번다. 중고품 가게에 옷을 팔아서 조금 더 마련할 때도 있다. 대개는 전기 요금이나 자동차 할부금을 충당하기에도 빠듯한 금액이다. 이렇게 금전적으로 허덕이는 상황은 이제 그의 일상이 되었다. 20년 전 중등교육 석사 학위를 받고 역사 교사가 되었을 때만 해도 예상치 못한 일이다."[37]

경제정책연구소의 2017년 보고서는 교육계와 의료계 노동자가 '최저임금 절도'를 경험할 가능성이 세 번째로 높은 집단(소매업계와 식음료 서비스 업계 노동자에 이어)이라고 밝혔다. '최저임금 절도'란 고용주가 근무한 시간보다 적은 임금을 지급하거나 초과근무 수

당을 지급하지 않는 것을 말한다.[38] 전미교육협회에 따르면 "교사들은 매주 평균 50시간을 교육 업무에 할애하며, 이는 시험지 채점, 버스 등하교 당번, 동아리 지도 등 12시간의 보상 없는 학교 관련 활동을 포함한다."[39]

나는 교육 분야의 전문가들과 함께 협업하면서 교실에서 직접 교사들의 활동을 지켜봤다. 연구를 시작하기 전에는 교사의 일에 대한 건전한 존경심을 품고 있었다. 그러나 엄청난 업무량은 물론이고 도를 넘는 교실 분위기를 목격하면서 그 존경심은 두려움으로 바뀌었다.

수업이 갑자기 온라인으로 전환되자 교사 번아웃은 급증했다. 그것은 마치 프런트엔드 설계자에게 백엔드 코드 작성을 요구하거나, 의사에게 간호사가 되라거나, 논픽션 작가에게 소설을 쓰라고 강요하는 것과 다름없었다. 비슷한 일 아니냐고? 크게 달라 보이지 않을 수도 있지만 어떤 교사에게 물어보든 온라인 수업은 교실 수업과 전혀 다르다고 말할 것이다.

"저는 그 해 11월경에 번아웃을 느끼기 시작했어요." 한 캐나다인 교사는 말했다. 익명성과 고용 보호를 위해 앤이라는 가명을 쓰도록 하겠다. "술에 의지해 계속 버텼어요. 평소보다 더 많이 마셨죠. 보통은 주말에만 마셨는데 평일 저녁마다 마시게 되었어요. '무덤덤해지려고'라는 핑계를 대면서요. 점점 나아지겠지 생각했지만, 가족 문제(자폐 스펙트럼이 있는 아들)와 겹쳐 열 배는 더 힘들어졌어요."

앤은 말을 이었다. "저는 계속 일을 하면서 견뎠어요. 그러다 아들이 응급실에 몇 차례 다녀오고 학생과 학부모에게 폭언까지 듣자 2월에는 한계에 다다랐죠. 3일 연속으로 휴가를 냈어요. 저로서는 아주 드문 일이었죠. 몸과 마음을 재정비하고 새로 시작할 필요가 있었거든요. 3월이 되자 휴직이 절실해졌어요. 잠을 못 잤고 몸을 돌보지 못했으며 이겨내려고 술을 너무 많이 마셔서 완전히 지친 상태였어요. 결국 병가를 냈어요. 저는 누구도 실망시키면 안 된다는 생각 때문에 최선을 다했던 거예요. 학생들과 동료들, 우리 가족과 저 자신에게 실망을 안겨주었다는 느낌을 받기 싫었어요."

앤은 2개월 휴직 후 몸과 마음이 새로워진 기분을 느꼈지만 그 상태는 오래가지 못했다. "인사팀에서 제 휴가를 문제 삼으면서 그 휴가가 과연 정당했는지 따지고 들기 시작했어요. 의사의 소견서가 있었는데도요. 2개월 휴직 후 복직하고 나니 다시 큰 불안이 엄습했지만, 그해를 어찌어찌 마무리했어요. 지금 돌아보면 그다음 해까지 쉬어야 했어요."

이번에도 시스템이 사람을 망치고 있는 경우다. 이것은 구시대적인 사고에서 기원한 문제들이다. 앤은 17년간 교직에 몸담으면서 교육계의 번아웃이 늘어나는 것을 목격했다고 말했다. 코로나19 기간에는 온라인으로 학생들을 만나면서 많은 시간을 보냈고, 밤낮으로 오는 학생과 학부모 들의 이메일을 확인하느라 심신이 지쳤다. 일부 교사들은 요령 있게 '면담 시간'을 정해놓기도 했지만 앤을 포함한 나머지 교사들은 그런 경계를 정하는 데 어려움을 느꼈고, 그 것이 번아웃의 원인이 되었다. "저희는 무리한 요구를 받을 때가 있어요. 훈련이나 지원이 충분하지 않은 상태에서 학생의 정신질환과 행동 문제에 잘 대처하기는 어렵거든요. 교사들에 대한 요구는 상당히 높은 편이죠. 물론 교사는 방학이나 퇴근 후 쉴 시간이 충분한 것이 사실이지만 일하는 동안에는 강도 높은 스트레스를 받아요."

앤은 번아웃이 신체에 끼치는 영향에 대해서도 언급했다. "계속 구역질이 났고 잠을 이루지 못했고 형편없는 음식을 골라 먹었고 술을 너무 많이 마셨어요. 두통도 있었죠. 체중은 이유 없이 오르락내리락했어요. 1~2킬로그램이 늘었다가 갑자기 3~4킬로그램이 빠지는 패턴이 반복됐죠."

그중에서도 수치심이 가장 힘든 부분이었을 것이다. 번아웃에 관해 나와 이야기를 나눈 많은 사람이 공통적으로 수치심에 대해 언급했다. "휴직을 한다는 게 부끄러웠어요. 실패자라는 기분이 들었죠. 하지만 휴직이 정말 필요했어요. 몇 주 동안 집에서 쉬어 보니 알겠더라고요. 그런 기분이 들 정도로 끔찍했던 거예요. 모든 일을 다 해야 한다는 압박을 느낄 필요는 없지만 그때는 그렇게 느꼈고 사실 지금도 그래요."

사소한 데이터를 활용한 번아웃 예방

사례 연구에 관한 설명을 시작하기에 앞서 다음과 같은 사실을 분명히 밝혀두고자 한다. 여기에 소개한 사례는 교육 환경을 중심으로 하지만, 우리는 학교 외의 다양한 산업 분야에서도 이 개입 방법들이 비슷한 결과를 낸다는 사실을 검증했다.

연구의 주된 목표는 업무에 목적의식을 가지면 직장을 어떻게 좀 더 건전한 시각으로 바라보게 되는지, 그리고 그러한 시각이 성과에 어떤 영향을 미치는지 이해하는 것이다. 안녕감을 촉진하고 데이터에 나타난 위생 문제를 공략하는 데 개입의 초점이 맞춰졌다.

프로젝트는 3주 동안 한 가지 심리적 특질에 초점을 맞추는 단일 개입으로 시작되었다. 그리고 기존의 연구 프로젝트들을 참고해 아이들에 대한 분석을 시작했다.

우리는 4학년부터 8학년까지의 학생들에게 "오늘 무엇이 너를 웃게 했니?"라는 질문을 던지고, 단어나 그림 혹은 교사의 판단에 따라 가장 흥미를 끌 만한 방식으로 답변을 받았다. 그리고 21일 동안 학생들에게 이 질문을 던지면서 어떤 변화가 일어나는지 살펴보았다. 학생들은 사전 설문과 사후 설문을 작성했고, 우리는 이를 통해 변화를 분석했다.

불과 3주 만에 학생들은 다음과 같은 변화를 겪었다.

- 학교에 대한 전반적인 평가가 20퍼센트 개선되었다.
- 11퍼센트 더 행복해졌고 10퍼센트 더 감사함을 느꼈다.
- 학업에 8퍼센트 더 적극적으로 참여했다(학교를 좋아하고 학업에 흥미를 보이고 수업에 집중함).
- 7퍼센트 더 사회성이 높아졌다(친구가 더 많다고 느꼈으며 다른 사람들과 더 연결되어 있다고 느꼈다).
- 가장 흥미로운 데이터는 이것이었다. 불과 21일 후 학생들은 똑같은 시간 안에 감사한 일들을 2배 더 많이 꼽아, 감사를 표현하는 능력이 크게 좋아졌음을 보여주었다. 신경과학적 관점에서 이것은 학생들의 뇌가 발달하는 과정에서 인지적 감사를 새겨넣고 있었음을 의미한다.

120개 학교에서 6만 3000명의 학생을 상대하는 교직원 8000명을 대상으로 수행된 이 연구와 선행 분석 결과가 특별한 점은 바로 사소한 데이터에 있다. 아이들이 학교에서 더 행복해졌다는 사실뿐 아니라, 그렇게 매일 주고받은 질문과 답변으로 대화가 시작되었다는 점이 중요했다. 교사들은 학생들을 기쁘고 신나게 만든 작은 일들이 무엇인지 알게 되었고, 이러한 순간을 통해 학생이 가정에서 겪는 어려움과 학생의 정서 지능을 파악하고 열정을 끌어낼 수 있는 지점이 어디인지도 알 수 있었다.

교사와 직원들은 슈퍼히어로 피규어, 트램펄린, 가족 또는 집에서 기르는 반려동물에 관해 아이들과 이야기를 나누었다. 시간이 지날수록 아이들은 더욱 구체적으로 표현했다. 더 나은 삶을 위해 자신을 캐나다로 데려온 이민자 부모님에 관한 이야기, 집 안에 팽팽한 긴장감이 맴돌 때 트램펄린 위에서 펄쩍펄쩍 뛰면서 초조함을 떨쳤다는 이야기, 강아지는 단순히 집에서 기르는 반려동물이 아니라 남동생의 마음을 낫게 하는 치료자라는 이야기도 있었다. 슈퍼히어로 피규어는 왜 나왔냐고? 한 아이는 항암과 방사선 치료를 받으면서 슈퍼히어로의 특별한 힘 덕분에 자신이 안전하다고 믿었다.

이 연구 프로젝트에 참가한 학급은 대부분 일 년 내내 교실에 '감사의 벽'을 설치해 두었다. 아이들이 언제든 그날 혹은 그 주에 자신을 웃게 한 일에 대해 공유할 수 있는 곳이었다. 우리는 한 학교를 시찰하다가 감사의 벽에서 가슴이 아프기도 하고 희망이 느껴지기도 하는 메모를 보았다. "이번 주에 엄마가 교도소에서 나와서 감사하다"는 메모였다.

당시에 담임교사는 이 아이가 어떤 일을 겪고 있는지 전혀 몰랐다. 하지만 이 작은 정보로 아이의 몇몇 행동 문제가 설명되었고, 아이가 수업 태도를 고쳐나가는 동안 조금 더 연민과 인내를 가지고 기다릴 수 있었다. 이 학교는 한때 교장실 문 앞에 무언가를 잘못한 아이들이 줄을 길게 늘어서 있던 곳이었다. 그러나 교직원과 학생의 공감적 경청 능력과 감성 지능 개발에 초점을 맞춘 2년 간의 개입 이후, 교장은 비로소 여유 시간이 생겼고, 그 시간에 예산 부족으로 대체 교사가 배정되지 않은 학급을 돕기로 했다. 사소한 데이터에 주목한 덕분에 그는 다른 교사들에게 힘이 될 뿐 아니라 자신의 역할도 다시 즐길 수 있었다. 체육 교사 출신인 그에게 체육관 운영은 가장 좋아하는 일과가 되었다.

결정적으로 운동장에서 벌어지는 폭력이 80퍼센트 이상 감소했다. 아이들은 비폭력적인 방법으로 문제를 해결하게 되었다. 모든 것이 더 좋은 방향으로 바뀌었다.

이런 이야기가 전하는 교훈은 너무나 많다. 교사와 학생 모두를 위해 건강하고 행복하며 성취도 높은 문화를 만드는 방법이 무엇인지 알 수 있었다. 교직원의 안녕감을 높이면 학생의 안녕감도 올라가고, 학생의 안녕감을 높이면 교직원의 안녕감도 올라갔다. 바로 선순환이다.

교육 산업 전반에서 이 현상을 더 깊이 이해하기 위해, 우리는 연구원, 컨설턴트, 피험자들로 구성된 팀을 꾸리고 교직원의 안녕감을 개선하면서 번아웃을 예방하는 방법을 알아내고자 했다. 똑같은 개입 방법이 교육청 최고재무책임자와 행정팀에도 유효할까? 회계나 전산 부서의 경우는 어떨까? 우리는 이걸 확인하고 싶었다. 무엇보다도 모든 시스템이 (특히 학교 법인 차원에서) 더 효율적으로 돌아간다면 교사의 안녕감도 긍정적인 영향을 받으리라는 가설을 세웠다.

팬데믹이 닥치기 오래전부터 교사 번아웃은 심각한 문제였다. 2012년에 연구를 시작했을 때 우리는 어떤 문제가 수면 아래 드리워져 있는지 몰랐다. 그러다가 2020년이 되자 번아웃은 코로나19의

궤적을 그대로 따랐고 전 세계 많은 나라에서 의심의 여지없는 전염병이 되었다. 이런 속도로 가다가는 순식간에 번아웃도 바이러스처럼 전 세계 곳곳에 만연할 것이 뻔했다.

코로나19 이전에 우리가 세운 목표는 교육 분야의 안녕감에 관한 교훈을 다른 산업 부문에 적용할 수 있을지 살펴보는 것이었다. 하지만 먼저 이러한 가설이 실제로 학교 생태계 내의 다양한 역할, 팀, 부서, 이해관계자들 사이에서 어떻게 실현되었는지 확인해야 했다.

우리는 조직 행동 분야의 데이비드 화이트사이드, 사회심리학 분야의 버네사 부오테Vanessa Buote, 수학·머신러닝 분야의 데이터 과학자 로드리고 아라우호Rodrigo Araujo 등 다양한 전문 분야의 학자들로 이루어진 팀을 꾸렸다.

번아웃의 원인을 규명하고 교직원, 학생, 학부모의 사회적 안녕감을 높일 방법을 파악하기 위해, 우리는 다년간에 걸친 연구 프로젝트를 시작했고 그 결과를 모아 '교육 부문에서 직원 안녕감에 대한 생태계 접근법: 사례 연구'라는 논문에 담았다. 이 논문은 두바이에서 열린 2019 세계정부정상회의에서 발표되었고, 세계적으로 저명한 경제학자 제프리 삭스Jefferey Sachs가 이끄는 세계행복협의회의The Grobal Happiness Council 《세계행복정책보고서Global Happiness Policy Report》에도 게재되었다.[40]

개입을 하기 전에 우리는 기준이 되는 측정치를 수집했다. 설문조사를 통해 몰입도, 공동체 의식, 영감, 만족도, 예상 만족도, 문화,

신뢰, 인정, 소통, 상향 피드백, 스트레스, 안녕감, 희망, 효능감, 회복력, 낙관주의, 감사, 성과, 시민 행동, 순추천지수*에 관한 데이터를 수집했다. 데이터는 개선이 필요한 영역에 관해 중요한 통찰을 주었다. 가장 주목해야 할 영역은 소통, 인정, 상향 피드백과 같은 문화의 핵심 동인이었다.

직원들이 수백 곳의 근무지에 널리 흩어져 폭넓은 역할과 책임을 수행하는 교육청 환경에서 각 설문에 '위험', '평균', '건강' 점수를 부여하기 위해 우리는 벤치마킹 도구를 개발하기로 했다.

1차 데이터를 확인한 후, 개선이 필요한 문제를 해결하기 위해 교육과 프로그래밍을 시작했다. 안녕감 향상을 위한 예산과 자원을 300퍼센트 확대하는 한편, 부서와 학교 차원에서 꾸준히 데이터를 집계하려고 노력했다.

4년 동안 125개 학교와 8개 지원 부서에 다양한 규모와 강도의 개입 방법이 적용되었다. 학교는 3개 도시별로 묶어서 분류했고, 교육청 사무실은 부서별로 나누었으며(인사, 재무, 고위 관리직, 전산 등) 학부모도 고유의 그룹으로 간주했다.

연구팀의 첫 번째 목표는 고위 관리직에게 희망, 효능감, 회복력, 낙관주의, 감사, 공감, 마음챙김 등 경험적으로 행복과 성과를 높인다고 입증된 7가지 사회 정서 능력의 이점을 교육하는 것이었다.

●　응답자 중 추천 고객 비율에서 비추천 고객 비율을 뺀 수치.

이 7가지 특질을 새로운 가치 체제로 통합해 모든 직원의 안녕감을 도모한 후, 이것을 학생은 물론 학부모 그리고 더 멀리 지역사회까지 확대한다는 계획이었다.

7가지 특질이 포함된 공유 언어를 만드는 것을 목표로 체계적인 개입이 시작되었다. 연례행사에서 1시간 동안 강연을 듣고, 현지 또는 인근 지역과 연합하여 열리는 컨퍼런스에서 온종일 진행되는 훈련과 워크숍에 참석하고, 필수 전문성 개발 기간 중 직원들과 대화를 나누는 형태로 교육을 구성했다. 이렇게 관리직 수준에서 1년 동안 이론 교육을 진행한 후 2단계에 돌입했다.

이 시점부터 '생태계 이론'이 등장한다. 경비원, 시간제 교사, 영유아반 교사를 포함한 교사와 모든 교직원, 관리직과 행정직 직원들, 그리고 학생과 학부모가 학교·직장·집에서 7가지 특질을 일상생활에 적용하도록 적극적으로 권장했다. 목표는 교직원의 직장 문화를 개선함으로써 학생들의 학습 환경을 개선하는 것이었다. 학교는 교직원과 학생들이 활용할 수 있는 탐색의 틀이 되어주었다.

학생들과 학교에서 근무하는 교직원들을 위한 개입 방법은 다음과 같았다.

- 학생과 교직원이 만트라^{••}를 함께 정해서 매일 큰 소리로 읽었다.

●● 기도나 명상을 할 때 외는 주문.

- 수업 중은 물론 직원회의 전에도 마음챙김 수련을 했다.
- 학생들이 교실에 들어올 때와 수업 후 교실을 나설 때, 미리 선곡한 음악을 틀어주었다.
- 학생 주도의 월간 공공 회합을 개최했다(지역 주민에게도 참석을 권했다).
- 한 가지 자극에 노출시킴으로써 뒤이은 행동이나 생각을 바꾸는 프라이밍priming 기법을 이용했다. 예를 들어 감사의 벽, 희망 나무, 7가지 특질에 초점을 맞춘 미술품을 활용하거나, 학교의 모든 출입구에 만트라를 부착하거나, 각 특질과 관련된 개입 사례 세 가지를 소개한 포스터를 다양한 언어로 만들어 직원 식당과 모든 화장실에 붙였다.
- 교직원, 교육 컨설턴트, 컨설팅 회사 플래스티서티랩스의 내부 팀들이 온라인 직원 포털을 구성해 디지털 협업과 교과과정에 대해 안내했다. 어떤 체제도 기계적인 프로그래밍 방식이 아니었다. 다양한 도구와 수단을 사용했으며 각 부서나 학교에 따라 다르게 적용했다.
- 무엇보다도 교직원들은 매달 세 시간의 유급 휴가를 얻어 긍정 심리학에 대한 전문성을 계발했다.
- 학교별로 두 명의 대표를 지정해 매달 모여서 개입 방법을 연구하고 계획을 구상한 다음, 각자의 학교로 돌아가 다른 직원들을 교육했다.

연구 컨설팅 팀은 교육청의 부서들과 협력해 그들의 일상과 성격을 파악하고, 경비·재무·마케팅·인사·노조·학부모 협의회 등 그룹 별로 구체적인 프로그램을 구성했다.

학교 법인 사무실에서 근무하는 교직원들을 위한 개입 방법은 아래와 같았다.

- 소통에 공감 활용하기.
- 일선 직원들을 위한 회복력 기르기.
- 웰빙 포털 만들기: 예산을 대폭 확충해 프로그램 관련 정보를 강화.
- 신체건강 개선.
- 다양성과 포용에 초점을 두기. 일례로 성 소수자의 달에 125개 학교 전체에 무지개 깃발을 게양하고 LGBTQ+[*] 공동체와 관련한 공감과 포용의 대화를 지원했다. 그 결과 프로젝트 기간 내내, 그리고 프로젝트 완료 이후에도 학교와 학교 법인 사무실에서 진행되는 다양성과 포용성 관련 업무와 학습이 크게 늘었다.

플래스티시티 랩스 연구원들과 윌프리드로리에대학교, 워털루 지역 교육청은 1년 동안 세 차례 평가를 통해 성과를 측정했다. 3단계에서는 대조군 학교로 연구 범위가 확대되었다. 이러한 통찰을 교육청 전체 데이터와 상호 대조했고, 종합 보고서를 작성해 0단계 데이터 수집, 1단계 시범 적용, 2단계 확장까지 결과를 기록했다.

우리는 이러한 학습 과정을 통해 몇 가지 중요한 시사점을 도

---

[*] 레즈비언, 게이, 바이, 트렌스젠더, 퀴어 등 성 소수자를 부르는 단어.

출했다. 그중 하나는 화이트사이드가 논문에서 정의한 이른바 '목적 근접성proximity to purpose'이다. 그는 몰입의 장단점을 설명하면서 몰입은 사명감으로 일하는 집단의 번아웃 여부를 측정하기에는 불완전한 기준이라고 주장했다.

특히 위 집단에서는 몰입 점수가 거의 모든 피험자에게서 높게 나타났다. 목적의식이 높은 사람들은 번아웃의 위기에 처하더라도 몰입 상태를 유지한다. 몰입을 추적하는 것은 의미 있는 활동이지만, 몰입 수준이 높은 조화 열정 상태˙인지, 혹은 몰입 수준은 높지만 강박 열정 상태˙˙인지 판단하려면 다른 측정 기준도 필요하다.

우리는 다년간의 연구 프로젝트를 통해 이 중요한 데이터를 얻었다. 조직 문화 개선을 위해 일해온 사람들이 수년간 느꼈던 직감이 사실로 검증된 셈이었다.

우리는 또한 안녕감의 진정한 원동력이 학교의 문화, 다시 말해 신뢰, 공동체(또래 관계)의 인정, 소통, 피드백이라는 사실을 발견했다. 번아웃의 근본 원인을 다시 떠올려볼 때, 안녕감의 원동력인 학교의 문화에 투자한다면 번아웃의 위험을 낮출 수 있을 것이다.

그중에서도 조화 열정은 안녕감을 높이는 중요한 원동력이다. 의료 종사자들에게 환자가 그렇듯, 교직원들에게 학생은 목적의식

˙   행위 자체가 주는 느낌 때문에 그 행위에 몰입하는 상태.

˙˙ 외부의 보상과 인정을 얻고자 행위에 매달리는 상태.

을 부여해주는 존재다.

　연구를 통해 우리는 학생과 멀리 떨어진 교육청 부서들(전산, 재무 등)은 직장 문화에 관해 거의 똑같은 문제를 언급했음에도 몰입과 안녕감 점수가 높지 않다는 사실을 알게 되었다. '목적 근접성'이 현저히 낮은 까닭에 교사나 교직원보다 몰입과 행복 수준이 상대적으로 낮은 것이다.

　그리고 아무런 개입도 하지 않은 대조군 학교의 경우에는 인정, 소통, 피드백 점수가 평균적으로 14점 더 낮았다. 화이트사이드는 교직원들이 감사, 공감, 낙관주의의 중요성을 학생들에게 가르치는 과정을 통해 자신도 강력한 문화를 육성하고 구축하는 데 필요한 힘을 기르게 된다고 주장했다.

　행복의 사회적 전염에 관한 니컬러스 크리스태키스 Nicholas Christakis 와 제임스 파울러 James Fowler 의 연구는 이를 뒷받침하는 증거다. 의사이자 의료사회학자인 크리스태키스와 정치학자인 파울러는 프레밍험 Framingham 마음 연구의 일환으로 수십 년 동안 5000명에 가까운 사람들의 관계를 추적했다.

　이 연구에서 행복이 전염병처럼 전파된다는 멋진 사실이 밝혀졌다. 연구진은 행복(안녕감)이 가족, 친구, 이웃 등의 사회적 관계망을 통해 쉽게 이동한다는 사실을 발견했다. 행복한 사람을 알면 자신도 행복해질 가능성이 15.3퍼센트 더 높다. 800미터 이내에 사는 친구가 행복하면 자신도 행복할 가능성이 42퍼센트 더 높다. 하지만 그 친구가 1.6킬로미터 떨어진 곳에 산다면 그 영향력은 22퍼센트로 떨어진다. 바로 옆집이 행복하면 자신도 행복할 가능성이 34퍼센트 더 높지만 같은 블록에 살더라도 나머지 이웃은 아무런 영향을 미치지 않았다.[41]

감정이 바이러스처럼 전파될 수 있음을 보여주는 증거가 이게 처음은 아니다. 웃는 얼굴로 손님을 응대하는 웨이터는 팁을 더 많이 받는다는 연구 결과도 있다. 반대로 우울, 외로움, 불안, 자살 충동과 같은 정신건강 상태도 바이러스처럼 퍼질 수 있다. 한 연구는 대학 신입생들을 분석한 결과 룸메이트에게 가벼운 우울증이 있으면 같은 방에서 생활하는 학생의 우울감도 상승한다는 사실을 발견했다.[42]

우리의 연구는 일부 학생에게 대면 수업이 더 나은 선택일 수 있는 이유를 설명한다. 특히 락다운 기간 중 온라인 수업은 교사와 학생 모두에게 어려움을 안겨준 것으로 드러났다.

연구에서 도출된 가장 중요한 시사점은 신뢰 관계를 뒷받침하는 공동의 언어에 투자하면 교육계 종사자들이 상대하는 여러 이해관계자 사이의 입장 차이를 좁힐 수 있다는 사실이다. 고용주들이 조건 없는 지원으로 신뢰를 높이고 고립된 관계를 줄였더라면 앤은 번아웃을 피할 수 있었을지도 모른다.

번아웃에 관해서는 교육계와 의료계가 선두를 달리고 있지만, 기술 기업들 또한 그 뒤를 바싹 추격 중이다.

기술 기업의 번아웃

기술 기업들은 상시 연결의 문화를 열어 놓고 회사에서 생활이 가능할 정도로 '복지 혜택'을 퍼붓는 바람에 업무량이 슬금슬금 늘고 있다. 이러한 관행이 전하는 메시지는 분명하다. 기술 업계에서 성공하려면 언제든 일할 수 있는 상태여야 하며 집에는 되도록 가지 않는 것이 좋다는 것이다. 곧잘 숭배의 대상이 되곤 하는 일론 머스크[Elon Musk]는 이런 트윗을 올린 것으로 유명하다. "쉽게 일할 수 있는 곳이 많지만, 누구도 1주일에 40시간 일해서는 세상을 바꿀 수 없다."

머스크의 트윗에 달린 타래를 보면 더욱 경악스럽다.

@margrethmpossi

@elonmusk 님에게 보내는 답글

세상을 바꾸려면 1주일에 몇 시간 일하면 되나요?

@elonmusk

사람에 따라 다르지만 꾸준히 80시간씩 일하고, 때에 따라 최대 100시간은 일해야죠. 다만 80시간이 넘어가면 고통이 기하급수적으로 커집니다.

이것은 심각한 문제다. 갤럽 분석 자료에 따르면 주당 평균 근무시간이 50시간을 초과하면 직무 번아웃 위험이 크게 상승하고 주당 60시간이면 훨씬 더 높아진다.

　그런가 하면 실리콘밸리의 우버 직원들은 새벽 2시까지 일하는 게 일반적이라고 말한다. 〈뉴욕타임스〉에 실린 기사에 따르면 아마존은 "부활절 일요일과 추수감사절에 마라톤 화상회의를 하고, 휴가 중 인터넷 접속이 뜸하면 상사에게 잔소리를 듣기 일쑤이며, 밤은 물론 주말마다 집에서 일하는 경우가 허다하고, 암 치료나 큰 수술, 유산 직후 돌아온 직원들에게 낮은 성과 등급을 준다"고 한다.[43]

　기술 업계는 전 세계적인 팬데믹의 여파에 직면해 있으며 앞으로 몇 년간 그 영향을 느끼게 될 것이다. 2020년은 226명의 구글 직원들에게 커다란 전환점이었다. 2021년 1월 4일, 빅테크(대형 기술 기업)로서는 최초로 직원들이 노동조합을 결성한 것이다. 이 소규모의 직원 노조는 미국의 대형 노동조합 중 하나인 미국통신노조에 가입했다.

　〈뉴욕타임스〉의 한 논평은 이번 노조 결성이 구글에서 '사업 및 운영상의 결정'을 둘러싼 갈등이 고조된 결과라고 주장한다. 팀닛 게브루Timnit Gebru가 회사를 떠나면서 노조 결성에 가속도가 붙었다. 게브루는 세계적으로 명성이 높은 인공지능 윤리 연구원으로, 구글의 핵심 사업인 대규모 언어 모델의 잠재적 위험성을 지적했다. 이 비판으로 거대하고 중요한 논쟁이 촉발되었고, 급기야 게브루는 회사 측으로부터 일방적인 해고를 당한다. 이 사건은 기술 제품화 과정의 다양성 결핍에 관한 의문을 제기했고, 그동안 이러한 목소리가

무시되었다는 논란을 불러일으켰다.[44]

이는 한 회사에만 해당하는 문제가 아니다. 안타깝게도 전 세계 노동 인력의 다양성 결핍은 오랫동안 만연한 문제이며 모든 취약 집단의 번아웃에 심각한 영향을 끼친다. 그러나 기술 업계는 경영진의 성별 다양성 면에서 한쪽으로 대단히 편중되어 있다.

나는 인사관리협회에 발표한 논문 '기술 직종의 성별 격차 해소'에서 여성은 미국 노동 인력의 절반 이상을 차지하지만 남성 지배적인 기술 업계에서는 컴퓨팅 직군의 26퍼센트만을 차지해 매우 불균형한 상태이며, 전미여성정보기술센터에 따르면 이마저도 몇 년간 꾸준히 감소했다고 썼다. 여성은 상위 11개 미국 거대 기술 기업에서 소수 집단이며, 회사에서 평균적으로 기술직의 약 16퍼센트를 차지한다. 전미여성정보기술센터에 따르면 기술 업계에서 여성 이직률은 남성의 2배이며, 그중 56퍼센트는 경력 중간에 회사를 그만두는 것으로 나타났다.[45]

투자 플랫폼 퀀토피안에 의하면 기술 관련 특허를 소유한 여성은 8퍼센트 미만에 그침에도, 여성이 제품을 개발하고 회사를 이끄는 조직은 여성을 더 많이 채용하고 다양성이 높을 뿐 아니라 남성이 최고경영자인 기업에 비해 3배 더 높은 성과를 낸다고 한다. 다양성이 높은 기업들은 이직률도 22퍼센트 낮았다.

호주의 컨설팅 기업 PwC의 전 파트너이자 최고인사책임자인 도로시 히스그로브Dorothy Hisgrove는 "사람은 자신이 보지 못한 것이 될

우리 중 가장 취약한 사람들

수 없다"라고 말했다. 인터뷰에서 히스그로브는 여성이 기술 기업을 떠나는 이유는 집안 사정 때문이 아닌 경우가 많다고 밝혔다. "데이터에 따르면 퇴사 여성 중 다수가 자기 사업을 시작합니다. PwC가 리더십 개발 기회나 성과 평가의 투명성, 특히 공평한 승진 기회를 보장함으로써 직원 유지율이라는 더 큰 문제에 신경을 쓰는 이유가 여기에 있습니다."

직원은 경영진 레벨까지 올라간 자기 모습을 또렷이 그려볼 수 없을 때, 자신의 가치가 떨어진다는 느낌을 받게 된다. 기술 업계는 이미 지속 불가능한 근무시간을 강요하고 있으며, 승진 기회를 놓치지 않으려고 난자 냉동까지 하는 여성들을 떠받드는 분위기다. 그런데도 여성이 이 업계에서 성공적으로 고위직까지 오를 확률은 11퍼센트에 불과하다.

이것은 비극이다. 진정한 예방 전략은 난자 냉동을 지원하는 것이 아니라 유급 육아 휴직을 우선적으로 보장하는 것이다. 혹자는 이런 궁금증이 들 수 있다. 육아 휴직이 어떻게 특전으로 여겨질 수 있지? 그건 의무 사항 아닌가?

유니세프의 2019년 보고서는 세계의 부유국 중에서 어느 나라가 가장 가족 친화적인지 분석했다. 이 보고서는 OECD와 EU에 속한 41개국의 데이터를 토대로, 이들 국가 중 절반만이 임산부에게 최소 6개월치 급여를 전액 지급한다고 밝혔다. 그리고 미국은 국가의 법정 유급 출산 또는 육아 휴직이 없는 유일한 나라였다. 따라서 미국에서는 육아 휴직이 특전이다. 당연히 바람직한 현상은 아니지만, 육아 휴직이 전 세계 표준이라는 주장도 사실이 아니다. 휴직이 보장된 경우라도 엄마들은 아기와 유대감을 형성할 시간이 있지만 아빠들은 그러지 못한다. 아빠에게는 예외적으로만 그럴 기회가 주어진다.

HPE의 부사장 겸 최고인사책임자 앨런 메이는 이 부분에서 앞장서고자 노력 중이다. 아이를 출산하거나 입양한 모든 남녀 직원을 위해 6개월의 전액 유급 휴가 제도를 도입한 것이다. 어떤 나라에서는 대수롭지 않은 일일 수도 있지만 메이는 이것이 언젠가 미국의 표준이 되기를 희망한다. 진보적인 회사라서가 아니라 그것이 옳은 일이기 때문이다. 이 정책을 더욱 확장해 HPE는 출산 혹은 입양 후 3년까지 (남녀 모두) 완전한 고용을 보장한 시간제 근무를 허용하기로 했다. 메이는 남녀 모두에게 기회를 주는 것이 중요하다고 생각했다. 그는 이렇게 설명한다. "생후 1~2년 사이의 육아에 관한 의학과 심리학 분야의 증거를 살펴보면 이런 정책이 모든 집단을 위해 꼭 필요하다는 걸 알 수 있습니다."

기술 분야 여성의 번아웃 예방을 위해 우리는 포용적인 문화를 만들어야 한다. 여성과 남성 모두에게 유급 출산휴가를 쓰도록 장려함으로써, 여성이 아이를 가지려고 휴직을 할 때 야망 없는 사람으로 비칠까 봐 걱정하지 않아도 되는 환경을 만들 수 있으며, 또한 주 양육자가 되는 일에 관심 있는 남성도 주변의 시선을 신경쓰지 않을 수 있다.

인텔의 보안연구팀 본부장 이사우라 가에타^{Isaura Gaeta}는 롤모델과 멘토링의 중요성에 공감한다. 가에타는 엔지니어링 조직들이 대단히 성차별적인 방식으로 설계되어 있어서 업계가 '구조적 편견'에 시달리고 있다고 주장한다. "인텔에는 두 개의 경력 사다리가 존재합니다. 하나는 본부장까지 올라가는 관리직 사다리이고 다른 하나는 기술직 사다리입니다. 기술직 사다리에서 가장 높은 직책을 '인텔 펠로'라고 부르는데, 그 명칭만으로도 성차별적임을 알 수 있습니다.[•] 그러니까 저희가 기술직 리더에 대한 고정관념을 지우는 문제에 관심을 둬야만 좀 더 포용적인 조직이 될 수 있겠죠."

메디데이터 솔루션즈의 부사장 겸 최고인사책임자 질 라슨^{Jill Larsen}은 배움과 도전적인 목표를 추구하는 문화에 직원 유지율의 열쇠가 있다고 믿는다. 그는 이 회사가 도전적인 과제를 수행 중인 사람에게 필요한 지원과 지침을 제공하고 '맡은 역할에서 거둔 성공을 가시화해 성취를 부각시킨다'고 설명했다.

기술 업계 여성들의 번아웃을 방지하려면 롤모델과 멘토링 외에도 동료의 지지가 필요하다. 가에타는 경력 초반 10년 동안 외롭고 힘든 기간을 보냈지만, 자신이 기술 업계에 계속 머물 수 있었던 것은 공식·비공식적인 네트워킹 덕분이었다고 말한다. 같은 분야에

● 연구원이라는 뜻으로 사용되는 영어 단어 펠로^{fellow}는 기본적으로 '남자'라는 의미가 있다.

서 활동하는 여성 동료들을 만난 후에야 마침내 소속감을 느끼고 누군가 내 목소리에 귀 기울인다는 느낌을 받았다는 것이다.

기술 업계의 모든 리더가 일론 머스크처럼 생각하는 것은 아니다. 팟캐스트 진행자이자 써티파이브 벤처스의 공동창업자 리치 클레이먼Rich Kleiman과의 인터뷰에서 트위터와 스퀘어의 창업자 겸 최고경영자인 잭 도시Jack Dorsey는 젊은 스타트업 창업자들이 번아웃을 걱정해야 하느냐는 질문을 받았다. 도시는 분명하게 대답했다. "100퍼센트 그렇습니다."

도시는 하루 4시간만 자고 20시간씩 일하라는 머스크의 제안을 "말도 안 되는 소리"이며 개인의 성장을 제한하는 말이라고 일축했다. "쉬지 않고 일하면 선택의 여지가 없어질 수 있습니다. 열심히 일하느라 다가오는 기회를 알아보지 못할 수도 있죠."[46]

주 60시간 근무를 미화하는 세태에 반발하는 리더들이 모든 업계에 걸쳐 더 늘어나야 한다. 번아웃에 대한 무신경한 태도는 위험하다. 과로를 고성과의 표지로 숭배하는 문화를 끝내야 한다.

모든 일을 다 할 수는 없다

〈하버드비즈니스리뷰〉에 쓴 기사 '열정이 번아웃으로 이어질 때'에서 나는 "사랑하는 일을 하면 평생 하루도 일하지 않게 될 것"이라는

우리 중 가장 취약한 사람들

오래된 격언에 의문을 제기했다.[47] 그리고 그럴듯한 발상이지만 이는 완벽한 착각이라는 결론을 내렸다. 나는 말한 대로 실천하기가 얼마나 어려운지 잘 알고 있다. 앞서 이야기했지만, 팬데믹 기간 중 번아웃에 관한 책을 쓰면서 나 자신의 번아웃 위기를 걱정한 순간이 몇 차례 있었기 때문이다.

가장 힘든 장애물은 나 자신을 벗어나 나의 보스가 되는 일이었다. 어떤 과제에 한참 몰입한 상태에서는 자기 인식을 잃어버리기 쉽다. 그래서 도구와 알림을 사용해 자신을 일에서 분리할 필요가 있다. 정말 좋아하는 일을 하는 사람은 자기가 과로하고 있는지 그저 일이 좋을 뿐인지 명확히 알기 어렵다.《성격 저널Journal of Personality》에 게재된 한 연구에 따르면 이런 유형의 노동은 조화 열정이 아닌 강박 열정을 불러올 수 있으며, 내적 갈등이 높아져 마침내 번아웃으로 이어질 수 있다.[48]

우리는 조화 열정을 추구하고 조화 열정이 조직 문화 전반에 스며들 수 있도록 노력해야 한다. 목적의식과 열정은 직장 내 행복 및 직원의 안녕감 상승과 높은 상관관계가 있기 때문이다. 번아웃의 위험이 있기는 하지만, 또렷한 목적의식으로 일에 몰입할 때 느끼는 기쁨을 억누르려 해서는 안 된다.

조직 내에서 번아웃의 위험이 가장 큰 사람이 누구인지 인식하고, 일을 사랑하는 상태와 일에 집착하는 상태 사이에서 균형을 잘 맞출 필요가 있다.

나는 "그 많은 일을 어떻게 다 하세요?"라는 질문이 그리 달갑지 않다. 이 질문은 십중팔구 여성에게만 던져진다는 점에서 극도로 성차별적일 뿐만 아니라 솔직하게 대답하고 싶지 않은 질문이기도 하다. 실제로 어떠냐고? 모든 일을 다 하지 못하고 있다. 이건 다른 사람들도 마찬가지다. 마치 전쟁터에서 부상병을 분류하듯 "누가 피를 제일 많이 흘리고 있는가?"와 같은 기준으로 할 일을 분류하고 무엇부터 신경 쓸지 결정해야 하는 상황이 너무나 자주 벌어진다. 계속 이런 식이어서는 곤란하다.

완벽주의적 염려 성향이 있든 없든 우리는 모두 과로의 위험에 처해 있다. 업무 과부하 상황이 닥치면 스스로 물어볼 필요가 있다. 업무량이 내 통제를 완전히 벗어난 다른 이유로 이렇게 감당하기 어려운 상태가 된 것인가, 아니면 나도 거기에 일정 부분 책임이 있는가? 다음과 같은 질문을 던져보라.

- 현재의 업무량을 달성하는 데 집중해야 한다는 걸 알면서도 계속 새로운 일을 자진해서 떠맡는가?
- 너무 버겁다는 느낌이 들 때 그 사실을 다른 사람에게 알리는가?
- 나는 타인에게 일을 잘 분배하는가?
- 나에게 힘을 주는 일과 나를 지치게 하는 일을 파악했는가?
- 집중력을 흩뜨리는 요인을 관리하는가?
- 업무 외의 다른 관심 분야가 있는가, 아니면 일에 인생을 바치는가?

우리 중 가장 취약한 사람들

• 직장에 의지할 수 있는 친한 친구가 있는가?

바람직하지 않은 행동을 몇 가지 하고 있다면 당신은 스스로 업무량을 늘리는 데 일조하고 있는 셈이다. 며칠간 자신을 지켜보면서 이러한 행동이 언제, 어디서 나타나는지 관찰하라. 관찰은 효과적인 관리의 첫걸음이다.

1. 소외에 대한 두려움을 버려라. 다음 몇 주간의 일정을 검토하라. 그 약속 중에서 몇 개가 일과 관련되어 있고 어떤 약속들이 업무상 꼭 참석해야 하는 일인가? 친목 행사에 얼굴을 비추거나 주민자치 위원회에 꼭 참석해야 한다고 생각할 수도 있지만, 끊임없이 버거운 업무량을 감당해야 하는 상태라면 뭔가를 포기해야 한다. 솔직히 털어놓자면 내가 그랬다. 나는 내 지역사회를 위해 '얼굴을 비추어야 한다'는 압박감 때문에 모든 요청을 다 받아들였다. 이제 와서 되돌아보니 참석을 요청받은 모든 행사에서 내 역량의 50퍼센트만 할애하는 대신, 한두 가지 행사를 골라서 거기에 충실하게 임했어야 했다.

2. 시간을 사수하라. 잘하는 일을 더 많이 하고 기운을 빼앗기는 일을 덜 해야 한다. 줌 화상회의로 진이 빠졌다면 전화 통화로 해결하고 시간을 절반으로 줄여라. 디지털 기기의 방해에 지쳤다면 부재중 메시지를 켜고 불가침의 시간을 확보하라. 창작의 시간이 더 필요하다면 하루 중 따로 시간을 내어 원하는 목표를 달성하라. 창작 활동에 몰입하고 스트레스를 줄이

는 것은 결국 번아웃의 위험을 낮추는 데 도움이 된다.

3. 친구를 찾아라. 직장과 집에서 기댈 사람을 발굴하라. 개인적으로나 업무적으로 더 건강해지고 더 높은 성과를 올리려면 건강한 인간관계가 필요하다. 그러한 관계를 키우기 위해서는 투자도 충분히 해야 한다. 일에만 매달리면 관계가 발전하고 성장하는 데 필요한 시간을 할애할 수 없다.

직장 친구들도 중요하다. 앞 장에서도 직장 친구의 가치에 관해 이야기했지만, 필요할 때 도와줄 거라 믿을 수 있는 동료들이 꼭 필요하다. 직장에서는 팀워크와 신뢰를 바탕으로 하는 상호 관계가 필요하다. 당신이 위기에 처했을 때 동료에게 의지할 수 있음을 아는 데서 오는 심리적 안전감은 스트레스와 번아웃을 완화하는 데 도움이 된다.

지금까지 번아웃의 위기에 놓인 몇 가지 부문을 집중적으로 살펴보았다. 그러나 다른 산업이라고 사정이 다르지는 않다. 번아웃 전문가조차 번아웃에 시달릴 수 있으며, 역할에 따라 상황은 그때그때 달라진다. 따라서 우리의 자기 지식, 자기 인식, 자기 연민에 번아웃 예방의 열쇠가 달려 있다.

번아웃과 싸우기 위해 가장 중요한 것은 팀워크일 수도 있다. 조직과 구성원 사이의 파트너십, 동료들 사이의 파트너십이 필요하고, 좋은 의도와 진정성 있는 행동을 따르는 경영진 내부의 파트너십 또한 필요하다. 우리는 자신이 맡은 역할과 그 역할이 너무 커져서 감당하기 버거워지는 순간을 인지해야 한다. 최악의 상황에서 우

우리 중 가장 취약한 사람들

리를 보살펴주고 보호해줄 다른 이들이 필요하다. 이 모든 것이 실패하면 생사의 갈림길에 설 수도 있다.

나는 파이스트와 통화 후 작별 인사를 하면서 그의 슬픔에 위로를 표했다. 그는 여전히 마음이 아프지만 언제나 희망을 잃지 않겠다고 말했다. 그의 활동은 6000만 명의 관심을 받았으며 그 수는 더욱 늘고 있다. 그는 이렇게 말한다. "우리는 서로를 보살펴야 합니다. 그러려면 문화가 달라져야 한다는 인식이 필요하죠. 저희가 문화를 대신 바꿔드릴 수는 없어요. 관련 법을 바꾸려고 힘쓰면서 다양한 방법으로 지원할 수는 있겠지만, 저 혼자는 할 수 없고 제가 하기에 적절한 일도 아닙니다."

문화는 모두가 함께 만들어가는 것이기 때문에 개개인의 욕망도 필요하지만, 결국 진정으로 변화를 불러오는 것은 전파력, 곧 집단의 의지다. 쉽지 않은 일이다. 문화가 본격적으로 자리 잡기까지는 오랜 시간과 수없이 많은 아주 작은 움직임이 필요하다. 하지만 일단 자리를 잡고 나면 그 효과는 막강하다.

2부

전략

3

좋은 의도가
나쁜 결과를
불러올 때

가끔 리더가 분위기를 제대로 읽어내지 못할 때가 있다. 팀이나 회사에 긍정적인 영향을 끼치고 싶은 마음이나 의지가 부족해서가 아니다. 진심 어린 공감이 문제다. 이 경우에도 황금률 2.0을 적용할 수 있다. 자신이 대접받고자 하는 대로 남을 대하지 말고, 남이 자기 자신을 대하는 대로 남을 대해야 한다.

새로운 정책이든, 위기의 시기에 마음을 다독이는 연설이든, 아니면 그냥 트윗 한 줄이든, 전략을 결정하거나 새로운 프로그램을 알리거나 팀과 소통할 때는 항상 상대방이 그 메시지를 어떻게 해석할 것인지를 염두에 두어야 한다. 아무리 좋은 의도가 있다 해도 공감의 리더십이 녹아 있지 않다면 목표 달성에 실패할 것이다. 혹은 소규모의 독점적인 집단만 만족하고 나머지 직원들은 소외당하는 더 나쁜 사태가 벌어질 수도 있다.

망가진 기업 문화

사회 초년생 시절, 나는 멋진 기업 문화로 잘 알려진 회사에서 잠시 일했다. 그 회사는 기업 문화 자체가 하나의 브랜드였다. 채용 과정에서도, 면접 중에도, 줄줄이 벽에 걸어둔 상장에서도 문화를 내세웠다. 사무실 자체도 깜짝 놀랄 만큼 아름다웠다. 지금 당장 '일하기 좋은 직장'의 견본 사진 촬영을 시작해도 좋을 만큼 완벽했다.

하지만 가까이 들여다보면 그 상장들은 수십 년 전 다른 경영진이 있던 시절에 받은 것이었다. 겉모습은 거죽에 불과하고 문화는 과거의 스타처럼 느껴질 수 있음을 깨닫는 순간이었다.

나는 직원들 사이에서 한동안 이 추락의 분위기를 느꼈다. 많은 이가 전성기를 즐기고 나서 갈피를 못 잡고 표류하는 느낌이었다. 한임원은 말했다. "회사가 좋을 때도 있고 나쁠 때도 있는 거죠. 좋은 시절이 다시 돌아올 거예요." 오래 근무한 임원에게 이것이 정상이라는 말을 들으니 안심이 되었다. 어느 정도 희망도 생겼다. 하지만 일년 뒤에도 문화는 전혀 개선되지 않았다. 오히려 훨씬 나빠졌다.

회사는 다소 색다른 인재들을 영입하면서 분위기 전환을 꾀했지만, 그들 대부분은 오래 버티지 못했다. 동경했던 문화는 신규 입사자들이 만난 현실과 달랐고, 회사와의 합이 큰 문제로 떠올랐다. 사람들은 조직에 합류했다가도 어서 벗어버리고 싶은 까끌까끌한 옷을 걸친 듯 불편해했다. 그리고 임원진은 그들의 퇴사를 내심 반가워했다.

그곳에서의 계약 기간이 거의 끝나갈 무렵 나는 게임룸 앞을 지나다가 발걸음을 멈췄다. 전에도 여러 번 지나쳤지만 그날은 게임룸이 난생처음 본 것처럼 낯설게 느껴졌다. 전체가 통유리였기 때문에 밖에서도 사람들이 얼마나 재미있게 노는지 볼 수 있고 내키면 들어가서 함께할 수도 있는 곳이었다. 거기서 할 수 있는 일은 다양했다. 탁구대와 당구대가 있었고, 책을 읽거나 담소를 나눌 수 있는 소파와 의자가 놓여 있었으며, 손때 묻은 각양각색의 보드게임들이 약간 삐딱하게 쌓여 있었다.

그 순간 이 회사의 문화가 어디서부터 잘못되었는지 퍼뜩 깨달았다. 유리에 가까이 다가가니 당구대에 쌓인 먼지가 보였다. 큐대도 어디론가 사라지고 없었다. 탁구대는 벽으로 밀어붙여 놓았는데, 버려지고 망가진 의자들의 무덤 뒤에 거의 파묻힌 상태였다. 보드게임은 낡고 오래된 것들이었다. 나는 이 방이 제 용도로 사용되는 것을 2년 동안 딱 두 번 보았다.

사람들은 게임룸에 들어가지 않았다. 그곳을 활용할 시간이 없었기 때문이다. 업무량이 너무 많아서 게임을 할 생각조차 들지 않았다. 이 방은 회사의 열망이 현실과 일치하지 않음을 보여주는 상징적인 공간이었다. 그 방이 나에게 "다 거짓말이었어!"라고 소리치는 듯했다.

나쁜 문화는 먼지 쌓인 탁구대와 같다. 진정성이 없으면 실패한다. 회사에서 꼭 탁구를 치지 않아도 괜찮다. 신규 채용자와 직원들에게 그리고 브랜드에 대해 솔직한 편이 더 낫다. 기업 문화가 훌륭한 회사들도 게임룸이 없는 경우가 많다. 신뢰가 있어서 문화가 훌륭한 것이다. 그들은 자신이 말한 그대로의 모습을 보여준다. 그것이 신뢰를 쌓는 데 중요하다. 신뢰를 쌓으려면 회사의 속살을 드러내 보이는 것이 괴롭더라도 과감할 정도로 솔직해져야 한다.

무덤으로 변한 게임룸 없이도 문화를 구축하는 방법은 지향하는 모습을 확실하게 정립하는 것이다. 경영진이 회사가 지향하는 모습을 완벽히 이해할 때 그 핵심 가치에 부합하는 인재를 구할 수 있다. 남들이 부러워하는 문화는 현실이어야만 좋은 것이다. 현실이 아니라면 지키지 못할 약속에 불과하다.

추구하는 가치를 진정성 있게 대할 때 가짜 문화에 돈 낭비하는 일을 그만두게 된다. 당구대와 값비싼 장식품이 아니라 정말 중요한 부분, 즉 업무량 관리에 도움이 될 방편에 공을 들이게 되는 것이다. 다시 한번 강조하지만, 좋은 의도가 곧 예방책은 아니다. 다음은 좋은 의도가 빗나간 몇 가지 사례들이다. 바람직한 문화 위생이 뒷받침되지 않는다면 이러한 시도는 도움이 되기는커녕 오히려 번아웃을 키울 수 있다.

복지 혜택은 번아웃을 막을 수 없다

나는 명예 훈장 같은 특전을 내세우는 기업에서 수십 년 동안 근무한 직원들 몇 명과 대화를 나눈 적이 있다. 특전은 직장 내 행복을 보장해주는 황금 티켓이 아니고, 번아웃을 예방해주지 못했다.

실리콘밸리 소재의 대형 검색 포털 기업에서 근무하던 한 직원은 8년 만에 프로그램 관리자 역할을 그만둬야겠다고 판단한 건 단점이 장점보다 더 커져서였다고 밝혔다. 공짜 음식, 상시 개방하는 무료 체육관, 무료 셀프 세탁소, 볼링장과 배구장, 맞춤형으로 지어진 직원 전용 실외 체육공원은 정말 마음에 들었다. 급여도 만족스러웠다. 하지만 결국에는 "복지 혜택이 번아웃 속도를 따라잡지 못한다"고 느꼈다. "그 모든 복리후생은 착각이에요. 직원들을 일터에 붙잡아두고 더 높은 생산성을 발휘하도록 하는 수단일 뿐이죠. 저는 주말이나 휴가 때 제대로 쉬는 사람을 본 적이 없어요." 그는 동료들이 가족 대신 일과 프로젝트를 선택하고 결혼 생활이 파탄 나는 척박한 환경을 지적했다. "동료들은 스트레스 때문에 병을 얻고, 스트레스 때문에 일하다 울기도 하고, 한밤중까지도 이메일을 날리기 일쑤였어요."

실리콘밸리 기업들은 우리가 일상생활에서 사용하는 거의 모든 제품과 서비스를 혁신하고 누구보다 앞서 상품화하는 것으로 유명하다. 인재를 확보하고 경쟁에서 앞서기 위해 그들은 극도로 공격적인 모습을 보여야 하며, 거기에는 간혹 지나치다 싶을 만큼 엄청난 복지 혜택도 포함된다.

사내에서 누릴 수 있는 혜택은 직원들을 개인 생활에서 멀어지게 할 뿐이다. 물론 회사가 식사를 준비해주는 것이 일종의 혜택처럼 느껴질 수 있지만 회사 외부에서 가족이나 친구들과 함께 식사를 즐길 기회가 없다면 이는 더는 소중하지 않다. 음식을 준비하고 사랑하는 사람들과 함께 먹는 것은 건강과 수명에 중요한 요인이며, 전반적인 식생활을 개선하고 수명을 늘리는 효과가 있다.[1]

팬데믹 이전 평균적인 미국인이 외식에 지출하는 돈은 집에서 먹는 식료품비로 지출하는 돈을 웃돌았다. 코로나19 이전 평균적인 미국인은 매주 4~5회 정도 음식점에서 식사하거나 포장 음식을 이용했다.[2] 하지만 집에서 직접 요리한 음식이 건강에 더 유익하다는 연구 결과가 있다. 한 연구는 대만과 호주에서 남녀의 요리 습관을 분석했고 주당 최대 5회 집에서 요리할 경우 10년 뒤 생존 확률이 47퍼센트 증가한다는 사실을 발견했다.[3] 건강한 인간관계도 더 높은 행복 수준 및 수명 연장과 관련이 있다고 하니, 집에서 하는 식사를 온 가족이 모이는 시간으로 활용할 수도 있겠다.

한 연구에 의하면 일주일에 적어도 4일 이상 자녀들과 저녁 식사를 할 경우 자녀들의 어휘력이 1000단어 정도 더 늘 수 있고, 정기적인 식사 시간은 학교생활, 숙제, 운동, 예술 활동에 쓰는 시간보다 더 강력하게 높은 성적을 예측해준다고 한다.[4]

이 모든 결과는 회사에서 살다시피 지내는 것이 직원의 전반적인 행복감에 좋은 영향을 끼치지 않는다는 것을 명확히 보여준다. 게다가 직원 대다수가 근무시간 이후 회사에 남아 있으면 남들 눈에 띄게 더 일하는 모습을 보여야 한다는 죄책감의 문화가 만들어질 수 있다. 더 오래 일한다고 해서 생산성이 높아지는 것은 아니므로, 결국 회사의 수익에도 그다지 도움이 되지 않는다. 직원들의 건강한 식생활이 무너지고 인간관계도 함께 나빠진다면 결과적으로 행복감을 증진하려는 노력을 역행하는 셈이다. 이른바 '특전'은 신뢰와 지지를 보여주려는 수단으로 도입되지만 번아웃으로 이어지는 경우가 너무나 많다.

팬데믹은 기업들을 안락한 사무실 밖으로 끌어내어 온라인 세계로 내던졌다. 결과는 어땠을까? 재택근무를 주로 하는 직원들은 회사에 출근할 때 못지않게, 아니 그보다 더 생산적으로 일했다.

직장이 코로나로부터 좀 더 안전해지고 각종 제한이 해제되면서 직원들을 사무실에 복귀시키려고 애쓰는 회사들이 많았지만, 몇몇 회사들은 재택근무 정책을 무기한으로 이어나갔다.

CNBC 보도에 따르면 코로나 이후 1년에 14일 이상 재택근무를 희망하는 구글 직원들은 공식적으로 이를 신청할 수 있게 되었다. 구글은 재택근무를 제일 먼저 도입하지는 않았지만, 직원들이 일주일에 3일은 사무실에서 일하고 나머지는 집에서 일하는 탄력 근무제를 검토할 예정이다.[5]

"저희는 유연한 근무 모델이 더 높은 생산성, 협업, 안녕감으로 이어질 거라는 가설을 시험해보는 중입니다." 알파벳과 그 자회사 구글의 최고경영자 순다르 피차이Sundar Pichai는 이메일로 이같이 설명했다. "저희와 비슷한 규모의 어떤 회사도 완전한 하이브리드 근무 모델을 도입한 적은 없습니다. 몇몇 회사가 검증을 시작하고 있기는 하지만요. 따라서 이것은 흥미로운 시도가 될 것입니다."

NBC 뉴스는 다른 회사들도 선례를 따르는 중이라고 보도했다. 마이크로소프트는 탄력 근무제를 보완하여 완성할 예정이고, 페이스북 최고경영자 마크 저커버그Mark Zuckerberg는 향후 10년 동안 전체 직원의 절반이 원격으로 일하게 될 거라고 말했다. 트위터는 희망하는 모든 직원에게 무기한 재택근무를 허용한다는 방침을 확정했다.[6]

기술 업계는 하이브리드나 탄력 근무 옵션을 허용함으로써 좋은 본보기를 세우고 있다. 직장 전문가들은 예전부터 직원들이 생산적으로 일할 수 있는 장소를 좀 더 유동적으로 고려해야 한다고 주장했다. 이러한 변화는 번아웃의 위험을 확연히 낮출 것이다.

가장 높은 생산성을 발휘할 수 있는 업무 환경을 선택할 권한이 주어지는가는 직장 내 안녕감에 큰 영향을 끼친다. 이러한 하이브리드 솔루션은 고용주와 직원 사이의 건강한 타협점이다.

새로운 방식을 시험해보고 그것이 효과적임을 깨달은 결과 탄력 근무제나 하이브리드 근무제가 등장했다. 하지만 언제든 예전의 패턴으로 돌아가기가 너무나 쉽다. 팬데믹 이후 직원들의 사무실 복귀를 유도하기 위해 어떤 회사들은 사무실 근무 시 더 많은 특전을 약속했다. 좋은 취지를 제대로 살리고 싶다면 이러한 옵션을 제공하되 사무실 복귀 근무를 당연한 것으로 기대하지 않는 분위기를 만드는 것이 핵심이다. 그러려면 모든 수준의 리더십에서 다음과 같은 건강한 습관의 모범을 보여야 한다.

- 직원들이 삼시 세끼를 회사에서 먹거나 필요 이상으로 늦게까지 회사에 머문다면 관리자가 상황을 점검해야 한다. 일부 팀원에게는 그것이 이상적인 방법일 수도 있지만 누구에게나 그렇지는 않다.
- 늦게까지 회사에 남아서 일을 하거나 시설을 사용하고자 하는 사람이 있다 해도, 그러한 선택을 내린 사람이 팀 플레이어로 보상을 받아서는 안 된다.
- 바람직한 기업 시민의 본보기로 집에 가서 가족과 함께 시간을 보내거나 사회 활동을 하는 사람들을 칭찬한다.

지식 노동자에게 직장의 물리적 위치는 예전만큼 중요하지 않고, 이에 따라 직장 생활의 의미도 크게 달라졌다. '재택근무 번아웃 예방을 위한 세 가지 팁'이라는 기사에서 로라 주르지Laura Giurge와 버네사 본스Vanessa Bohns는 어떻게 하면 집에서 재택근무가 아닌 직장 생활을 하는 불상사를 피할 수 있는지 설명했다.

이들은 애리조나주립대학교 블레이크 애시포스Blake Ashforth의 논문을 인용하면서 물리적 경계와 사회적 경계를 유지하는 것이 중요하다고 강조했다. "사람들은 업무 역할에서 업무 외 역할로 넘어갈 때 '경계 넘기 활동'을 통해 선을 긋는다. 출근용 옷으로 갈아입거나 집에서 직장까지 출퇴근하는 것은 뭔가가 달라졌음을 나타내는 물리적·사회적 표식이다."[7]

관리자는 직원들이 단순히 일을 더 일찍 시작하려고 아침 루틴을 거르지 않도록 배려해야 한다(이런 경우는 2020년에 부쩍 늘어났다). 특히 재택근무자들은 경계 넘기 활동을 계속 유지할 필요가 있다. 너무 일찍 온라인에 접속하거나 너무 늦게까지 접속을 유지하지는 않는지도 확인해야 한다.

팀 규칙을 만들어서 정해진 시간 이후에는 업무 알림을 꺼두고 직원들이 부재중 메시지를 활용해 공식적으로 퇴근했음을 표시할 수 있도록 하라. 아이를 키우는 직원이 집에 일이 생겨 휴가가 필요하다면 매번 예외적으로 허용할 것이 아니라 규칙에 따라 당당하게 쉴 수 있게 하라. 모든 직원은 자율적으로 상황에 따른 판단을 내려 아픈 아이를 학교에서 데려오거나 아이를 데리고 진료를 받으러 갈 수 있어야 한다.

좋은 취지를 실현하려면 우선 인간 중심의 기업 문화가 밑받침되어야 하고 성과 지표는 그다음이다. 수백 년 동안 리더와 직원의 관계는 거래적이었기 때문에 이런 주장을 받아들이기 어려울 수도 있다. 전통적으로 고용주는 어떤 일을 하기 위해 직원을 고용하고,

직원이 그 일을 하면 고용주가 급여를 지급하고, 직원은 다음날 다시 출근해 일하는 형태였다.

그러나 그것은 위생 요인이지 동기 요인이 아니다. 오늘날 리더와 팀의 관계는 훨씬 복잡 미묘하다. 그 관계가 최적화되고 효율적으로 돌아갈 때, 그것은 최고의 연료가 되어 회사에 엄청난 경쟁 우위를 부여한다.

외부에서 인지하는 성공 척도도 물론 중요하다. 하지만 그것이 우선순위일 수는 없다. 선제적 개입은 오직 하나의 목표, 즉 직원의 건강과 안녕을 최우선으로 삼겠다는 목표만 염두에 두어야 한다. 생산성, 매출, 자금 조달, 성장, 주주 가치 등은 그 목표보다 조금 아래에 있다.

나머지를 위해 제일 중요한 목표를 희생해야 한다는 것은 완전한 착각이다. 오히려 첫 번째 목표를 제대로 달성하면 나머지 목표들은 틀림없이 기대치를 뛰어넘을 것이다.

오랜 경험이 있는 웰빙 전문가로서 나는 장담한다. 사례로 보나 증거로 보나 행복한 직원일수록 더 효율적으로 일하며, 행복한 기업 문화가 더 건강한 직장 네트워크 효과를 일으킨다.

워릭대학교에서 수행된 한 연구에서 다양한 개입을 통해 행복감을 느끼게 된 사람들은 약 12퍼센트 더 생산성이 높았다. 이 연구에서는 낮은 행복도가 생산성을 떨어뜨린다는 사실도 드러나, 연구진은 행복과 성과 사이에 인과관계가 있다는 결론을 내렸다.[8]

다른 연구에서 데이비드 와일드David Wyld는 직원 안녕감 상승이 고용 유지율과 연관된다는 사실을 알아냈고, 또 다른 연구에서 클라우디아 하세Claudia Haase와 동료들은 개인이 행복을 느끼면 업무와 학업 목표 달성에 대한 의욕이 커지고 실제로 목표를 달성할 가능성도 더 높아진다는 사실을 발견했다.[9]

또한 행복감이 높은 리더는 직원의 성공에 더 큰 영향을 끼친다. 357명의 관리자를 대상으로 한 조사에서 연구진은 그들의 기분 상태가 변혁적인 리더십과 어떠한 상관관계가 있는지 살폈고, 긍정 정서가 더 높은 리더들이 조직 내에서 더 큰 변화를 끌어낸다는 사실을 발견했다. 변혁적인 리더십이 있는 사람들은 창의력과 성과 수준이 높으며 조직 시민 행동●을 하는 경향이 있었다.[10]

'행복이 직업적 성공을 촉진하는가'라는 논문에서 줄리아 베임Julia Boehm과 소냐 류보머스키Sonja Lyubomirsky는 다음과 같이 설명했다. "종합해보면 횡단적·종단적·실험적 연구에서 나온 증거는 긍정 정서가 직장에서의 성공적인 성과로 이어질 수 있다는 가설을 뒷받침한다. 행복한 사람들은 자신의 일에 더 만족하고 직무 수행에 있어 자율성이 더 크다고 이야기한다. 그들은 덜 행복한 동료들에 비해 맡은 바 업무를 더 잘 수행하고, 다른 사람을 돕는 것과 같은 부가적

● 의무가 아니고 보상도 없으나 자신이 속한 조직의 발전을 위해 구성원들이 자발적으로 수행하는 부차적인 행동을 가리킨다.

인 일을 수행할 가능성이 더 크다. 동료의 사회적 지지를 더 많이 받고, 다른 사람과 소통할 때 협력적인 접근법을 더 많이 사용하는 경향이 있다."[11]

이들은 또한 "행복한 사람들은 결근과 같은 회피 행동을 할 가능성이 낮고 무직일 가능성도 더 낮다. 따라서 행복한 사람들은 전반적으로 더 성공적인 직장 생활을 누린다"라고 밝혔다. 직원들의 안녕감이 성공과 인과관계에 놓여 있음을 생각할 때, 리더들은 거기에 알맞은 리더십을 발휘하지 않을 수 없다. 안녕감을 우선순위로 삼으면 번아웃이 급격히 줄어들 것이다. 간단한 방정식이다. 인간 중심 전략의 강화는 곧 전체 조직의 성공과 번아웃 감소로 이어진다. 좋은 의도가 진정성 있는 행동과 합쳐지면 번아웃을 성공적으로 예방할 수 있다.

휴가가 성과로 이어지려면

2017년에 넷플릭스, 버진, 크로노스는 무제한 휴가 정책을 발표했다. 이들의 발표 이후, 글래스도어, 드롭박스, GE를 포함한 크고 작은 회사 수백 곳이 그 뒤를 따랐다. 아이디어는 빛났지만 결과는 그다지 화려하지 못했다.

무제한 유급 휴가는 이 방침을 적용받는 직원들이 시의적절하게 업무를 완수할 수만 있다면 필요한 만큼 휴가를 써도 좋다는 뜻이다. 이 정책은 번아웃 예방의 중요한 요소인 신뢰를 보여주려는 의도를 담고 있다. 하지만 계획했던 복지 혜택이 실현되지 않으면, 즉 사람들이 합리적인 선에서만 휴가를 사용하면 역효과만 나타난다.

인사 소프트웨어 회사 네임리는 12만 5000명의 고객 데이터를 분석한 '인사 호기심 해결사'라는 보고서에서 미국인들이 매년 7억 일 가까운 휴가 일수를 사용하지 못하고 남겨둔다고 밝혔다. 이 보고서가 인용한 한 연구에서 노동자의 80퍼센트는 관리자가 휴가를 권장한다면 좀 더 편안한 마음으로 휴가를 쓸 것 같다고 했다.

여러 연구를 통해 무제한 휴가 정책이 시행된 이후, 직원들이 사용한 연간 휴가 일수가 오히려 더 줄어든 것으로 드러났다. 무제한 휴가 제도를 적용받는 직원들이 연평균 13일만 휴가를 쓴 반면, 전통적인 제도를 따르는 직원들이 사용한 휴가 일수는 연평균 15일이었다.[12]

직원들의 복지를 지켜주고 그 대가로 성과를 끌어올리고 싶다면 휴가를 적게 쓸 때가 아니라 많이 쓸 때 성과가 높아진다는 사실을 명심해야 한다. 네임리 연구진은 "고성과자들은 연평균 19일의 휴가를 쓰는 반면, 고과 점수가 낮은 사람들은 14일만 휴가를 썼다"고 보고했다. 2012년 만하임대학교에서 실시한 연구는 "업무로부터의 심리적 분리", 즉 수동적인 이메일 수신을 포함해 모든 형태의 업무에서 해방된 휴가가 행복과 직무 성과에 현격한 영향을 끼친다는

사실을 발견했다.[13]

진정한 인간 중심의 문화는 무제한 휴가 정책이 효과를 발휘하고 결국 번아웃을 예방하도록 보장하는 결정적인 요소다. 정책이 핵심 가치와 일치해야 한다는 뜻이다.

유연한 유급 휴가 제도가 올바르게 시행된 사례를 일렉트릭에서 찾아볼 수 있다. 뉴욕 기반의 이 IT 솔루션 회사는 전 세계 직원 수가 200명이며 그중 대략 165명이 뉴욕에서 상근직으로 근무한다. 나는 일렉트릭의 인사 본부장 제이미 코클리 Jamie Coakley 와 대화를 나누었다. 코클리는 코로나 기간 중 자신을 포함한 많은 직원이 유급 휴가를 사용하지 않고 있다는 사실을 깨달았다고 한다. 팬데믹 초반이던 2020년 3월, 코클리는 회사의 유급 휴가 관련 수치를 살펴보다가 여행 제한 조치 때문에 어디에도 가지 못해서 휴가 사용 일수가 줄었다는 것을 알게 되었다. 그리고 5월에 다시 수치를 살펴보았더니 직원의 70퍼센트가 5개월 동안 휴가를 겨우 이틀 썼다는 사실이 드러났다. 그가 보기에 이것은 적신호였다. "만성적인 생각의 흐름 때문에 이렇게 되었다고 봅니다. 여행을 취소한 후 다시 예약하지 못하는 상황에서 사람들은 '이 상황이 다 끝나면 여행을 떠날 수 있어'라는 생각 하나로 일하면서 버티게 되죠. 거기에다 두려움도 컸던 것 같고요."

코클리는 경영팀과 함께 머리를 맞대고 마음 편히 휴가를 낼 수 없는 직원들을 위한 대안을 구상하기 시작했다. 명상과 요가처럼 웰

　　　　　　　　　　좋은 의도가 나쁜 결과를 불러올 때

빙에 도움이 되는 프로그램을 도입했고 웰빙, 학습, 자기계발을 중점적으로 다루는 강사들도 초빙했다. 첫 번째 명상 수업은 호평을 받았다. 85명이 참여했다. 하지만 그다음 수업에는 10명만 참석했다. 세 번째에도 똑같은 10명만 나타났다. 직원들의 아주 솔직하고 전략적인 결정에 따른 결과였다.

"저희가 준비한 이벤트가 나빠서는 아니라고 생각해요. 사람들이 집에서 직장 생활을 하는 꼴이 되어버렸기 때문이었어요. 온종일 줌 회의가 계속되는 상황에서 그런 프로그램까지는 무리였던 거죠." 코클리는 말했다. "샌드위치를 만들어 먹거나 빨랫감을 집어넣거나 가족들과 앉아 이야기를 나눌 시간이 30분 밖에 없다고 생각해보세요. 그 시간에 또다시 줌 회의에 접속하고 싶지는 않겠죠."

이 일을 계기로 코클리는 어떻게 하면 직원들에게 실질적인 도움을 줄 수 있을지 연구하기 시작했다. 전체 팀에게 프로그램에 대한 평가를 요청해 사람들의 의견을 파악했다. 직원들은 솔직하고 적극적이었다. "명상을 하고 싶지는 않지만 자기계발에 계속 힘쓰고 싶기는 하다"라는 의견부터 "온종일 연달아 회의가 잡혀 있어서 쉴 틈이 없다"라는 호소까지 다양한 답변을 들었다.

코클리와 경영팀은 이 모든 상황이 직원들의 번아웃 위기에 어떻게 영향을 미쳤는지도 파악하려고 힘썼다. 우선 중대한 번아웃 위협을 해결하기 위한 방안으로 크게 세 가지를 꼽았다. 첫째, 직원들이 예전처럼 교류하며 지내지 못하더라도 모두가 좋아했던 예전의 사교적인 직장 분위기를 만들 방법을 찾아야 했다. 둘째, 우선순위를 끊임없이 조정하는 중이었으므로 모든 일을 가장 급한 일처럼 취급하는 풍토를 바꿔야 했다. 셋째, 직원들에게 약간의 여유와 유연성을 허용하고 무엇보다도 시간을 돌려줘야 했다.

　마지막 항목과 관련해 코클리와 일렉트릭 경영진은 팬데믹 중 좀 더 지속 가능하고 현실적인 휴가 방식을 도입했다. 한 달에 한 번 회사 네트워크를 완전히 끊고 아무도 일을 하지 못하게 한 것이다. 모두가 단체로 일손을 놓는 시간이었다. 쉬는 날에 대한 대가로 성과를 요구할 경우 생길 수 있는 업무에 대한 심적 부담감을 없앴다. 아울러 유연한 유급 휴가를 부여해 미리 계획하지 않아도 언제든 휴가를 떠날 수 있게 했다. 코로나19 기간 중 휴가를 미리 계획하기란 어려운 일이기 때문이었다.

　리더들은 서비스 데스크 팀에서 근무하는 비면제 노동자[●]의 숨통도 틔워주었다. 이 그룹은 하루 8시간 근무를 정확히 지켜야 하므로, 프로젝트 근무제를 도입해 날짜에 따라 몇 가지 다른 형태의 근무 체계를 운영했다. 코클리는 이렇게 말했다. "지금은 8시간씩 연달아 집중하기가 정말 힘든 시기잖아요. 저희는 다양한 유형의 노동자들에게 어떻게 근무 유연성을 부여할 수 있을지 고민해야 했어요."

　무엇보다도 관리자들은 설문을 보내 직원들에게 예전의 유급

● 　시간제 노동자로서 초과근무시 추가 수당을 받을 자격이 있는 노동자.

휴가 정책을 어떻게 생각하는지, 그리고 새로운 정책을 어떻게 생각하는지 의견을 달라고 요청했다. 그들은 "제대로 쉬고 있는가?", "여행 가능 여부와 상관없이 먼 미래에 대한 계획을 세우고 있는가?" 같은 질문을 던졌다. 새로운 정책은 유급 휴가 사용률을 높이는 데 도움이 되었다. 코클리는 업무에서 벗어나 절실했던 휴가를 즐기는 직원들이 늘었다고 밝혔다.

휴식의 가치를 전달하라

휴식이 우리에게 이롭다는 생각을 뒷받침하는 연구는 수없이 많다. 이 생각은 기업 문화에 스며 있어야 한다. 모두를 여기에 동참시키려면 이론을 뒷받침하는 증거를 보여주는 것이 중요하다.

휴식이 신체에 주는 이점은 상당하다. 미국국립보건원 산하의 심폐혈연구소가 후원한 한 연구는 관상동맥질환의 위험이 큰 남성 1만 2000명을 9년 동안 추적 관찰했다. 그 결과, 연중 자주 휴가를 떠난 사람들은 어떤 이유로든 사망할 가능성이 21퍼센트 낮았고 심장병으로 사망할 가능성은 32퍼센트 낮았다.[14]

갤럽의 연구에 따르면 정기적인 휴가를 위해 항상 시간을 내는 사람들은 갤럽-헬스웨이 웰빙지수에서 68.4점을 받았으나, 여행을 덜 다니는 사람들의 점수는 51.4점에 그쳤다.[15] 전문 서비스 기업 언스트앤영은 내부 직원을 대상으로 한 조사 결과, 직원들의 휴가가 10시간씩 늘어날 때마다 연말 고과 등급이 8퍼센트씩 더 높아지는

것을 발견했다.[16]

한 연구에서는 3일간의 휴가를 보낸 후 피험자들의 신체적 불편, 수면의 질, 기분이 휴가 전과 비교해 개선된 것으로 나타났다.[17] 휴가는 인간관계에도 유익하다. 《위스콘신의학저널 Wisconsin Medical Journal》에 게재된 한 연구는 휴가를 떠나는 여성이 결혼 생활에 더 만족한다는 사실을 발견했다.[18]

휴식과 재충전, 직장을 벗어나 가족 및 친구들과 함께 보내는 시간에 따르는 이 모든 이점은 당연히 번아웃 예방에도 도움이 된다.

모범을 보여라. 조직 내에서 리더는 열린 마음으로 열의를 다해 휴가를 써야 한다. 쉬는 동안에는 완전히 연락이 닿지 않아야 한다. 연락이 안 될 거라고 이야기하면서 자리를 비운 기간 내내 이메일에 답장을 계속해서는 안 된다. 로라 주르지와 케이틀린 울리 Katlin Wooley 는 '휴가 때 일하지 마세요. 진심으로'라는 기사에서 코로나19 위기로 인해 "우리가 일하는 방식과 때가 근본적으로 달라지고 있다"라고 썼다. 증거가 말해주듯 코로나19 위기 중 주말과 휴일에 일하는 사람이 더 늘어나면서, 고용주와 직원 모두에게 막대한 비용이 발생하고 있다.[19]

이들의 연구에 따르면 "일을 하면서 주말이나 휴일을 보내면 일을 계속하게 하는 가장 중요한 요인인 내재적 동기가 손상된다". 과로를 할 뿐 아니라 번아웃을 예방하는 동기부여 요인조차 날아가는

좋은 의도가 나쁜 결과를 불러올 때

이중 타격을 입는 것이다.

그렇다면 리더와 직원 모두가 직장 밖 시간을 즐기는 것이 중요하다는 사실을 어떻게 강조할 수 있을까? 리더들이 정말로 영향력을 발휘하고 싶다면 먼저 직원들에게 건네는 조언을 스스로 받아들여야 한다.

고성과를 재정의하라. 장시간 일하면 생산성이 높아진다는 구시대적 믿음은 일련의 연구를 통해 사실이 아닌 것으로 입증되었다. 스탠퍼드대학교 경제학 교수 존 펜카벨John Pencavel은 주당 50시간 이상 일하면 시간당 생산성이 급격히 감소한다는 사실을 발견했다.[20] 55시간이 지나면 생산성이 너무나 현저히 떨어져서 시간을 더 투입한 것이 아무런 의미가 없었다. 주당 70시간 일하는 사람은 55시간 일하는 사람과 생산성이 비슷했다.[21]

이러한 결과는 고성과의 의미를 재정의할 필요가 있음을 말해준다. 허핑턴 포스트 미디어 그룹의 회장인 아리아나 허핑턴Arianna Huffington이 잠을 더 자야 한다고 늘 강조하는 것처럼, 비생산적으로 일하는 시간을 줄이는 것이 멋진 일이라는 인식을 만들어야 한다. 근무시간 자체보다 관리 가능한 목표에 집중하는 것이 번아웃을 예방하는 길이다. 직원들이 번아웃에 빠지지 않고 휴가를 떠나기 바란다면 다음의 간단한 수칙을 따르게 하라.

- **부담을 분산하라.** 직원들이 자리를 비운 동안 대체 인력으로 지정된 사람들이 책무를 감당할 수 있는지 확인해야 한다. 관리자는 팀원이 휴가를 떠나기 직전에 중대한 프로젝트가 동료의 몫으로 떨어지지 않도록 팀의 업무 범위를 조정해야 한다. 그래야만 직원들이 자리를 비운 사이 동료에게 부담을 줄 수 있다는 불안감에 휩싸이지 않고 휴가를 떠날 수 있다.

- **기대치 조정을 지원하라.** 직원들이 휴가를 떠나기 전에 부재중 메시지를 설정하도록 하라. 상식처럼 보이지만 직장에 따라서는 이게 상식이 아닐 수도 있다. 자리를 비운 사이 이메일을 확인하거나 전화를 받지 못한다는 사실을 메시지로 명확히 밝혀두어야 한다. 복귀일에 하루 정도 여유를 두어 휴가에서 돌아온 첫날 업무를 재정비할 시간을 확보할 수 있도록 배려하라. 이해 관계자들에게는 미리 이메일을 보내게 해 떠나기 직전에 긴급한 요청을 했다가 당황하는 일이 없어야 한다.

말한 대로 실천하라. 이렇게 전폭적으로 지원하고도 직원이 자리를 비운 사이 그에게 이메일을 보내거나 그가 이메일을 보내도록 허용하면 좋은 의도가 잘못된 결과로 이어질 수 있다. 사무실에서 무슨 일이 벌어지든 온전히 휴가를 보장하는 것이 매우 중요하다. 관리자들은 누구도 자기 일을 대신 처리해줄 수 없다고 생각하기 때문에 이걸 힘들어할 수 있다. 하지만 그것은 착각이다. 자리를 비우기 전에 지원 체계를 갖추면 문제없을 것이다.

좋은 의도가 나쁜 결과를 불러올 때

이메일을 그날 보내지 않는다고 해서 누가 죽는 일은 없다는 점을 인식해야 한다. 고객이 낙담하거나 프로젝트가 지연되거나 누군가가 화를 내는 상황을 받아들여야 할 때도 있겠지만, 리더가 할 일은 직원을 지키는 것이다. 그런 완충장치 역할을 할 수 없다면 리더의 자격이 없다.

나는 개인적으로 몇 차례 이 부분에서 실수를 저지른 적이 있고, 회사보다 팀원들을 우선순위에 두지 못한 것을 두고두고 후회했다. 이런 상황은 고객이 긴급한 요청을 할 때 가장 많이 벌어진다. 우리는 그 요청 하나 때문에 모든 것을 포기하곤 한다. 하지만 나중에 알고 보면 그다지 급한 용건이 아닌 경우가 많았고, 우리의 정신건강만 나빠졌을 뿐이다. 되풀이되어서는 안 되는 일이다.

리더의 역할은 겉보기와 실제의 차이를 알아차리는 것이다. 누구나 자기 용무가 긴급하다고 여긴다. 직원 우선 전략을 받아들이면 실제로 긴급 상황이 벌어질 때 어떻게 대처할지 판단하기가 쉽다.

무언가가(혹은 누군가가) 시간을 훔치고 있다는 느낌이 든다면 어떻게 해야 할까? 시간 도둑질이라 불리는 이 상황은 만성적인 업무 스트레스의 원인이다. 웰빙이 또 하나의 일이 되면 그것 또한 시간을 지혜롭게 쓰지 못하고 있다는 죄책감을 줄 수 있다. 조직 내에서 그런 일이 어떻게 일어날 수 있는지 살펴보자.

의도는 좋은 웰니스 프로그램

스트레스에 대한 통계 분석 결과와 웰니스 산업의 성장 그래프를 비교해 보면 웰니스 산업의 성장에 따라 스트레스가 줄어드는 것이 마땅하다고 생각하기 쉽다. 안타깝게도 데이터와 그래프는 전혀 다른 방향으로 가고 있다.

2021년에 전 세계 건강·웰니스 산업은 4조 5000억 달러 규모로 성장했다. 기업용 웰니스 분야가 572억 달러의 매출로 높은 시장 점유율을 차지했으며, 2027년이면 그 규모가 974억 달러에 이를 것으로 전망된다.[22]

정신건강 부문은 2020년에 1210억 달러의 매출을 올렸다. 같은 해 건강과 피트니스 앱은 6억 5600만 회의 다운로드 수를 기록하며 성장을 계속했는데, 대다수 전문가는 팬데믹으로 인해 "소비자들이 집에 머물러야 했고 운동 습관과 전반적인 생활양식을 재정비했기 때문"으로 풀이했다.[23]

기업들이 새로운 방식의 온라인 커뮤니케이션에 눈을 돌리면서, 안타깝게도 기술 발달에 따른 번아웃 문제가 급속도로 커졌다. 팬데믹이 계속되면서 건강 앱에 관한 관심이 높아졌지만 스트레스는 기하급수적으로 증가했다. 뭔가가 제대로 전달되지 않고 있었다.

팬데믹 훨씬 전부터 피트니스 트래커와 그에 따른 걸음수 경쟁 또는 챌린지는 큰 인기를 끌었다. 이런 제품들은 2023년이면 연 매출 482억 달러에 도달할 것으로 예측되며, 급속한 성장의 원인은 '만성질환의 유병률 증가'에 힘입은 것으로 분석된다.[24] 이런 건강관리 앱이 팀의 결속력 형성에 아주 좋다고 말하는 이들이 있고, 직원들이 신체적으로 건강해야 결국 회사의 수익에 도움이 된다고 주장하는 이들도 있다.

맞는 말이다. 신체건강은 정신건강에 중요한 역할을 하며, 그것을 긍정적인 관계 구축과 결부시키는 것은 합리적인 판단이다. 하지만 좋은 의도만 앞세울 게 아니라 프로그램이 제대로 실행되도록 보장하는 것이 중요하다.

하버드의학전문대학원의 조교수 지루이 송Zirui Song이 시카고대학교의 학장 캐서린 베이커Katherine Baicker와 함께 공동 수행한 무작위 시험에서 한 가지 사례를 찾아볼 수 있다. 연구팀은 미국의 한 대형 창고형 소매업체가 도입한 피트니스용 웰니스 프로그램의 유효성을 연구했다. 3만 3000명 가까운 직원을 대상으로 한 연구에서 건강에 유익한 행동을 한다고 스스로 밝힌 비율은 측정 가능한 수준으로 늘어난 반면 "건강의 임상 지표, 의료비 지출이나 의료 기관 이용, 18개월 후 결근·근속 또는 직무 실적에는 유의미한 차이가 없"는 것으로 나타났다.[25]

《랜싯당뇨병내분비학Lancet Diabetes and Endocrinology》에 발표된 또 다른 무작위 대조군 연구에서는 건강을 개선하려고 피트니스 트래커를 사용하는 800명의 참가자를 14개월 동안 분석했다. 연구진은 실험 종료 후 피트니스 트래커가 시험 참가자의 전반적인 건강 상태에 아무런 영향을 끼치지 않았다는 사실을 발견했고, 이는 금전적 인센티브가 결부되었을 때도 마찬가지였다.[26]

기업들이 예전과 같은 근무 형태로 되돌아가지 않을 수도 있지만, 이런 종류의 복지 혜택이나 건강관리 전략을 재정비할 때는 그 방법이 얼마나 효과적이고 포용적인지를 고려해야 한다. 웰빙 프로그램을 좋은 의도로 도입하더라도 내재적 편향성을 띄고 있다면 해로운 영향을 끼칠 수 있다.

제안하는 내용이 시대의 흐름에 부합하는가? 누군가를 소외시키지는 않았는가? 이러한 관행을 올바른 이유로 도입하려 하는가? 진정성이 있는가?

사정상 활동량 챌린지에 참여하지 못하는 직원들은 수치심이나 죄책감을 느낄 수도 있다. 다른 직원들이 팀 점수를 올리고 더 좋은 주차 공간이나 공짜 점심을 얻을 때, 그러지 못하는 직원들은 배제되고 소외당하는 기분이 들 수도 있다. 걸음수 챌린지는 몸 움직임에 제한이 있거나 체중 문제가 있는 사람에게 밀착 감시당하고 있다는 기분을 안겨줄 우려가 있다. 어떤 사람들은 이런 식으로 자존감에 상처를 받으면 그 영향이 장기적으로 남기도 한다.

에밀리와 동료들의 사례를 살펴보자. 이 회사의 인사팀은 인기 있는 체중 감량 프로그램의 컨설턴트를 영입했다. 첫 상담 중 직원들은 프로그램 가입 시 제공되는 여러 가지 혜택과 더불어 일정 수 이상의 직원들이 가입하면 비용 할인을 받을 수 있다는 안내를 받았다. 가입 인원수를 못 채우자 인사팀은 에밀리를 사무실로 불러 가입하지 않은 데 대한 불만과 실망을 표현했다.

에밀리는 과체중 여성으로서 창피함을 느꼈다고 밝혔다. "팀 동료나 자신의 건강을 신경 쓰지 않는 사람"이라는 비난에 괴롭힘을 당한다는 기분을 느꼈다. 에밀리는 8개월 뒤 그 회사를 떠났지만 5년이 지난 후에도 그 사건을 "자존감에 지속적인 상처"로 남을 만큼 고통스러운 일로 기억했다.

전직 인사팀장 다린 필립스Darin Phillips는 또 다른 사례를 들려주었다. 그가 일했던 조직은 최고경영자와 최고운영책임자가 "건강보험에 들어가는 비용을 우려해서" 형편없는 웰니스 프로그램을 꾸준히 운영했다. "흡연자와 규칙적으로 운동을 하지 않는 사람들"을 콕 집어서 피트니스 트래커로 모니터링하는 프로그램이었다. 걸음 수 캠페인의 일환으로 활동량 추적 장치를 반드시 착용해야 했고, 500달러의 참가 인센티브도 내걸었다. 필립스에 따르면 "사람들은 확연한 체중 감량 효과를 보여주기 위해 체중이 많이 나가는 직원들을 자기 팀에 합류시키려 했다"고 한다. 타깃이 된 직원들은 프로그램 가입 후 체중을 감량해야 한다는 동료들의 압박을 자주 느꼈다. 하지만 중도에 포기하면 500달러를 포함해 프로그램이 제공하는 다른 혜택도 모두 내놓아야 했다. 필립스는 얼마 후 그 회사를 떠났다.

그러나 좋은 의도가 잘못된 결과를 낳더라도 언제든 시정할 수 있다. 적극적인 자세로 경청하고 배워서 경로를 조정할 수 있다. 새로운 정보, 조사 자료, 데이터를 받아들여 웰빙에 대한 현재의 사고 방식을 바꾸는 것이다. 이러한 도구들을 어떻게 좀 더 의미 있고 지속 가능한 방식으로 활용할 수 있을지 다시 생각해볼 필요가 있다.

다트머스대학교 컴퓨터과학과 교수 앤드루 캠벨Andrew Campbell은 피트니스 트래커를 활용하는 최적의 방법을 알아내기 위한 연구에 착수했다. 그리고 "직원들이 하루 중 나타내는 신체적·감정적 신호를 모니터하고 그 데이터와 성과 사이의 상관관계를 보여주는 시스템"을 개발했다.

캠벨은 자신이 스트레스를 받고 있다는 사실을 알더라도 그 스트레스가 성과에 어떻게 영향을 주는지 항상 자각하지는 못한다고 설명했다. 〈워싱턴포스트〉가 인용한 내용을 보면 캠벨과 그의 연구팀은 "직장인들이 그 정보를 보고 스트레스 수준이나 수면량, 혹은 당장은 분명하지 않을 수 있는 다른 요인의 영향을 받고 있는지 알게 해주고 싶었다"고 한다.

이를 위해 캠벨과 그의 연구팀은 한 하이테크 기업에 근무하는 다양한 직급과 직책의 직장인 750명의 '수동 감지 데이터'를 분석했다. 피험자들에게 웨어러블 피트니스 트래커를 착용시키고 심장 기능, 수면, 스트레스 그리고 체중과 칼로리 소모량 같은 측정치를 모니터했으며 스마트폰 앱으로 신체 활동, 위치, 전화 사용량, 주변 조명까지 추적했다.

그 결과 알아낸 사실은 아래와 같았다.

- 고성과자들은 휴대전화 사용량이 낮은 경향을 보였다.
- 그들은 성과가 낮은 동료들에 비해 수면 지속 시간이 더 길었으며 신체 활동도 더 활발했다.
- 성과가 높은 관리자들은 하루 중 이동량이 더 많았지만 근무시간 중 방문한 장소의 수는 더 적었다.[27]

인터뷰에서 캠벨은 스트레스에 관해 실시간 피드백을 주는 웨어러블 기기는 가치가 있다고 주장하면서 다음과 같이 말했다. "하지만 대다수 판매업체는 알고리즘을 공개하지 않으며 대부분 심박 변이도를 기본으로 합니다. 무작위 대조군 실험 없이 블랙박스 알고리즘●으로 나온 스트레스 측정 결과를 신뢰할 연구자는 없겠죠." 캠벨은 기업들이 블랙박스를 열고 알고리즘을 어떻게 구축했는지 설명해서 타당성을 검증받지 않는 한 직원들에게 상업용 웨어러블 기기의 피드백을 알려주는 일은 무의미하다고 말했다. 그리고 "신호보다 노이즈가 더 많다"고 덧붙였다.

핏비트의 최고경영자 제임스 박James Park은 인터뷰에서 그러한 생각에 동의했다. 박은 지난 13년 동안 핏비트가 사명에 충실했다고

● 어떻게, 무엇을 근거로 결과가 나왔는지 알 수 없는 알고리즘을 말한다.

생각한다. 이 회사는 운동, 영양, 수면이 건강 증진과 어떻게 맞물리는지 사람들의 이해를 돕기 위해 종합적인 접근법을 취했다. 그러다가 핏비트 센스를 출시하면서 스트레스가 이 모든 요소와 어떻게 맞물리는지 완전히 새로운 차원의 관점을 선보였다.

"저희는 사람들이 건강을 되찾고 유지할 수 있도록 어느 때보다도 더 열심히 노력하고 있습니다." 박은 말했다. "웨어러블 기기의 미래는 보이지 않는 것을 보이게 만드는 일입니다. 건강과 웰니스를 보다 잘 관리할 수 있도록 몸에 관해 더 많은 정보를 보여줘야 하죠."

핏비트가 웨어러블 기기로 어떻게 더 많은 신호를 얻고 노이즈를 줄이는지 알아보기 위해 나는 핏비트의 연구·알고리즘 디렉터 코너 헤네간Conor Heneghan에게 연락했고, 그는 방법론을 설명해주었다. "스트레스 추적의 중요성을 이해하려면 우선 스트레스를 받는다는 것이 무슨 의미인지 정의하고, 스트레스가 신체와 정신건강에 끼칠 수 있는 영향을 이해해야 합니다."

헤네간은 우리 몸에서 스트레스가 처리되는 방식을 다시 한번 상기해주었다. 스트레스 요인에 직면하면 교감신경계가 아드레날린과 코르티솔 같은 스트레스 호르몬을 분비해 투쟁-도피 반응에 대비한다는 것이다. 이것은 핏비트가 심박 변이도 및 피부 전도율과 같은 측정 방법에 투자한 이유다. "이 '보이지 않는' 기준을 추적하면 우리 몸이 언제 스트레스를 받는지 뚜렷한 징후가 없을 때도 인지할 수 있습니다." 헤네간은 말했다.

핏비트가 스트레스 추적을 미래 전략으로 삼고 있다니 반가웠다. 개인적으로 이것이 전반적인 건강 상태를 바라보는 좀 더 총체적인 방식이라고 생각하기 때문이다. 체력 단련은 웰빙의 중요한 부분이지만 그것이 전부는 아니다. 전체적인 그림에 조금 더 가까이 다가갈 수 있지만 완전하지는 않다. 오히려 피트니스 캠페인 자체가 스트레스를 줄 수 있다.

트래커나 웨어러블 기기, 앱을 모두가 받아들이지 않는다고 해서, 혹은 누군가 소외당한 기분이 들거나 창피함을 느낀다고 해서 기술을 탓해서는 안 된다. 그것은 조직의 잘못이다. 의도에 진정성이 있느냐 없느냐에 따라 기술의 수용과 이후의 성과가 앞당겨질 수도 있고 가로막힐 수도 있다.

새로운 것은 무엇이나 그렇듯이 장기적인 영향을 확인하기까지는 오랜 시간이 필요하다. 예를 들어 자신의 스트레스 수준을 알고 스트레스 반응을 관리하는 것은 직원들에게 유익하다. 하지만 문제를 스스로 해결하라고 개인에게 더 많은 데이터를 떠넘기는 격이 될수도 있다. 그 데이터가 실제로 어떤 도움이 되는가? 사람들은 이제 이렇게 말하지 않을 수 없다. "그러니까 제가 지금 스트레스를 받고 있다는 건 알겠는데 그게 전부 제 탓이라는 말인가요? 그 정보로 제가 뭘 어떻게 해야 하는데요?" 우리는 자기 돌봄을 다시 개인에게 떠밀고 있을 뿐이다.

게다가 리더들은 진퇴양난에 빠졌다. 도움을 주려면 직원들의 스트레스 상태를 알아야 하고, 그러려면 개인 데이터를 확인해야 한다. 프라이버시가 보호되지 않는다는 뜻이다. 이것은 꼬리에 꼬리를 무는 난제다.

이 난제를 풀어보겠다고 나선 회사가 하나 있다. 샌프란시스코 기반의 스타트업 프로덕트보드는 정신건강의 날을 지정하고 명상·웰니스 앱을 배포하는 데서 나아가 사람은 아니지만 팀원처럼 행동하는 슬랙봇 '프로이트'를 만들었다. 프로이트는 채널 가입, 파일 업로드, 메시지 전송 등의 작업을 통해 사람들이 소셜 협업 플랫폼 슬랙에서 정신건강에 관해 익명으로 대화할 수 있는 길을 열어준다. 누군가가 프로이트에게 메시지를 보내면 그 메시지는 익명으로 '정신건강톡' 채널에 게시되고, 사용자들은 조언, 피드백, 공감을 댓글로 공유할 수 있다.

이 프로젝트를 감독한 엔지니어링 매니저 모리스 클라인^{Maurice Klein}은 프로이트가 신규 직원들이 다른 사람의 시선에 대한 두려움 없이 궁금한 점을 묻고 조언을 얻을 수 있는 유익한 수단이 되었다고 말한다.

"정신건강 문제에 관한 이야기를 겁내거나 부끄러워하거나 당혹스러워하는 사람이 아직도 많습니다. 세상이 완벽하다면 그렇게 느낄 사람이 아무도 없겠죠. 하지만 대다수 사람들이 인생의 어느 시점에 정신건강 문제를 겪고, 안타깝게도 이런 문제를 둘러싼 낙인은 여전히 존재해요." 클라인은 말했다. "제가 프로이트를 도입한 이유는 모두가 겁나거나 부끄럽거나 당혹스럽더라도 자신이 겪는 상황을 공유할 수 있기를 바랐기 때문이에요. 힘들다고 솔직하게 이야기하는 것이 개선을 위한 첫걸음이라 믿기 때문이고요."

프로이트는 낙인으로 가득한 직장에서 정신건강에 대한 지원이 더 활발히 이루어지는 직장으로 가는 긍정적인 변화를 약속한다. 여기서 한발 더 나아가 직원들이 정신건강을 위한 지원을 받고 수치심 없이 허심탄회한 대화를 나눌 수 있다면 이상적일 것이다.

퍼머넌테 페더레이션의 에드워드 엘리슨Edward Ellison은 정신질환에 대한 낙인 지우기를 우선순위로 삼고 있다. 그는 고용주들이 일단 건강관리 및 정신건강 지원 도구나 프로그램에 관한 커뮤니케이션을 일원화한 다음, 어떤 도움을 받을 수 있고 이용 방법은 무엇인지 직원들에게 정기적으로 알려야 한다고 말한다.

이 회사는 모든 직원과 환자들에게 두 가지 앱을 배포했다. 하나는 수면과 명상 도구인 '캄'이고, 다른 하나는 우울, 불안, 스트레스, 수면 관리 지원 도구인 '마이 스트레스'다. 하지만 우선 웰빙 증진을 위해 치밀한 계획을 수립해야만 했다. 그렇지 않으면 거창하게 새로운 앱을 발표한다 해도 아무런 호응을 얻지 못할 우려가 있었다. 사람들은 신뢰가 있을 때, 즉 진정성 있는 좋은 의도가 신중하게 전달될 때에야 새로운 앱과 도구를 받아들인다.

회사의 앱 사용량 데이터를 보면 그러한 신뢰에 직원들이 반응했고, 더 많은 이들이 앱을 사용하게 되었다는 것을 알 수 있다. 사용자들은 극도의 스트레스 상황에서 이 앱이 유용했다고 밝혔다. 가령 코로나19 기간 중 병원에 근무하는 의사들은 아수라장으로 들어가기 전 이 앱으로 감정 조절에 도움을 받았다. 다양하게 제공된 다른 도구들도 기꺼이 사용했다.

경영진에 대한 신뢰가 있으면 직원들은 건강관리 기술, 웨어러블 기기, 앱이나 다른 가상 및 대면 서비스가 자신에게 도움을 주려는 목적임을 쉽게 이해한다. 리더들의 숨은 동기를 의심하지 않고 선의로 받아들이는 것이다. 경영진이 직원들의 이익을 최우선에 둔다고 믿기 때문에 이러한 도구의 혜택을 온전히 누린다. 또한 도구를 더 잘 사용할 수 있도록 지원받는다고 느낀다. 즉 먼지 쌓인 당구대가 아닌 것이다. 그리고 건강한 문화는 한 가지 이상의 웰빙 전략을 동원한다. 만능 해결책을 내세우지 않는다.

우리와 대화를 나누면서 엘리슨은 다양한 전략으로 직원들을 지원하기 위해 어떻게 노력하고 있는지 열거했다. 몇 가지를 소개하면 다음과 같다.

- 점심시간에 심리치료사를 찾아가 상담을 받을 수 있도록 했다. 심리치료사와의 전화 상담은 어느 때나 가능하다.
- 웰니스 최고책임자가 회사 포털에 페이지를 만들어 직원들이 활용할 수 있는 다양한 정보를 요약 소개했다.
- 노동자 지원 프로그램 내에 동료 지원 도구의 하나로 다각적인 심리 지

원팀을 마련했다.

- 2차 피해자(병원 내 사망자 발생으로 힘들어하는 사람들) 치유 모임을 구성했다.

- 여러 해 동안 운영된 '의술에서 의미 찾기' 프로그램은 직원들이 회복력을 유지하고 자신이 하는 일에서 기쁨과 의미를 잃지 않는 데 도움이 되었다.

- 2020년 이 회사는 보건의료향상연구소와 함께 번아웃에 관한 연구를 시작했고, 번아웃 실태를 모니터링해 어떤 개입 방법이 도움이 될지 살폈다.

엘리슨은 대화 내내 긍정적인 문화와 신뢰를 재차 강조했다. "직원들이 혼자가 아니며 모두가 그들의 노력과 희생을 인정한다는 사실을 알고 있을 때 힘을 낼 수 있다고 생각합니다. 저는 직원들에게 일깨워줍니다. 여러분이 변화를 일으키고 있으며 더 나은 삶을 만들고 있고, 또 사람들을 살려서 가족들을 안심시키고 일상을 되찾아주고 있다고요. 여러분이 이 일을 하는 것은 그런 의미라고요."

팀워크 형성과 강요된 재미

나는 심리학자이자 《중동긍정심리학저널Middle East Journal of Positive Psychology》의 편집자로 두바이에서 일하는 루이스 램버트Louise Lambert에게 연락을 취했다. 코로나19 팬데믹 중의 대화였고, 둘 다 웰빙이 또 하나의 일이 되어버린 거대한 흐름을 목격한 상태였다.

"저는 여러 기업에서 실질적인 목표 없이 줌으로 웹 세미나를 진행해달라는 요청을 많이 받았어요. 정신건강에 관해 무슨 이야기든 해달라는 거예요." 램버트는 말했다. "막상 해보면 직원들은 필요하지도 원하지도 않는다는 눈치였어요. 뭐라도 해야 한다는 압박을 느낀 관리자들 때문에 벌어진 일이 아닌가 싶어요. 좋은 의도였을지 몰라도 끝없는 웹 세미나 참석은 누구의 행복에도 도움이 되지 않아요. 피로감에 시달리고, 온몸이 쑤시고, 다른 맥락이었다 해도 지속하기 힘든 수준의 주의 집중을 요구받고요. '도움이 된다'는 이유로 의자에 묶인 느낌은 불행한 기분만 더 들게 할 뿐이에요."

사람들은 마지못해 온라인 요가나 운동 수업에 참여했다. 땀을 흘리거나 운동하는 모습을 동료들에게 보여주기 불편해하는 사람들도 있었다. 자신을 내향형이라고 밝힌 한 여성은 나에게 이렇게 말했다. "상사 앞에서 몸을 굽히고 뻗는 동작을 하다니 믿을 수 없을 만큼 민망했어요. 그 모든 순간이 싫었어요. 하지만 참여하지 않는다면 좋은 직장 문화 따위는 없어도 된다고 말하는 것과 다름없다는 생각이 들었어요. 팬데믹 기간 중 이게 우리 회사의 새로운 문화가 되었으니까요."

램버트는 관리자들이 웰빙의 개념을 머릿속에 명확히 해두지 않으면 두 가지 위험을 감수하게 된다고 말했다. "첫째, 이미 스트레스가 많은 하루에 웰빙이 추가적인 일거리가 됩니다. 둘째, 일은 그 자체로 즐기기가 불가능하고 뭔가를 덧붙여야 즐길 수 있는 것이라는 인상을 주게 됩니다. 굳이 그러지 않아도 맛있는 콩에다 케첩을 뿌리는 것처럼요!"

나는 그 비유가 아주 마음에 들었다. 램버트의 말처럼 우리는 일을 할 때 일의 가치나 충실도를 보여주기 위해 뭔가를 더 하거나 더 복잡하게 노력해야 한다고 느낄 때가 많다. 하지만 단순함에는 힘이 있다.

팬데믹 이전에도 우리는 '항상 온라인' 상태라고 생각했다. 하지만 예전의 '항상'은 요즘의 '항상'에 비하면 아무것도 아니다. 지속 가능한 업무량과 직장 내 건강한 디지털 습관을 유지하려면 기술 이용을 줄이는 것이 매우 중요하다.

다행스럽게도 2020년을 보내면서 이러한 프로그램이 일부 직원들에게는 도움이 되지만 모두에게 도움이 되는 건 아니라는 사실을 깨달은 관리자들이 늘어났다. 전대미문의 위기 상황에서 우리는 문제를 해결하기 위해 온갖 방법을 닥치는 대로 던졌고 그중에서 몇 가지 방법이 먹히기를 희망했다. 하지만 그건 사람들의 번아웃을 불러왔을 뿐이다. 이는 시행착오의 한 예이며, 전적으로 용서받을 수 있는 일이라고 강력하게 말하고 싶다.

리더로서 이런 부분에서 실수의 여지를 스스로 허용해도 괜찮다. 규약과 전략 수립에 참고할 만한 기준이 전혀 없지 않았는가. 모든 순간이 배움의 기회였지만 때로는 지치는 것도 사실이었다. 실제로 다국적기업의 한 부사장은 팬데믹 18개월 차에 나에게 이렇게 말했다. "지금은 탈진 상태의 리더들이 탈진 상태의 팀을 이끌고 있다는 기분이 듭니다."

몇 년 동안 학습 곡선은 천문학적으로 가팔라질 것이다. 전염병이 발병한 처음 몇 달 동안 내 자기효능감은 역대 최저 수준이었다.

타고난 공감 능력이 있거나 공감 능력을 키운 리더들은 위기와 변화의 시기를 더 잘 헤쳐나가는 경향이 있다. 질문을 던지고 빠르게 대응하는 역량이 뛰어나기 때문이다. 외부의 힘 때문에 모두가 통제 불능의 상태가 된 급격한 변화의 시기에는 어떤 식으로든 그 통제력을 직원들에게 되돌려줌으로써 신뢰를 높이고 번아웃을 막을 수 있다.

일상적인 순간에도 리더는 계속 질문을 던지고 대응해야 한다. 그래야만 회사 야유회나 연말 파티처럼 좋은 의도로 기획한 행사가 작은 조약돌에서 바윗돌로 커지는 사태를 막을 수 있다.

야유회나 연말 파티가 어째서 나쁜 건지 의아해하는 이들이 있을 것이다. 이렇게 좋은 의도로 진행된 행사에 관한 통계는 꽤 암담하다. 인재 파견 서비스 오피스팀의 2018년 설문에서는 미국 기업의 93퍼센트가 연말 파티 개최를 계획한 것으로 나타났다.[28] 인력파견 기관 랜스태드의 조사에서는 노동자의 90퍼센트가 연말 파티에 참석하는 것보다 차라리 보너스나 휴가를 받고 싶다고 대답했다.[29] 연말 파티 평균 비용은 실리콘밸리 기술 기업의 경우 인당 75달러에서 최대 150달러에 이른다. 그렇다면 우리는 어디에 투자해야 할까? 75달러든 150달러든 그 돈을 다른 곳에 쓴다면 어떤 효과를 얻을 수 있을까?

나는 '연말은 스트레스가 될 수 있다: 팀에게 불필요한 스트레스를 주지 않는 법'이라는 기사에서 연말 파티는 사람들이 참석하고 싶어 할 때만 효과가 있다고 말했다.[30] 직장인의 40퍼센트가량이 초대를 사양하는 이유는 연말과 함께 불안감이 커지기 때문일 수 있다.[31] 미국심리학회의 조사에서 응답자의 38퍼센트는 연휴에 스트레스가 높아진다고 이야기했고 8퍼센트만이 더 행복감을 느낀다고 대답했다.[32] 직장인은 바짝 다가온 마감일과 싸워야 하고, 회계연도 말의 목표치를 충족시켜야 하며, 스트레스에 지친 고객들을 상대해야 하는 경우가 많다. 불안감이 높아지는 이유를 몇 가지만 꼽아도 그렇다. 이에 따라 고용주들이 감당해야 하는 비용은 제법 클 수 있다.

내향형의 사무실 연말 파티 견디기를 돕는 팁들이 쏟아져나오는 것을 보면 누가 이런 행사에 매력을 느끼고 누가 그렇지 않은지 분명히 알 수 있다. 경력 개발 플랫폼 더 뮤즈는 〈내향적이고 수줍은 많은 사람을 위한 사무실 연말 파티 생존 가이드〉를 내놓으면서 내성적인 사람들이 연말 파티를 진심으로 즐기기란 힘든 일이라고 강조했다. "나처럼 내성적이거나 수줍음 많은 사람은 연말 파티 시즌을 두려워한다. 사람이 많은 환경에서 과도한 자극을 받고 불안감까지 느끼는 내향형에게 그 모든 사교 활동은 에너지를 빼앗기는 일이다. 수줍음 많은 사람 역시 사무실 연말 파티에서 불안을 느낄 수 있지만 이유는 조금 다르다. 그들이 불안해하는 이유는 에너지 고갈보다는 장소에 대한 두려움 때문이다."[33]

하지만 대다수 사람은 파티 참석을 거절하지 못한다. 오피스팀이 진행한 추가 연구에서 관리자의 66퍼센트는 직원들이 파티에 참석해야 한다는 불문율이 있다고 밝혔다. "기본적으로, 팀과 함께 어울리려고 노력하는 모습이 윗분들 보시기에 좋다는 이유다."

불참 이유로 가장 많이 꼽은 항목은 저녁에 열리는 연말 파티가 가정에서의 의무와 충돌하기 때문이었다. 웰빙이 일이 될 때 사람들에게 스트레스를 준다는 사실이 다시 한번 증명된 셈이다. 게다가 연말 파티에 참석한 사람들은 다음날 생산성이 77퍼센트 떨어졌고, 직원의 절반 이상이 전날 밤의 피로에서 회복하느라 다음날 처음 4시간을 허비하는 것으로 나타났다. 그나마 아예 결근하겠다고 전화한 20퍼센트보다는 조금 나은 편이다. 2016년의 한 보고서에 따르면 연말 파티로 인한 직원 스트레스와 생산성 손실로 영국 기업들이 떠안는 비용은 대략 110억 파운드에 달했다.[34]

나는 이 부분에서 사소한 데이터들을 활용하라고 제안하고 싶다. 재미를 강요하지 않도록 모든 행사를 기획하기 전에 의견 수렴부터 시작하라. 연말 파티나 연례 야유회, 금요일 해피 아워, 혹은 요가 수업이나 피트니스 캠페인까지. 진행하려는 행사가 마음에 드는지 직원들에게 물어라. 어떤 부분을 유지하고 어떤 부분을 바꿀 것인가? 행사가 실제로 직원 복지에 이바지하고 번아웃을 예방할 것인가, 아니면 겉보기에만 좋을 것인가?

팀 구축을 위한 행사는 기업 문화의 중요한 요소이며 함부로 없애서는 안 된다. 다만 계획과 이행 방법을 심사숙고해야 한다. 베스트셀러《다시, 사람에 집중하라》의 저자 댄 쇼벨Dan Schawbel은 인터뷰에서 사외 행사가 건강한 직장 문화의 핵심 요소라고 말했다. 그는 버진 펄스와 함께 진행한 연구에서 인간관계를 활성화하는 방법에 관한 관리자와 직원 2000명의 응답을 분석한 결과, 사외 행사가 압도적인 지지를 받았다고 밝혔다. 쇼벨은 "직장 환경을 벗어나 좀 더 개인적인 대화를 나눔으로써 고립감과 외로움이 감소하고 그에 따라 생산성이 높아진다"라고 설명했다.

핵심은 이것이다. 재미를 허락하고 지원하며, 재미있는 일을 만들되, 재미를 강요하지는 말라.

이러한 행사를 좋아하는 직원들이 많다면 전통의 일부로 유지하는 것은 괜찮다. 어떤 사람들은 연말 파티를 정말 좋아한다. 하지만 연말의 큰 행사에서 근사하게 차려입는 것을 개인적으로 좋아하더라도 "이 돈으로 해야 할 다른 일이 있는지, 이 행사를 계속 유지할 만한 가치가 있는지" 직원들에게 물어볼 필요는 있다.

다음과 같은 방법을 통해 강요된 재미로 인한 번아웃을 줄이고 모두가 언제든 환영받는다고 느끼는 진정성 있는 문화를 만들 수 있다.

포용성을 발휘하라

월마트의 벤-사바 하산Ben-Saba Hasan 부사장 겸 문화·다양성·포용성 최고책임자는 인터뷰에서 사람들이 휴일을 보내는 다양한 방식을 인정해야 한다고 말했다. "리더는 팀원들이 편안하고 안전하게 느끼는 환경을 만들어야 합니다. 주류 문화에 속하는 사람들이 자신과 다른 방식으로 휴일을 보내는 사람들을 더 깊이 이해할 수 있도록 인식을 높여야 하죠."

소프트웨어 회사 스플렁크의 인사 책임자 미니 크로드 Mini Khroad 는 최근 인터뷰에서 이렇게 말했다. "기업들은 언제나 휴일을 중요한 시기로 존중해야 합니다. 직원들이 직장과 개인 생활에서 국경일이나 다른 공휴일을 기릴 수 있도록 배려하는 것은 모두가 즐겁게 일할 수 있는 환경을 만드는 데 도움이 됩니다."

개인 시간을 지켜주어라

연말에 하루 더 휴가를 붙여서 직원들이 선물을 사거나 가족들을 뒷바라지하거나 재충전의 시간으로 활용하는 등 필요에 따라 쓸 수 있게 하면 어떨까? 의무적인 하루 휴무는 직원의 스트레스 수준에 확연한 차이를 가져올 수 있다. 이 작지만 고마운 제스처는 직원들의 충성심과 감사하는 마음을 높여주고 장기적인 효과를 발휘한다. 이게 왜 중요하냐고? 고마움을 느끼는 직원은 더 적극적이고 공동체 의식이 높으며 더 기쁜 마음으로 일한다는 사실이 연구 결과로 증명되었기 때문이다.

업무량을 재조정하라

직원들의 스트레스 목록 최상단에서는 여러 가지 요구 사항이 경합을 벌이고 있다. 특히 휴일에는 직장과 가정의 스트레스가 하나로 합쳐져 시간이 압축된 것처럼 후딱 지나가 버린다. 업무량 검토를 통해 일부 프로젝트의 기한을 연장해줄 수 있는지 살펴라. "연말연시처럼 스트레스가 높은 기간에 관리자는 직원들의 구체적인 필요를 이해하고 적절히 대응함으로써 그들 각각을 존중하는 모습을 보여줄 수 있습니다." 얼티미트 크로노스 그룹의 최고인사책임자 데이비드 알메다David Almeda는 말했다. 그는 팀원들 사이의 업무량을 재분배하거나 정해진 기간 중 평소와 다른 근무시간을 허용하는 것과 같은 전략을 통해 직원들의 성과가 더 높아지고 회사에 더욱 헌신하며 스트레스도 크게 낮아질 수 있음을 시사했다.

선물 대신 시간을 주어라

신경과학자 조던 그래프먼Jordan Grafman과 조지 몰Jorge Moll의 연구는 인간이 본능적으로 베풀도록 만들어진 존재임을 증명한다. 피험자들이 가치 있다고 여기는 단체에 기부했을 때 뇌 단층 촬영 사진에서 중뇌의 특정 부위가 밝아진 것이다. 이것은 식탐을 조절하는 부위이자 보너스를 받을 때 활성화되는 부위이기도 하다. 월마트의 벤-사바 하산은 이런 결과를 팀 운영에 응용해, 팀원들이 지역사회 봉사활동을 하면서 결속력을 다질 수 있도록 했다. 그는 "스트레스를 관리하고 자신을 돌보는 최고의 방법은 다른 사람을 먼저 돌보는 것"이라고 생각했다.

"2주에 한 번 '요즘 어떻게 지내세요? 걱정스러운 일이 있나요? 제가 어떻게 도와드릴까요? 어떤 일을 기대하고 있나요?'와 같은 질문을 하는 것처럼 단순한 행동을 통해서도 행복감을 높일 수 있습니다." 루이스 램버트는 말했다. "꼭 비용을 들이거나 복잡해야 하는 것은 아닙니다. 즐겁게 일했던 직장을 떠올려보세요. 좋다고 느꼈던 이유가 사람들 때문이었나요, '여흥' 때문이었나요?"

좋은 의도에 행동이 따르지 않는다면 아무런 소용이 없음을 기억하라. 그렇다면 리더들이 직원의 출산 계획 지연을 도와주겠다고 제안할 때 어떤 일이 벌어질까? 좋은 의도가 은근한 압박으로 비춰진다면 어떻게 될까? 말도 안 되는 일이라고? 이것은 실제로 심각한 문제다.

난자 냉동

꾸며낸 얘기가 아니다. 난자 냉동 정책은 실제로 '좋은 취지'에서 도입되었고, 실리콘밸리 기술 기업들을 중심으로 인기가 높아지고 있다. 그러나 이 정책은 저변에 깔린 '-주의'가 너무나 많아서 정신이 혼미할 지경이고, 번아웃에도 악영향을 미친다.

난자 냉동 지원 정책은 직원들이 각자 적절한 시기에 가족계획을 추진할 자유를 돕겠다는 의미지만, 비판론자들은 직원들에게 일이 가족보다 더 중요하다는 메시지를 보내는 격이라고 지적한다. 출산휴가는 이미 특전으로 여겨지고 있는데, 이 또한 잘못된 신호를 보내기는 마찬가지다. 내 의견도 그렇고 이 분야 다른 전문가들의 의견으로도 출산휴가는 당연한 것이어야지 특전이어서는 곤란하다. 출산휴가가 특전이 되면 아이를 낳으려고 휴직하는 것이 회사가 직원에게 제공하는 호사로 인식되기 때문이다.

난자 냉동이 의료 목적상 꼭 필요한 사람을 대상으로 하지 않고 모든 직원에게 제공되는 특전이 되자, 한 세기 이상 여성들을 옭아맨 제도적 장벽이 오히려 견고해졌다. 이 정책은 일이 가족보다 더 중요하고 여성은 두 가지를 동시에 가질 수 없음을 넌지시 내비치면서, 여성은 나이가 많을수록 쓸모없다고 느끼게 만드는 망가진 시스템을 영속시킨다. 그러니까 이런 조치는 젊을 때 일하고 나머지는 나중에 하라는 무언의 압박이나 마찬가지다. 이것은 성차별적일 뿐 아니라 노인차별적인 특전이며 번아웃을 막고 싶다면 반드시 버려야 할 정책이다. 리더는 기업이 내리는 이런 종류의 결정을 완강히 거부해야 한다.

〈뉴요커 New Yorker〉의 전속 기자이자《내 인생의 미들마치 My Life in Middlemarch》의 저자 리베카 미드 Rebecca Mead는 이렇게 썼다. "미국 여성은 경력 유지와 엄마 되기, 이 두 가지를 조화시키려고 노력하는 과정에서 끊임없이 어려움에 직면한다. 이것은 디버깅으로 끝나는 오류 코드 그 이상이며 방대하고 시스템적이다. 취학 전 아동을 위한 보조금 지원이 제한적이고, 어린 자녀를 둔 부모에게 탄력 근무 또는 단축 근무를 허용하지 않으려는 기업 문화가 있으며, 연방 정부 차원의 의무적 유급 가족 휴직이 없고 (…) 애플과 페이스북 직원들은 비교적 관대한 가족 휴직 패키지를 즐기지만 (…) 이것은 표준이 아닌 예외에 해당한다."[35]

미드는 이어서 다음과 같이 강조했다. "젊은 여성이 난자를 냉동해야 할지 말아야 할지 고민할 필요 자체가 없도록 정책을 개혁하는 것 말고는 대안이 없다. 일하면서 출산을 해본 사람이라면 누구나 공감하듯, 직장에 다니면서 아기를 갖기에 편안한 시기는 없다. 하지만 임신 시점을 미루는 것이 예비 엄마가 택할 수 있는 최선의 옵션처럼 제시되는 한 선택은 조금도 쉬워지지 않을 것이다."

미국산부인과학회와 미국생식의학회는 난자 냉동을 임신 지연 목적으로 사용하는 행위, 일명 사회적 난자 냉동을 지지하지 않는

좋은 의도가 나쁜 결과를 불러올 때

다. 미국생식의학회는 암이 있는 여성들처럼 의학적으로 분명한 필요성이 인정되는 때에만 적용할 수 있도록 2012년에 난자 냉동에서 '실험용'이라는 꼬리표를 뗐다. 의학적 이유든 사회적 이유든 대다수 여성의 난자 냉동은 성공률이 낮다. 최근에 나온 가장 포괄적인 데이터에 따르면 냉동한 난자를 이용한 30세 여성의 출산 실패율은 77퍼센트였고, 40세 여성의 실패율은 91퍼센트에 달했다.[36]

직장이 (정부와 함께) 여성들의 필요를 현실적인 방식으로 충족하기 전까지, 난자 냉동처럼 '좋은 의도'에서 비롯된 정책들이 더 많이 나오게 될 것이다. 그러나 이런 정책들은 예쁘게 리본을 묶어놓은 미끼에 불과하다. 좋은 의도는 예방책이 아니며, 이 경우는 특히 그렇다.

좋은 의도가 빗나간 사례를 분석해보면 한 가지 근본적인 결함이 드러나는 경우가 많다. 바로 진정성 있는 공감이 부족하다는 것이다. 회사에 살다시피 머물며 일을 하거나 재택근무 중 직장 생활과 가정 생활의 경계가 모호해지면 번아웃이 생길 수 있다. 이를 예방하려면 회사 일에만 몰두하는 직원들은 가족, 친구, 개인 생활처럼 삶의 가장 중요한 영역에서 건강할 수 없다는 사실을 기억해야 한다. 리더는 직원들을 내부적으로 지지하고 스스로 행동의 모범을 보임으로써

직원들이 죄책감과 압박 없이 휴가를 떠나도록 유도해야 한다. 회사 밖에서 시간을 어떻게 보내고 싶은지 묻고, 업무 관련 행사에 참석을 요청할 경우 추가로 스트레스를 주지 않도록 조심해야 한다.

웰빙이 또 하나의 일이 되어서는 안 되며, 정책부터 인프라, 프로그램과 복지 혜택까지 어떤 방법을 실행하든 포용성을 염두에 두어야 한다. 공정성 결여는 번아웃의 주된 원인이기 때문에 어떠한 차별도 없어야 한다.

번아웃은 언제나 양방 통행로이며, '우리'가 함께 해결해야 할 문제다. 번아웃을 막으려면 우리가 자기 연민을 잃어버린 때가 언제인지 파악해야 한다. 자신에게 실수의 여지를 허용하지 않을 때가 언제인지 알아차려야 한다. 우리는 각자의 한계를 뛰어넘으며 살아가고 있다. 우리는 리더인 동시에 인간이다. 남을 돕는 일에 진심으로 관심이 있다면 자기 자신을 먼저 도와야 한다. 그래야만 번아웃을 해결할 준비가 될 것이다.

4

번아웃
측정 방법

요즘은 '데이터'라는 단어가 곳곳에 쓰인다. 사실 데이터 기반 의사 결정은 새로운 개념이 아니다. 흔히 직원 태도 조사라고 부르는 최초의 직원 설문은 1920년대에 제조기업에서 등장했다. 국가산업자문위원회의 자료에 따르면 1944년부터 1947년 사이 태도 조사를 수행한 기업은 250퍼센트 증가했다.[1]

나는 리더가 직관에 의지해야 한다고 굳게 믿는다. 직감과 본능은 융성하는 문화를 만드는 데 중요한 역할을 한다. 그러나 항상 데이터로, 보다 구체적으로는 정확한 데이터로 직관과 본능을 뒷받침해야 한다.

그렇다면 데이터는 번아웃 예방에 어떤 역할을 할 수 있을까? 공감하는 리더가 되려면 언제나 적극적인 자세로 경청해야 한다. 직원들이 공개적으로 혹은 익명으로 의견을 표명할 수 있게 하는 것은 문제를 감지하는 열쇠다. 다양한 소통 경로를 열어놓아야 무엇을 잘하고 어느 부분이 어긋났는지 알 수 있다.

아울러 익명 데이터는 대체로 솔직하고 단도직입적이다. 의미 있는 변화를 만들어내고자 한다면 설령 듣기 거북하더라도 날것 그대로의 진실을 열린 마음으로 받아들여야 한다.

솔직히 데이터 기반 의사 결정 방식을 받아들이는 데 어려울 것은 없다. 다들 이미 몸으로 체득한 상태이기 때문이다. 예를 들어 간호사와 의사는 체온을 재고 엑스레이와 차트를 읽으면서 온종일 데이터를 분석한다. 교사는 시험문제를 내고 채점 기준을 통해 학생들의 지식을 평가한다. 개발자는 코드를 테스트하고 정확성과 규정 준수 여부를 측정한다. 사람들은 데이터를 보고 그날 자외선 차단제를 사용할지, 차에 기름을 넣을지를 판단한다. 일상적인 의사 결정에 데이터를 사용하는 경우는 이밖에도 셀 수 없이 많다.

그렇다면 조직의 건강 상태인 문화를 꾸준히 평가하는 것은 그와 마찬가지로, 아니 그보다 훨씬 더 중요하지 않겠는가? 우리는 조직 행동의 일부로 이것을 습관화하고, 세상의 변화에 따라 그 영향을 추적해야 한다. 조직 내에 데이터를 측정하는 습관이 깊숙이 뿌리내리게 하려면 어떻게 해야 할까?

먼저 우리가 사용할 수 있는 도구들을 살펴보도록 하자.

전략

번아웃 측정

번아웃 측정의 표준은 전에도 지금도 매슬랙 번아웃 목록[MBI]이다. 1981년에 만들어진 MBI는 직무 번아웃과 관련된 22개 항목으로 이루어진 심리학적 일람표다. 번아웃의 세 가지 차원인 감정 소진, 탈인격화, 자아 성취감 저하를 측정한다. 현재 누구나 해볼 수 있는 일반 설문을 포함해 다양한 산업과 인력 유형에 따라 다섯 가지 버전의 MBI가 있다.

모든 MBI 항목은 '전혀 그렇지 않다'부터 '매일 그렇다'까지 7점 척도를 사용해 점수를 낸다. MBI에는 감정 소진(9개 항목), 탈인격화(5개 항목), 자아 성취감 저하(8개 항목)의 3가지 구성 요소 척도가 있다. 각 척도는 고유의 번아웃 차원을 측정한다. 0부터 6까지의 점수를 기반으로 각 척도의 수준(낮음, 보통, 높음)을 판단한다.

이러한 분류는 극도로 단순화된 것이지만 기본적으로 소진, 탈인격화, 냉소를 자주 느낄수록 번아웃을 겪고 있을 가능성이 높다. 반대로 몰입과 자아 성취감을 자주 느낄수록 번아웃을 겪을 가능성이 낮다.

2019년 WHO가 정의한 번아웃은 MBI를 기반으로 한 것이다. 대부분의 경우, 연구자들은 작업 중 번아웃을 분석할 때 이 척도를 사용한다.

번아웃 연구 역사에서 MBI가 중요한 이유는 다른 무엇보다도

"다양한 모집단과 직업군의 정신 상태를 쉽게 측정할 수 있게 되면서 번아웃 연구의 전환점을 찍었다"는 데 있다.[2] 우리는 설문과 후속 연구에서 MBI 척도를 토대로 한 마이클 라이터의 '직장 생활 영역 척도'를 추가했고, 두 가지를 데이비드 화이트사이드의 번아웃 재고 설문으로 통합해 활용했다.[3] 또한 라이터가 팬데믹 기간 중의 행복도 평가를 위해 특별히 개발한 정성적 질문들도 던졌다.

MBI 개발자들은 작업에 관해 이야기하면서, 각 조직이 수집한 데이터를 좀 더 효과적으로 사용하면 좋겠다는 바람을 표현했다 (이것은 직장 설문을 개발한 다른 전문가들도 마찬가지다). "일반적인 통념처럼 사람들이 성격, 행동, 생산성의 결함 때문에 번아웃을 겪고 (…) 이것은 개인의 문제이며, 사람을 변화시키는 것이 해결책이라고 생각하는 것은 잘못된 방향"이라는 것이다. MBI 개발자들은 "오히려 번아웃은 사회와 업무 환경에 대한 반응으로 발생한다. 직장의 구조와 기능은 사람들이 상호작용하는 방식, 직무를 수행하는 방식, 업무 환경에 대한 느낌에 영향을 준다. 개별 직원의 번아웃은 그 사람에 관해서보다 직장 환경에 대해 더 많은 것을 말해줄 때가 많다. 변해야 하는 것은 사람이 아니라 조직과 사람 사이의 관계다"라고 밝혔다.[4]

크리스티나 매슬랙은 번아웃에 관한 고정관념을 뒤집는 조직들이 많아져야 한다고 이야기한다. 조직 내부에 책임이 있음을 이해하고 어떻게 대화 방식을 바꿀지 고민해야 한다고 말이다. "이게 힘들게 느껴지는 이유는 번아웃이라는 현상이 사람들에게 익숙한 범주에 들어맞지 않아서라고 생각해요." 매슬랙은 말했다. "그러다 보니 그것이 정확히 무엇이고 어떻게 대처해야 하는지 제대로 이해하기 힘든 것 같아요."

매슬랙은 WHO의 번아웃 정의가 번아웃을 식별하고 진단하며 효과적으로 치료하는 데 그다지 도움이 되지 않는다고 지적한다. "WHO의 번아웃 정의가 발표됐을 때, 국제질병분류에 포함하려는 의도가 아니라고 설명했는데도, 많은 이들이 번아웃을 질병이라고 생각했습니다. 저는 WHO가 이걸 좀 더 명확하게 분류해야 한다고 생각합니다. 저나 다른 연구자들이 이 점을 오랫동안 주장했죠. 그래야만 사람들의 이해를 도울 수 있거든요. 예를 들어 번아웃이 질병으로 분류된다면 사람들은 의료진의 도움이나 약리학적 치료, 치료를 위한 관례가 필요하다는 사실을 알고 건강관리 계획에 번아웃을 집어넣을 수 있겠죠."

하지만 번아웃이 질병으로 분류되면 그 병을 이겨내야 할 부담이 당사자에게만 전가될 수 있다고 매슬랙은 경고했다. "하지만 다른 한편으로 만약 번아웃이 질병이라면 (…) 그 사람의 문제가 되죠. 혼자 고통받고 혼자 아프면서요. 직장 내에서 그것이 무얼 의미하겠어요?"

확실한 것은 MBI 개발자들은 번아웃 예방에 깊은 관심이 있고 그 영향을 연구하는 일에 평생을 바쳤다는 사실이다. 하지만 정의가 불분명한 대상을 측정하기란 어렵다. 번아웃을 질병으로 분류해야 할까? 아니면 진단 가능한 의학적 상태로 간주해야 할까? 번아웃은 만성 스트레스일까? 그렇다면 그냥 만성 스트레스라고 불러야 하지 않을까? 아니면 소진 장애인가? 하지만 소진 장애는 진단 가능한 질병이다.

이러한 질문들은 번아웃 연구 공동체를 뒤흔들고 있다. 이는 번아웃이 상대하기 만만치 않은 대상이 된 또 하나의 이유다.

너와 나, 그리고 단돈 5달러

매슬랙은 모든 조직이 '먼저 물어보기'를 철칙으로 삼아야 하는 이유에 관해 이야기하면서 여러 가지 사례를 소개했다. 그중에서도 다음 이야기가 특별히 마음에 남았다. "건물 옥상에 배구장을 설치한 어느 최고경영자가 떠오릅니다. 어떻게 됐는지는 대충 짐작이 가시겠죠." 매슬랙은 말했다. "배구장은 소수의 인원만 사용하는 시설이잖아요. 사람들은 이 일을 빈정댔고 여기에 너무나 큰돈이 들어갔다는 걸 알고 분노하기에 이르렀어요. 임원들은 속으로 생각했죠. '세상에, 저럴 돈이 있으면 나한테도 예산을 나눠줄 일이지. 그 돈이면 우리 팀이 매일 하는 업무를 10가지, 15가지 혹은 20가지쯤 획기적으로 바꿀 수 있을 텐데.'"

경영진과 직원 사이의 이런 불일치 사례는 내가 함께 일했던 어느 유명 대학에서도 나타났다. 우리는 이 학교에서 학과 전체와 교수진 개개인의 행복도를 측정 중이었다. 음대 학장단은 연간 시설 개량 예산 전액을 들여 방음 스튜디오를 구축하기로 했다. 그들은 나머지 교수진이 대단히 기뻐할 거라 확신했지만 착각이었다. 사실 교수들은 300달러의 비용을 들여 보면대를 새로 바꿨으면 했다. 기존에 사용하던 보면대들은 대부분 균형이 맞지 않았고 일부는 망가져서 학생들이 바닥에 낱장 악보를 늘어놓고 악기 연습을 할 때가 많았다.

리본 커팅식은 뜨뜻미지근한 분위기였고 교수들도 시큰둥했다. 어떤 교수들은 아예 참석하지도 않았다. 학장단은 교수들이 고마워할 줄 모른다며 분통을 터뜨렸다. 어느 쪽도 상대방에게 대놓고 불만을 토로하지 않았지만, 분노의 씨앗은 이듬해 싹을 틔웠다. 실력 있는 계약직 교수들이 새로운 기회를 찾아 떠나는 바람에 교수진에 인재 유출이 발생한 것이다. 예산을 어떻게 할당할지 교수들에게 물어보기만 했더라면 단돈 300달러에 팀을 그대로 유지할 수 있었을 것이다.

딱 100달러만 있다면, 아니 자원 한 가지만 있다면 문제를 해결할 수 있을 거라고 느낄 때가 얼마나 많은가? 사람 한 명만 더 붙여도 팀 전체가 큰 짐을 더는 기분이 되는 그런 상황 말이다. 그 값어치는 얼마일까? 그러한 필요가 충족되지 못할 때 번아웃의 조건이 만들어진다. 이렇게 큰 비용이 들지 않는 문제는 무엇이 필요한지 직원들에게 물어보기만 해도 해결할 수 있는 경우가 많다.

영화 〈청춘 스케치〉에 내가 참 좋아하는 대사가 있다. 트로이 다이어가 레이나 피어스에게 하는 말이다. "봐, 레이나. 이게 우리에게 필요한 전부야. 담배 몇 개비와 커피 한 잔, 약간의 대화, 너와 나, 그리고 단돈 5달러."[5]

대다수 사람에게 정말로 필요한 건 그게 전부인데도 인간은 일을 복잡하게 만든다. 문화는 사소한 데서 번성한다. 직접 만나 커피를 마시며 우정을 다질 때, 굳이 애쓰지 않아도 소속감이 느껴질 때, 내가 하는 일이 현실적이고 진정성 있고 의미 있어서 일과 사랑에 빠질 때.

반복적으로 수행하는 단순한 행동에서 긍정적인 결과가 나온다. 물론 커피 한잔 마신다고 해서 갑자기 절친한 친구가 될 수는 없다. 매달 날짜를 정해 안부 전화를 걸거나, 영상통화를 하거나, 가상으로 혹은 가능하다면 직접 만나 함께 식사하면서 오래 지속되는 유대감을 쌓는 부가적인 노력을 기울여야 한다. 직장 내 행복에 가장 결정적인 영향을 끼치는 사람은 절친한 직장 친구임을 기억하라. 한밤중에 공항으로 당신을 데리러 나와주거나 보석으로 당신을 감옥에서 빼내줄 수 있는 그런 친구 말이다. 물론 마지막 상황을 시험해볼 일은 절대 없기를 바란다.

그런 상태가 되려면 시간과 노력이 필요하다. 우리는 누군가의

'5달러 해결책'이 무엇인지 알아내기 위해 데이터를 수집하는 것이다. 측정을 통해 배울 수 있다. 그러려면 재빠른 대처가 가능하도록 자주 질문해야 한다.

자잘하게 신경을 건드리는 요소들을 없애려면 시간을 두고 같은 질문을 던져야 한다. 이것은 기업 문화의 흐름을 파악하는 데도 도움이 된다. 조직이 잘 굴러갈 때와 엇나갈 때는 본능적으로 알 수 있다. 문화의 궤도 이탈을 막으려면 그런 일이 일어나기 전에 질문해야 한다. 직감을 검증해야 한다. 그러면 일이 벌어지고 나서 대응하는 대신 선제적 대처를 시작할 수 있고, 데이터를 통한 예측도 가능해진다.

설문 피로를 줄이려면

매슬랙은 조직들이 겪는 큰 문제 중 하나로 압도적인 횟수의 설문 때문에 사람들이 느끼는 피로감을 꼽았다. 나도 동의한다. 하지만 설문을 많이 하는 것만 비난할 일이 아니라 데이터를 얻은 후 딱히 조치를 취하지 않았다는 점을 비난해야 한다.

매슬랙과 나는 이런 상황을 만날 때마다 좌절감이 얼마나 큰지에 대해 격하게 공감했다. "다양한 직급의 직장인들과 대화를 나누다보면 이런 이야기를 들어요." 매슬랙은 말했다. "처음에 그런 질문들을 받으면 약간 기대감이 생긴대요. '아, 우리 회사가 직원 참여에 관심이 있구나. 어떻게 하면 더 나아질 수 있을까? 정말 멋지다.' 이렇게요. 방법은 정말 훌륭하죠. 어떤 부분을 바꾸면 좋을지 아이디어와 제안을 적는 칸도 있었으니까요. 하지만 그러고 나서 바뀌는 건 아무것도 없었대요. 아무 일도 일어나지 않은 거죠."

매슬랙은 이런 상황이 직원들에게 실망감을 주고 기업 문화에 부정적인 영향을 끼친다고 설명했다. 애써 모은 데이터도 완전히 무용지물이 되어버린다. 매슬랙은 그것을 "쓰레기 데이터"라고 표현했다. "다음 해에 똑같은 질문을 해요. 하지만 이제 직원들은 이렇게 생각하죠. '지난번에 내가 시간과 노력을 들여서 써놓은 내용은 읽지도 않고서 왜 또?' 세 번째가 되면 사람들은 가능한 한 답변을 피하거나 그냥 모든 문항의 가운데 칸에 체크 표시를 하고 치워버려요. '귀찮게 뭐하러? 아무것도 달라지지 않잖아.' 이렇게 생각하는 거죠."

어이없는 일이다. 당신 같으면 종업원이 주문을 받고 나서 음식을 갖다 주지 않는 레스토랑에 다시 가겠는가?

심각한 문제는 또 있다. 어떤 리더들은 이러한 측정에 큰 비용이 든다고 여기는 듯하다. 일반적으로 측정 비용은 직원들의 급여 예산에 비하면 극히 일부에 불과하다. 하지만 리더가 직원들의 안녕감과 성과에 문화가 끼치는 영향을 추적하는 일을 무가치하다고 생각하고, 그 비용조차 들이려 하지 않는다면 거대한 사각지대에 놓일 수 있다.

의견을 청해놓고 그걸로 아무것도 하지 않으면서 어떻게 또다시 진심 어린 의견을 나누어달라고 부탁할 수 있는가? 그럴 바에야 처음부터 아무것도 묻지 않는 편이 낫다. 잃어버린 신뢰를 되찾으려면 더 오랜 시간과 큰 비용이 들기 때문이다.

데이터 기반 의사 결정은 모든 직장이 추구해야 할 미래지만 지금까지 너무나 많은 조직에서 잘못 실행되었다. 설문 전에 데이터 결과값에 따른 조치를 약속하라. 데이터를 행동으로 전환하려면 다음과 같은 준비가 필요하다.

- 예산.
- 자원.
- 평가에 따른 계획 수립과 생태계 구성(시간, 에너지, 헌신, 인력의 확보 등).
- 결과를 투명하게 공개하고자 하는 의지.
- 측정 절차와 일관성(매번 같은 측정 방식을 사용해야만 결과를 비교할 수 있다).
- 정기적인 점검(설문 결과에 관해 지속적으로 소통하면서 자주 상태를 점검한다면, 많은 경우 일 년에 한 번 대규모로 실시하는 설문보다 더 많은 결과를 얻거나 그것을 보완할 수 있다).

번아웃 측정 방법

효과적으로 질문하는 방법

직장 내 웰빙을 연구하고 증진하는 YMCA 워크웰의 최고책임자 짐 모스는 워크웰의 통찰력책임자 데이비드 화이트사이드와 함께 오랜 세월에 걸쳐 직장 문화와 웰빙 분석법의 완성도를 높였다.

그들은 몰입, 문화, 웰빙에 관련된 질문을 조합한 총 22개 문항의 증거 기반 설문을 사용한다. 이 설문에서 나온 데이터를 순추천 지수와 상호 대조하여 경영자들이 직원 정서와 그것이 수익에 끼치는 영향을 이해할 수 있도록 돕는다. 직원 정서가 왜 중요하고 비즈니스에 어떤 영향을 주는지는 분석 결과에 반드시 들어가야 한다. 그 지식을 바탕으로 경영자가 프로그램과 전략적 투자의 방향을 잡을 수 있기 때문이다.

모스는 설문 조사가 제대로 기능하려면 리더에게 영향력 있는 통찰을 충분히 주되 직원이 참여를 주저할 정도로 길지 않아야 한다고 생각한다. 워크웰 설문에 필요한 평균 응답 시간은 대략 5분이다. "문항 수가 적으면서도 잘 만들어진 질문을 통해 직원들이 겪는 번거로움을 줄이고 경영진은 더 깊은 통찰을 얻을 수 있습니다." 모스는 설명했다. "의미심장한 통찰이 응답에 자연스럽게 드러납니다. 그걸 보면 리더는 각 그룹, 부서, 팀에 대해 어떤 경험과 복지를 유지하고 개선해야 할지 명확히 알 수 있어요. 데이터에 따라 실제로 대처에 나설 때는 모든 것을 한꺼번에 처리하려고 하지 않는 것이 중요합니다. 어느 이슈가 가장 중요한지 알 수 있다면 문제를 더 쉽게 해결할 수 있죠."

화이트사이드는 가치 있는 설문을 위해서는 목표가 분명하고 구체적인 문항을 만들되 개방형 피드백의 기회를 줘야 한다고 강조한다. "질문이 22개뿐이면 모든 질문 하나하나가 귀중한 자산입니다. 직장 내 행복과 가장 밀접한 관련이 있는 최고의 질문들을 찾는 과정을 반복했죠. 그리고 다른 평가에서는 빠지는 경우가 많지만 엄청나게 중요한 또 한 가지는 직원들이 직장에서 더 건강해졌다고 느끼려면 당장 무엇이 '필요'한지에 관한 질문입니다. 데이터를 살펴보고 점수가 낮은 항목을 찾는 데 그칠 것이 아니라, 명시적인 질문을 통해 직원들이 실제로 바라는 바를 말하게 해야 합니다."

모스는 또한 리더들이 데이터 시각화의 가치를 모르는 것이 심각한 약점이라고 말했다. "통찰을 시각화하고 공유하는 방식을 과소평가해서는 안 됩니다. 이야기를 끌어내는 것이 중요하죠. 대부분의 조치는 보고서의 설득력과 짜임새가 미흡해서 이해관계자들을 움직이지 못할 때가 많습니다. 변화를 주도해야 할 책임자들의 공감을 얻으려면 스토리가 필요해요."

질문의 시점도 중요하다. 많은 조직에서 불안감이 마치 시한폭탄처럼 연중 특정 시기에 최고조에 이르기 때문이다. 연말 감사를 앞둔 기업 회계 담당자들에게서 이런 현상이 목격된다. 개인 회계사들은 세금 신고철이 되면 스트레스를 받는다. 교사들은 한 학년을 정리하고 다음 학년을 계획해야 하는 6월에 스트레스가 절정에 달한다. 많은 사람들에게 스트레스에 올바로 대처하지 못하고 피로감을 토로하는 특정 시기가 있다.

워크웰의 설문은 100점 만점의 리커트 척도Likert scale●로 3개월 내 예상 만족도를 묻는다. "3개월 뒤 직무에 만족감을 느낄 가능성이 얼마나 높습니까? (0-100, 매우 낮음-매우 높음)". 이 질문에 대한 응답은 중요한 사실을 말해준다. 단기적인 불만인지 만성화된 불만인지를 확인할 수 있기 때문이다. 만성적인 업무 스트레스와 직장 내 불만은 번아웃의 강력한 예측 지표이므로, 자신의 업무 경험이 앞으로 더 나아지지 않을 거라 믿는 직원이 있다면 미리 파악해두는 것이 좋다. 아울러 자신의 직장을 친구나 가족에게 추천할 의향이 얼마나 되는지로 직원 충성도를 측정하는 직원 순추천지수와, 예상 만족도를 대조해보면 낮은 직원 순추천지수와 예상되는 미래의 스트레스 사이에 상관관계가 종종 나타나는 것을 알 수 있다.

이런 종류의 데이터는 어떤 부분에 더 투자할지, 그보다 더 중요하게는 직원들에 대한 현재의 투자가 어떤 부분에서 효과가 있고 어떤 부분에서 효과가 없는지 알고 싶은 이해관계자들에게 도움이 된다.

● 응답자가 제시된 문장에 대해 얼마나 동의하는지를 답변하도록 하는 심리 검사 응답 척도.

어설픈 자체 제작 설문은 지양하라

직원들의 안부를 확인하는 것과 웰빙 전략을 수립할 의도로 설문을 만드는 것은 완전히 다른 이야기다. 나는 일하면서 이런 '자체 제작' 설문을 너무나 자주 목격했다.

무너져가는 문화를 바로잡아달라는 요청을 받으면 우리는 설문 데이터부터 검토한다(그나마 측정을 하는 기업에서 그렇고, 측정조차 하지 않는 곳이 많다). 하지만 자체 제작한 설문을 어설프게 진행하고 제대로 분석하지 못하는 조직이 대부분이다. 더 심한 경우, 리더들이 직원에 대해 수집한 정보를 바탕으로 엉뚱한 문제를 고치려고 나선 일도 있었다. 우리는 현장에 도착하자마자 관계를 회복하고 신뢰를 재정립하는 작업부터 해야 했다.

1817년에 나온 데이비드 리카도David Ricardo의 전통적인 비교우위 이론은 국가들이 국제무역에 참여하는 이유와 동시에 모든 일을 항상 스스로 하면 안 되는 이유도 설명해준다. 설사 그럴 능력이 있더라도 협업을 통해 효율을 높이는 편이 낫지 않을까?

똑같은 이론이 조직에도 적용된다. 리더들이 돈을 아끼려고 모든 것을 스스로 하려고 하면 결과적으로 더 큰 비용이 발생할 수 있다. 예를 들어 사탕 가게를 운영 중인 주인이 "저희 가게의 사탕과 진열 방식이 마음에 드십니까?"라고 묻고 '예/아니요'로 답변을 받는다고 생각해보자. 70퍼센트는 사탕은 마음에 들지만 진열 방식이 마음에 들지 않는다는 생각에 '아니요'를 택했다. 하지만 이 사탕 가게 주인은 아무도 자기네 사탕을 좋아하지 않는다고 생각해서 폐업을 결정한다. 전문가에게 의뢰하지 않고 기업 스스로 조사하고 결과를 해석하면 이런 상황이 일어날 수 있다.

데이터 수집은 번아웃 예방의 중대한 요소다. 좋은 질문을 던지는 것이 무엇보다 중요하다. 몇몇 조직은 MBI 또는 다른 번아웃 전용 설문을 통해 번아웃을 평가하지만 대다수는 그렇지 않다. 그리고 내가 목격한 바에 따르면 심리 측정 또는 조사과학 전문가의 도움 없이 자체 제작한 설문은 민망함에 몸이 움츠러들 만한 수준이다.

화이트사이드는 잘못된 설문의 사례를 공유했다. "나는 직장에서 짜증스러운 고객이나 동료를 상대해야 할 때 소진된 기분을 느낀다. (1-7 동의 척도, 강력히 동의하지 않는다부터 강력히 동의한다까지)"

화이트사이드는 단호히 말했다. "이 문항은 모든 것이 잘못되었습니다. 일단 이중 질문이죠. 한 질문에서 고객과 동료를 모두 지칭하니까요. 고객 혹은 동료만 상대하는 직원은 여기에 어떻게 답해야 할까요? 실제로 직원의 절반 정도만 고객을 상대하지만 모든 직원이 이 질문에 답변해야 했다는 설명을 듣고 저는 고개를 절레절레 흔들 수밖에 없었습니다."

화이트사이드는 또 한 가지 중요한 사항을 지적했다. "이 질문에는 짜증스러운 고객과 상호작용하는 바로 그 순간 번아웃을 경험한다는 가정이 깔려 있어요. 하지만 실제 번아웃 경험은 그렇게 단기적이거나 즉각적이지 않죠."

　이어서 그는 사실상 예나 아니요로 답해야 하는 질문을 만들어 놓고 7점 동의 척도를 배치한 다음 번아웃의 정도를 관심 있게 살펴보려고 하면 결국 이도 저도 아닌 데이터가 나오게 된다고 설명했다. 그는 다음과 같은 방식으로 문항을 개선할 수 있다고 조언했다.

- 나는 까다로운 고객과 상호작용 시 정서적으로 소진되는 느낌을 받습니다. (1-7 동의 척도, 번아웃 성향)
- 나는 까다로운 고객과 상호작용 후 정서적으로 소진되는 느낌을 자주 받습니다. (1-7 동의 척도, 일반적인 번아웃 수준)
- 까다로운 고객과 상호작용 후 정서적으로 소진되는 느낌을 얼마나 자주 받습니까? (1-7 동의 척도, 번아웃 경험의 빈도)

　그는 이어서 말했다. "이 개념을 이해하고 필요에 맞게 변형하면 됩니다. 연구자의 관심사에 따라 번아웃을 얼마나 자주 경험하는지, 특정 상황에서 번아웃을 경험할 가능성이 높은지 낮은지, 아니면 일반적인 번아웃 수준이 어느 정도인지 측정할 수 있죠. 하지만 간단한 연구 방법론의 기초가 마련되어 있지 않으면 목표에 전혀 부합하지 않고 문제 해결에도 도움이 되지 않는 애매한 데이터만 얻게 됩니다."

　번아웃 설문과 MBI 같은 방식은 번아웃 예방에 매우 중요하지만 조직이 데이터를 잘못 해석할 경우 소기의 목적을 달성할 수 없다.

정리하면 번아웃을 측정할 때는 다음 3가지 핵심 사항에 초점을 맞춰야 한다.

- 사소한 데이터를 우선시하라. 적극적인 경청을 통해 사소한 데이터를 얻고, 팀 규모가 커질수록 경청의 범위를 확대하라. '도청자'를 끌어들이는 것도 좋은 방법이다. 더 잘 들을 수 있게 도와줄 인류학자, 외부 정보원, 외부 소식통을 동원하라는 뜻이다.

- 명확한 데이터 확보를 우선시하라. 데이터 수집을 직접 하지 말라. 이 데이터는 직원의 정신건강에 가장 결정적인 역할을 할 수도 있다. 잘못된 데이터를 기반으로 전략 계획을 수립하면 회사가 웰빙 증진과 번아웃 방지를 위해 쏟는 노력이 물거품이 될 우려가 있다.

- 데이터에 따른 조치를 우선시하라. 직원들의 의견을 계속 물으면서 아무것도 하지 않는 것은 경영진에 대한 신뢰를 떨어뜨리는 행동이다. 역량 내에서 바꾸거나 막을 수 있는 부분이 어디까지인지 알리는 것은 좋지만, 피드백으로 꾸준히 기대치를 조정해야 한다. 데이터로 뭔가를 할 준비가 되지 않았다면 애초에 묻지도 말라.

번아웃과 업무 몰입

번아웃 측정에 가장 적합한 척도가 무엇인가에 관한 논쟁은 줄곧 있었다. 일부 연구자들은 MBI가 번아웃을 몰입의 정반대 개념으로 여긴다는 데 잠재적 결점이 있다고 이야기한다. 그러면서 번아웃과 몰입을 별도로 측정해야만 두 가지를 분명하게 구분하고 번아웃을 더 또렷하게 이해할 수 있다고 주장한다.

'몰입과 번아웃의 측정: 2표본 확증적 요인 분석 접근법'의 공저자 윌마 쇼펠리Wilmar Schaufeli는 다음과 같이 밝혔다.

> 현재까지 번아웃의 대척점(정반대)으로 여겨질 수 있는 개념들은 상대적으로 많은 관심을 받지 못했다. 매슬랙과 라이터는 (…) 몰입의 특징인 에너지, 열중, 효능감이 각각 번아웃의 세 가지 차원인 소진, 냉소, 직업적 효능감 부재와 정반대의 위치에 놓인다고 가정했다. 몰입 상태의 직원들은 업무 활동에 대해 활기차고 효율적인 관계성을 형성하며, 자신이 직무 요구 사항을 완벽하게 처리할 수 있다고 생각한다. 매슬랙과 라이터의 시각에서 몰입이란 암묵적으로 (…) 세 가지 MBI 차원에서 얻은 점수의 반대 패턴으로 평가된다. 다시 말해 피로감과 냉소 점수가 낮고 효능감 점수가 높은 상태가 몰입을 의미한다.[6]

쇼펠리는 MBI에서 정의하는 몰입이 일에 완전히 빠져든 상태를 포함한다고 주장한다. 그것은 심리학자이자 클레어몬트대학원의 심리경영학과 교수 미하이 칙센트미하이Mihaly Csikszentmihalyi가 정의한 이론의 '플로우' 상태와 매우 흡사하다. 칙센트미하이의 플로우는 주의 집중, 맑은 정신, 몸과 마음의 조화, 손쉬운 집중, 완벽한 통제감, 자의식 상실*, 시간 감각의 왜곡, 내재적 즐거움을 특징으로 한다.

언뜻 보기에는 번아웃의 정확히 반대처럼 느껴진다. 그러나 플로우는 몰입처럼 지속적인 마음 상태가 아니라 단기적으로 고조된 경험을 가리키는 보다 복합적인 개념이다.

쇼펠리와 그의 연구팀은 번아웃과 업무 몰입을 각각의 독립 요인으로 측정해야 하는지, 양극단에 선 요인으로 측정해야 하는지 판단하기 위해 두 개의 연구 표본을 설계했다. 표본 1은 카스테욘대학교의 학부생 314명, 표본 2는 다양한 직업과 직무 분야에 고용된 민간 및 공공 기업 직원 619명으로 구성했다.

이 연구의 비교 대상인 MBI는 소진(EX) 5개 항목(나는 업무/공부에서 정서적으로 고갈되는 느낌을 받는다 등), 냉소(CY) 5개 항목(나는 업무/공부에 대한 의욕이 줄어들었다 등), 효능감(EF) 6개 항목(나는 업무/공부에서 발생하는 문제를 효과적으로 해결할 수 있다 등) 3개의 척도에 대해 22개 문항으로 점수를 매긴다. 모든 항목이 0(전혀 그렇지 않다)부터 6(항상 그렇다)까지 7점 빈도 평가 척도를 기준으로 채

● 수행하는 활동 자체에 몰두하여 자신의 모습이 어떠한지에 신경 쓰지 않는 상태.

전략

점된다. EX와 CY 점수가 높고 EF 점수가 낮으면 번아웃을 의미한다(즉, 모든 EF 항목은 역산). 이에 반해 쇼펠리의 척도는 24개의 자체 제작 항목으로 '몰입'을 평가했고 총 40개 문항으로 구성되었다.

연구팀은 번아웃과 몰입 사이의 관계가 직선형보다는 삼각형에 더 가깝다는 사실을 알게 되었다. 네덜란드 경찰관 1535명의 횡단 설문 데이터를 이용한 2017년의 연구 또한 번아웃과 몰입의 구분이 종종 암시되는 것처럼 뚜렷하지는 않음을 보여주었다. 저자들은 "번아웃과 몰입은 중첩되는 개념이며, 인식이나 경험에서 느껴지는 차이를 과대평가해서는 안 된다"는 결론을 내렸다.[7]

쇼펠리와 동료들은 번아웃이 아니라고 해서 반드시 몰입 상태이거나, 몰입 상태가 아니라고 해서 반드시 번아웃이라는 의미는 아니라고 주장했다. 그들이 뒤이어 개발한 위트레흐트 직무몰입척도 UWES는 이제 특별히 몰입을 분석하는 용도로 쓰인다.

노스플로리다대학교 경영학과 조교수 맷 리언Matt Leon은 '번아웃과 몰입에 관한 변증법적 시각'에서 변증법적 긴장 이론을 바탕으로 MBI의 맥락을 이해할 수 있는 이유를 설명했다. 그는 아이오와대학교 레슬리 백스터Leslie Baxter의 연구를 인용했다. 백스터는 콜로라도주립대학교의 바버라 몽고메리Barbara Montgomery와 함께 관계적 변증법 이론을 확립했다. 기본적으로 변증법적 긴장 관계는 음과 양의 역동성에 뿌리를 두고 있다. 고전적인 음양 이론처럼 어떤 값의 극단은 반대의 씨앗을 품는다.[8] 리언은 변증법이 번아웃과 몰입 사이의 관계에 대해 적절한 사고의 방향을 제시할 뿐 아니라 두 개념 사이의 관계와 관련된 경험적 사실들을 더 잘 담아낸다고 평가했다.

리언과 쇼펠리 모두 몰입을 번아웃의 반대 개념으로 생각하는 것이 옳지 않다는 이야기를 하고 있다. 우리는 경영학에서 '몰입'이라는 용어를 자주 사용한다. 그것은 실제로 무엇을 의미할까?

용어 정의를 위해서는 업무 몰입의 창시자라 할 수 있는 윌리엄 칸William Kahn의 연구를 살펴봐야 한다. 칸은 심리학자 프레더릭 허즈버그Frederick Herzberg에게 받은 영감을 바탕으로 1990년에 '개인적 업무 몰입과 이탈의 심리 상태'라는 논문을 발표하고 인간 동기에 관한 연구의 기초를 닦았다.

칸은 여름 캠프와 건축 회사에서 두 차례의 직장 연구를 수행했다. 그는 이 조직의 직원들을 관찰한 끝에, 몰입을 직원이 업무에 '자신의 전부'를 동원하는 능력으로 정의하고, 그것을 가능하게 하는 세 가지 심리적 조건을 규정했다.

- 의미: 직원이 자신의 전부를 투입해도 좋을 만큼 자기 일이 조직과 사회에 의미 있다고 여기는가?
- 안전: 직원이 자신의 전부를 업무에 쏟아도 부정적인 결과의 위험 없이 안전하다고 느끼는가?
- 가용성: 직원이 이 특정한 순간에 자신의 전부를 동원할 정신적·신체적 능력이 있다고 느끼는가?[9]

그의 연구 결과는 일상적인 노력과 몰입을 구분한다. 자신의 전부를 동원할 수 있는 근면한 직원은 충성도와 주인 의식을 보인다. 예를 들어 몰입 상태의 직원은 자신의 추가적인 노력이 조직에 도움이 될 거라고 믿기 때문에 요청받지 않은 업무도 자진해서 처리한다.

칸은 또한 몰입이 고정적이지 않다는 사실을 발견했다. 직원이 경험하는 다양한 직장의 상태에 따라 몰입은 달라질 수 있다. 이것은 몰입이 활발한 환경을 만들 수 있다는 뜻이므로 고용주들에게 반가운 소식이다.

칸은 이렇게 표현했다. "사람들은 직장에서 역할을 맡는다. 그들은 역할이 제공하는 집에 거주하면서 근무시간 동안 다양한 깊이의 자신을 끊임없이 들여오기도 하고 빼내기도 한다."[10]

그는 또 이렇게 주장했다. "몰입은 매우 섬세하고 연약한 동시에 상당히 탄력적이다. 사람들은 몰입하려는 욕구가 있다. 자신이 누구이고 어떤 사람이 되고 싶은지 표현하고 싶은 본능적 동기가 있으며, 직장에서 기회가 주어진다면 반드시 그렇게 할 것이다."

칸의 연구는 정성적 조사였고, 따라서 몰입을 측정할 수 있는 정량적 척도를 제시하지 않았다. 그래서 쇼펠리는 몰입을 번아웃의 단순 역산으로 측정할 수 있는지 알아보고 싶었던 것일 수도 있다. 연구자들은 몰입이 번아웃의 연장선 반대편 끝에 위치하는 것이 아니라 그 자체로 별도의 개념임을 주장하면서 번아웃 척도의 역 점수로 몰입을 측정할 수 있다는 생각에 의구심을 품었다.

그 결과 위트레흐트 직무몰입척도는 학계에서 가장 널리 사용되는 몰입 척도가 되었다. 이 척도와 MBI는 상호 보완적일 수 있지만, 한쪽이 다른 한쪽을 대체하는 설문이라고 생각해서는 안 된다.

리언은 몰입하면 지치지 않는다는 착각은 위험하다고 힘주어 말한다. 이것이 그가 논문에서 제기한 변증법 이론이다. 그는 번아웃과 몰입을 정반대 편에 배치할 경우, 몰입이 번아웃의 원인이 되는 상황을 놓치게 될 위험이 있다고 주장한다.

"우리는 예전에 몰입이 번아웃의 반대 개념이라고 생각했습니다." 리언은 인터뷰에서 말했다. "번아웃을 측정하고 결과를 반대로 뒤집어서, '당신은 몰입한 상태군요'라고 이야기하거나 몰입을 측정하고 결과를 반대로 뒤집어서 '당신은 번아웃 상태군요'라고 이야기했죠. 현실 세계에서 이 두 가지는 완전히 다른 개념입니다."

리언은 학술 연구에 몸담기로 마음먹고 이 학계에 머무는 사람들은 분명한 목적의식이 있어서 그렇게 하는 경우가 많음을 발견했다. "개인적인 차원에서 일과 자신을 동일시하고 일에서 성취감(푹 빠져서 몰두한 상태)을 느끼더라도 극심하게 소진된 상태인 사람들이 너무나 많습니다. 어떤 면에서 몰입이 오히려 번아웃을 유발했다고 볼 수 있죠."

우리는 재충전이 필요하다. 밖에 나가거나 가족과 함께 유익한 시간을 보내도 좋고 새로운 취미거리를 찾아 익히거나 긴장을 푼 채 무료한 시간을 보내도 좋다. 하지만 몰입한 상태에서는 일에서 성취감을 느끼고, 충전된 상태가 소진된 상태로 바뀌는 순간을 알아차리지 못하기 때문에 그러한 배출구를 찾기가 어려워질 수 있다.

일과 자신을 너무 동일시하면 완전한 인간이 될 수 없다. 다시 말해 일이라는 맥락 밖에서 삶을 살아가는 자신을 놓치게 되며, 자신을 직책으로 규정하게 된다. "실패에 따르는 위험이 너무 커서 많은 수련이 필요한 직업의 경우, 일은 그 사람의 정체성이 되어버립니다." 리언은 말했다. "저도 학계에서 그런 사람들을 많이 봤어요. 박사 학위가 있는 사람에게 누구인지 물으면 '저는 박사입니다'라고 이야기하는 경우가 많아요. 그럴 때 저는 '아뇨, 그건 당신의 직업이지 당신이라는 사람이 아니에요'라고 말하고 싶어요. 하지만 그렇게 많은 시간과 노력과 에너지와 자원을 무언가에 쏟고 그 정도로 몰입해 있으면 (⋯) 그 두 가지가 같아지는 것 같아요. '저는 사우스 앨라배마에서 온 맷입니다. 어린 자녀가 하나 있고 사랑하는 아내가 있고 여행을 좋아하죠'라고 말하는 대신 '저는 리언 박사입니다'라고 말하는 거예요. 그건 지속 가능한 삶의 방식이 아니에요."

매슬랙과 나눈 대화로 돌아가 번아웃과 관련해 등장했던 탄광의 카나리아 비유를 다시 한번 떠올려보자. 탄광에 카나리아를 들여보냈는데 카나리아가 제대로 숨을 못 쉬고 움직이지 못할 때 "아, 이런. 저 카나리아의 회복력을 어떻게 높이지? 어떻게 하면 다시 건강을 회복시켜서 탄광에 들여보낼 수 있지?"라고 말하는 사람은 없다. 카나리아가 튼튼하고 회복력이 높으면 탄광에서 연기가 피어올라도 상관이 없을까? 그렇지 않다. 아픈 카나리아는 그곳이 위험한 환경이고 뭔가 유독한 물질이 있으며 상태를 바로잡기 전까지 광부들을 들여보내서는 안 된다는 신호이다.

매슬랙은 이렇게 말했다. "어떤 면에서 우리는 번아웃을 일종의 경고 신호로 받아들여야 합니다. 문제가 보이기 시작하고 사람들이 똑같은 이슈에 대해 불만을 토로하고 있다면 붉은 깃발이 올라간 거죠."

다시 한번 말하겠다. 불타는 건물 안으로 사람을 돌려보내지 말라. 직원들이 불만을 토로할 때 고마워할 줄 모르고 징징거린다고 여기면서 무시해서는 안 된다. "제가 어떻게 도와드릴까요?"라고 물어야 한다. '날 보고 번아웃을 어쩌라고?'라고 생각할 것이 아니라 "여러분이 번아웃에 시달리지 않게 더 바람직하고 건강한 직장을 만들려면 저희가 어떻게 해야 할까요?"라고 물어야 한다. 그것이 바로 선제적 개입이다.

소통을 여는 장치

매슬랙은 이러한 선제적 개입의 사례 한 가지를 소개했다. 한 의료 전문가 그룹은 매일 아침 차트를 점검하면서 문제점이나 미처리 업무가 있는지 파악한 다음, 서로에게 기분이 어떤지 물었다. 그들은 그날의 진료에 영향을 줄 수 있는 정신건강 상태나 개인적인 상황을 명확히 체크했다. 어떤 사람은 집에 아이가 아프다고 말했고, 어떤 사람은 아이를 맡길 시설이 마땅치 않아서 방법을 강구 중이라고 말했으며, 일하는 동안 친정어머니가 집으로 오신다는 사람도 있었다. 사연은 각양각색이었다. 하지만 그럴 때면 여력 있는 팀원들이 자청해서 업무를 분담했다. "이 두 환자는 제가 맡겠습니다. 힘이 되어드릴게요."

다들 기분이 괜찮은 상태이고 딱히 공유할 만한 문제점이 없는 날이면 재미있게 본 최신 영화에 관해 이야기를 나누거나 생일을 축하해주기도 했다. 그들은 이 회의에 '포옹 회의'라는 애칭을 붙였다. 포옹 회의의 장점은 셀 수 없이 많았는데, 그중 하나는 힘든 이야기를 꺼내고 소통하기가 훨씬 편안해졌다는 것이었다. 의료계에서는 예로부터 특정한 역할에 따라 분명한 위계가 존재했지만, 이 그룹은 개인적인 차원의 소통에 시간을 투자한 결과 대인관계 역학을 건강하고 생산적인 방향으로 바꿀 수 있었다.

매슬랙은 말했다. "그들도 당장은 깨닫지 못했던 부가적인 장점이 있었습니다. 누구를 신뢰할 수 있는지, 문제가 생겼을 때 누구에게 이야기를 꺼낼 수 있는지 알게 되었다는 점이죠. 안전한 장소, 안전한 사람을 확보하게 되었다는 것입니다."

'행복 개입'은 왜 감상적으로 느껴질까?

이 아침 회의의 명칭이 '포옹 회의'라고 말한 순간 어쩐지 거부감이 들고 흥미를 잃은 이들도 있을 것이다. 우리는 너무 단순하거나 달콤하게 느껴지는 웰빙 개입에 본능적인 거부 반응을 보이는 경향이 있다. 어떤 사람들에게 행복은 나쁜 브랜드다. 심각한 문제에 낙천적이기만 한 접근법을 들이대는 것처럼 느껴지기 때문이다. 이해할 만하다. 웰빙 전문가로 일하다 보면 이에 대한 근거를 요구하는 사람들을 자주 만난다.

나는 《빅 포텐셜》,《행복의 특권The Happiness Advantage》,《행복을 선택한 사람들Before Happiness》을 쓴 숀 아처Shawn Achor와 이야기를 나누었다. 그의 TED 강연은 조회 수가 1100만 회를 넘을 정도로 큰 인기를 끌고 있다. 그는 긍정적인 심리 개입에 대한 정서적 장벽이 생긴 이유를 다음과 같이 설명했다. "그런 개입은 중요하지만 긴급해 보이지 않는 경우가 많습니다. 대다수 리더는 선의가 넘치고 낙관적인 사람이라 하더라도 일을 완수하기만 하면 모두가 자연스럽게 행복해질 거라고 생각합니다. 더 열심히 일하면 성공이 뒤따를 것이고 목표를 달성하면 행복해질 거라는 공식을 따르는 거죠. 하지만 그들은 공식을 거꾸로 적용하고 있는 것입니다. 현대 경제에서 가장 큰 경쟁 우위는 긍정적이고 적극적인 두뇌라는 사실이 밝혀졌으니까요. 더 큰 성공을 일구어내고자 한다면 팀이 그런 변화를 일으킬 최상의 두뇌 상태를 유지하도록 돕는 일부터 시작해야 합니다."

그는 자신과 함께 일하는 리더들 또한 이 부분을 걱정한다고 말했다. 특히 전 세계적인 감염병이 대유행하는 상황에 긍정과 행복을 강조하려고 하면 사람들이 무감각하게 받아들일까 봐 우려한다는 것이다. 하지만 아처는 조직이 긍정적으로 개입하는 것이 여전히 중요하며, 측정을 통해 그 효과를 증명할 수 있다고 믿는다.

통찰을 바탕으로 실천하기

측정 프로세스의 다음 단계는 수집한 통찰에 따라 행동하는 것이다. 스트레스 요인이 무엇이고 사람들의 기분이 어떤지 파악했다면 필요한 조치를 취해야 한다. 개입 방법을 테스트해 스트레스를 낮추고 안녕감을 높일 수 있는지 살피는 것이다. 그렇다고 이제 측정을 그만둬도 좋다는 뜻은 아니다. 통찰에 따라 조치를 취하는 동안에도 가능한 한 여러 가지 방법으로 피드백을 수집해야만 성공 여부를 판단할 수 있다.

통찰에 따라 실천한 사례를 하나 소개하면 아래와 같다.

아처와 전 CBS 뉴스 앵커이자《행복을 방송하다Broadcasting Happiness》의 저자인 미셸 길런Michelle Gielan은 다섯 개 병원과 지역 의료 센터 한 곳으로 이루어진 제네시스 헬스 시스템이 수익을 내지 못하던 시기에 프로젝트를 함께 진행했다. 이 가운데서 가장 규모가 큰 의료센터의 대표 조던 포크트Jordan Voigt는 기업 문화에 높은 긍정성을 불어넣고 싶었지만 동시에 직원 정리 해고를 감행해 비용을 절감할 계획이었다. 힘겨운 작업이 분명했으나 포크트는 투자할 만한 가치가 있다고 생각했다.

아처와 길런은 의료센터와 협력해 부서별로 일련의 긍정적인 심리 개입 방법들을 적용했고, 개입에 노출된 적이 없는 그룹과 비교해 그 효과를 검증했다. 각 부서는 감사 연습부터 시작해 관리자들이 직원을 더 칭찬하고 인정하도록, 그리고 팀 기반의 의식적인 친절 행동이 늘어나도록 하위문화에 맞춤화된 긍정적인 변화를 설계했다.

대대적인 구조조정이 있었음에도 직장 생활이 행복하다고 보고한 응답자의 비율은 43퍼센트에서 62퍼센트로 증가했다. 번아웃을 느끼는 사람들은 11퍼센트에서 6퍼센트로 줄었고, "업무 스트레스가 높다"고 밝힌 사람들은 30퍼센트 감소했다. "나는 직장에서 유대감을 느낀다"고 말한 응답자 수는 68퍼센트에서 85퍼센트로 증가했다. 개입하지 않은 병원 내 다른 부서의 경우 37퍼센트의 응답자들만이 제네시스가 올바른 방향으로 나아가고 있다고 생각한 반면, 개입 방법을 적용한 그룹의 경우 그 비율은 63퍼센트였다.

아처와 길런은 〈하버드비즈니스리뷰〉의 기사 '낙관주의 리더십은 실제로 어떤 모습인가'에 이 성공적인 연구 결과를 공유했다. 두 사람은 대화를 시작하고 싶어 하는 리더들을 위해 다음의 핵심적인 팁을 제시했다.

위에서부터 모범을 보여라

입으로는 긍정적인 마음가짐이 중요하고 사람이 가장 큰 자산이라고 이야기하면서, 정작 자신은 바쁘다는 이유로 사내에서 이루어지는 긍정 리더십 워크숍에 참석하지 않는 리더들이 많다. 이것은 조직 구성원 모두에게 긍정의 문화가 실제로는 훨씬 낮은 우선순위임을 알리는 행동이다. 포크트는 모든 워크숍의 첫 행사를 직접 주관했다. 또한 데이터 수집 결과가 나올 때마다 자세히 추적 관찰하면서 어떤 방법이 효과가 있는지, 계속 시행할 것인지 결정했다. 그는 행복이 최우선순위임을 강조했고, 직원들의 머릿속에 행복이라는 주제를 단단히 각인시켰다. 회사가 어려운 가운데서도 긍정적인 마음가짐을 기르고 싶은 리더들이 가장 먼저 해야 할 일은 그러한 마음가짐의 모범을 직접 보여주는 것이다.

변화를 요구하기 전에 연결을 도와라

사람은 혼자서 고립된 상태로 긍정적인 변화를 일으키지 않는다. 직장에서의 긍정적인 마음가짐은 집단 활동의 결과인 경우가 많은데, 여럿이 함께하면 행동과 태도가 강화되기 때문이다. 제네시스는 긍정적인 습관을 기르고, 새로운 일의 순서와 방법을 구상하고, 문화에 대해 함께 논의하는 데 워크숍의 초점을 맞추었다. 덕분에 참가자들은 새로운 마음가짐과 일과, 일의 방식을 주체적으로 받아들일 수 있었다. 그들은 실시간으로 새로운 사회 스크립트 social scripts•를 작성하고, 이러한 변화를 조직의 존재 이유와 연결했으며, 의료진의 행복과 긍정성이 환자들에게 큰 영향을 미칠 수 있음을 되새겼다. 리더는 먼저 직원들이 연결되어 있다고 느끼게 한 다음 긍정적인 변화를 일으키도록 권한을 위임해야 한다.

정해진 일상 속에서 변화를 모색하라

리더가 직원들에게 "행복하세요"라고 말만 해서는 안 된다. 긍정을 강화하는 패턴을 만들기 위해 직원들과 함께 노력해야 한다. 스트레스 한가운데서는 긍정적으로 행동하는 방법을 떠올리기가 너무 어렵다. 그러므로 부서 전체가 규칙적인 패턴을 만들어놓으면 새로이 두뇌 자원을 쓰지 않아도 긍정성을 유지할 수 있다. 축하를 습관화하는 것처럼 간단한 방법도 괜찮다. 일례로 결원율이 35퍼센트에 이를 정도로 일이 힘들다고 알려진 내시경 부서는 각자 음식을 가지고 와서 함께 어울려 먹는 점심 행사를 정기적으로 진행한 결과, 6개월간 결원율이 0퍼센트를 기록했다. 몇몇 부서의 리더들은 직원회의 때마다 각자 감사한 일을 한 가지씩 이야기하면서 회의를 시작하는 루틴

●　　다양한 상황에서 어떻게 행동할 것인지에 대한 문화적 지침.

을 도입했다. 어떤 부서들은 직원이나 환자가 그 부서에 들어왔을 때 시각적으로 긍정적인 느낌을 받을 수 있도록 감사 메모나 성과에 관련된 사진을 게시하는 공간을 마련했다.

이 모든 변화는 병원 직원에게만 좋은 것이 아니라 환자들에게도 도움이 되었다. 환자 만족도는 12개월 동안 2배 가까이 증가했다. 개입 이후 제네시스 메디컬 센터 데이븐포트는 다시 수익을 내기 시작했다. 2019년 상반기 중 200만 달러 영업 손실이 800만 달러 이익으로 돌아서면서 수익 목표치를 35퍼센트 초과한 것이다. 이 의료센터는 2019년 의료컨설팅 기관인 프레스 가니로부터 미국에서 뚜렷한 실적 개선을 보인 의료센터 중 하나로 인정받았다. 당해 회계연도 6개월 차에 이 센터의 총 운영수익은 1500만 달러(8.7퍼센트) 늘어난 반면 비용은 190만 달러(1.1퍼센트) 증가하는 데 그쳤다. 그리고 2019년 10월에는 1억 1400만 달러라는 역대 최고의 총매출액을 달성했다. 이 모든 것은 의료 산업 전반이 재정적으로 축소되는 분위기 속에서 거둔 성과였다.[11]

아처와 길런은 개입을 측정해야 그 효과를 추적할 수 있음을 증명했다. 워크웰은 설문 데이터와 정성적 피드백을 통해 개입의 성공을 분석하고, 그것을 직원 순추천지수나 각 회사가 제공하는 다른 측정 기준과 상호 대조해 어떤 방법이 효과가 있고 어떤 방법이 그렇지 않은지 추적한다. 이 시나리오에는 여러 가지 장점이 있다. 충실하게 이행된 웰빙 캠페인은 공동체를 개선하고 스트레스를 줄일 수 있으며 최종 수익에도 긍정적인 영향을 준다.

아처와 길런이 연구 프로젝트에서 최종적으로 얻은 교훈은 앞서 내가 주장한 내용과 일맥상통한다. 그들은 다음을 강조했다.

> 인지된 변화가 없거나 접근법의 타당성을 입증할 데이터가 없으면 달라진 문화는 쉽게 뿌리를 내리지 못한다. 무엇이 효과적인지 검증하지 않으면 그 변화를 영구적으로 유지하거나 어떤 상황에서 가장 먼저 떠올릴 동기 부여 요인이 사라진다. 긍정적인 변화를 이어가는 데 필요한 에너지와 바람직한 결과 사이의 관계가 뚜렷이 정립되어 있지 않는 한, 힘든 시기가 다가오면 긍정적인 개입은 한쪽으로 내팽겨쳐지기 마련이다. 각 부서에 시간차를 두고 점진적으로 접근한 끝에, 다른 팀들은 나중에야 개입 방법과 그 결과에 대해 전해 들었고 자기 팀에 대해서도 긍정적 개입을 요구했다.[12]

이 사례는 웰빙 개입이 수익과 주주 가치에 끼치는 이점을 강조하는 데서 그치지 않고, 데이터 기반 의사 결정이 그러한 효과의 원동력임을 보여준다. 우리는 데이터를 보고 투자의 방향을 어디로 틀어야 하는지 알 수 있으며, 무엇이 효과적이고 무엇이 효과적이지 않은지 확인하고 효과가 있는 쪽에 더 많이 투자함으로써 효율성을 높일 수 있다.

또한 데이터는 더 많은 참여를 끌어낼 수 있다. '실천하면 근사한' 수준이 아니라 '반드시 실천해야 하는' 일임을 보여주는 증거가 있으면 의사 결정자가 조심스러운 마음이 들거나 얼핏 편향되어 보이는 아이디어도 받아들이도록 설득하기가 수월해진다.

번아웃을 명확히 정의하려면 원인과 예방 방법을 알아야 한다. 그러려면 측정이 필요할 뿐 아니라 해결책을 테스트하고 반복 적용해 보면서 효과 있는 방법을 찾아야 한다. 꼭 맞는 해결책이 무엇일지, 과연 찾을 수 있을지 너무 걱정하지 말고 모든 가능성을 탐색해야 한다. 완벽한 측정 방법을 찾는 데 집착하지 말고 한걸음 한걸음 조금씩 앞으로 나아가야 한다.

그렇게 내딛는 한걸음은 처음엔 작더라도 시간이 지나면서 커질 것이다. 조직 내에서 아직 어떤 조치도 취한 적이 없다면 간단하게 시작해보는 게 어떨까?

너와 나, 그리고 단돈 5달러면 된다.

3부

리더십

5 호기심으로 이끌기

호기심은 무언가에 대해 배우거나 알고 싶은 욕망이 강한 상태로 정의할 수 있다. 이 욕망은 유전자 속에 깊이 내재된 생존 욕구에서 비롯된 것이다. 인간은 호기심 때문에 위험을 만나기도 하지만 호기심 덕분에 지식을 습득함으로써 정서적·정신적·지적·신체적으로 성장하기도 한다. 그 프로세스를 억누를 때 성장이 멈추고 상상력이 쇠퇴하며 학습 능력이 사라진다.

직원들이 호기심을 추구하도록 돕지 않는 것은 성장을 멈추라고 이야기하는 것과 같다. 이는 조직이 성공하려면 필요한 요소에 정확히 반대되는 것이다. 회사가 번창하기를 바란다면 직원들이 먼저 성장해야 한다.

호기심을 자극하고 발견을 축하하는 기업 문화는 그러한 목표를 추진하는 데 도움이 된다. 하지만 안타깝게도 이미 어른이 된 우리는 질문에 대한 갈증이 없다.

어렸을 때 우리는 주변 사람들에게 "왜요?"라는 질문을 짜증스러울 정도로 자주 했다. 하지만 이제는 "왜요?"라고 반복해서 묻는 아이를 곤혹스러워하는 처지가 되었다. 때로는 가벼운 짜증이 올라오기도 하지만, 더 알아보고자 하는 그 욕망을 잃는 것이 노화의 부차적 결과라니 얼마나 안타까운 일인가? 어른들은 답을 알아내는 일에 신경 쓰고 싶어 하지 않는다.

이것 또한 길고 오랜 진화의 산물일까, 아니면 시대 변화에 따라 심해진 증상일까? 우리는 이미 배가 부르다고 느낀다. 매일 어느 정도의 소셜 미디어를 확인하거나 생활의 배경 음악이 된 24시간 케이블 뉴스를 보기만 해도 정보에 대한 갈망이 충족되기 때문이다. 언제든 구글 검색을 할 수 있기에 다른 사람에게서 답을 얻고자 하는 욕구가 무디어졌을 수도 있다.

하지만 다른 사람에 대한 호기심이 번아웃을 낮추고 새로운 배움을 모색하는 것이 우리 자신에게도 이익이 된다면 어떨까? 이것이야말로 일거양득 아니겠는가?

회사에 호기심 많은 인재가 필요한 이유

행동과학자이자 하버드 경영대학원 경영학과 교수인 프란체스카 지노Francesca Gino는 〈하버드비즈니스리뷰〉에 널리 알려진 기사 '회사에 호기심 많은 인재가 필요한 이유'를 썼다.

지노는 혁신, 창의적 사고, 경쟁 등 예상할 수 있는 모든 이유를 들면서 기업 리더들에게 호기심의 가치를 재평가해보라고 촉구한다. 지노는 이렇게 썼다. "부싯돌에서 자율 주행차에 이르기까지 유사 이래 거의 모든 획기적 발견과 놀라운 발명에는 공통점이 있다. 바로 호기심의 결과물이라는 점이다."[1]

이 기사는 호기심의 문화가 주는 다른 혜택에도 주목한다. 신뢰를 증진하고 심리적 안전감을 주며 쉽게 질문을 던질 수 있고 우정을 키우는 것 등의 혜택이다. 지노의 연구에 따르면 결정적으로 호기심은 공감 능력을 높여준다. 이는 번아웃을 낮추는 것으로 인정된 리더십 능력이다.

"집단 구성원들의 호기심을 북돋우면 구성원들이 다른 사람의 처지에서 생각하고, 자신의 관점에만 집중하기보다 타인의 아이디어에도 관심을 갖게 된다는 사실을 발견했다"라고 지노는 말했다.[2]

지노의 연구는 또한 호기심 있는 직원들이 더 개방적이고 효과적으로 경청하며, 어려운 상황에 직면했을 때 꿋꿋한 태도를 유지하고 창의적인 해결책을 모색하는 경향이 있다는 사실을 밝혀냈다.

호기심 많은 문화는 강하다. 호기심을 올바른 방향으로 발휘하기만 하면 된다. 그렇다. 놀랍게도 올바른 방향과 잘못된 방향이 따로 있다.

호기심의 과학

400편 이상의 과학 논문을 발표한, 세계적으로 유명한 천체물리학자 마리오 리비오Mario Livio에 따르면 "인간은 새로운 종류의 먹을 것과 새로운 도구 제작, 조리를 위한 불의 사용에 호기심을 느낌으로써 스스로 호기심 능력을 키웠을 것"이라고 한다. 하지만 우리가 호기심을 처리하는 방식이 뇌에서 매번 똑같이 취급되지는 않는다. "호기심은 사실 뇌의 고유한 회로에 의해 구동되는 여러 가지 다양한 심리적 상태를 아우른다." 리비오는 미국의 대중심리학 잡지 〈사이콜로지투데이Psychology Today〉에 실린 기사 '왜냐고 묻는 이유'에서 이렇게 설명했다.[3]

우선 예시를 살펴보자. 팬데믹 기간 내내 우리 모두가 직접 체험한 것처럼 정보 결핍 상태에서 비롯되는 호기심이 있다. 알 수 없는 상황의 지속은 지각적 호기심을 자극했다. 지각적 호기심은 "불확실성으로 인해 생긴 격차를 느끼고 그 불쾌한 감각을 덜어줄 새로운 통찰을 추구하고자 할 때" 생긴다.[4]

이에 반해 인식적 호기심은 예술과 과학을 탐구하고 발견과 혁신을 통해 인류를 하나로 연결하는 호기심으로서 "즐거운 상태, 즉 보상을 기대하는 상태"를 불러일으킨다.[5]

지각적 호기심은 주로 불쾌한 감정과 결부되며, 리비오의 주장처럼 "지적 가려움을 긁는" 것과 비슷하다. 감염병이 시작된 처음 몇 개월이나 코로나19 이전에도 온종일 들리던 뉴스를 생각해보라. 미디어 소비는 유감스러운 결과가 나온 2016년 선거 이후[●] 기하급수적으로 증가했다. 뉴스는 너무나 많은 사람에게 '불쾌한' 감정을 유발해서, 심리치료사들은 관련 증상을 지칭하는 '헤드라인 스트레스 장애' 혹은 '속보 장애'라는 용어를 따로 만들어냈다.

로체스터대학교 뇌인지과학과 연구진 셀레스트 키드 Celeste Kidd 와 벤저민 헤이든 Benjamin Hayden 은 정보에 대한 인간의 끝없는 수요가 세계 경제의 많은 부분을 주도한다고 주장한다. 그들은 미시적 관점에서 인간의 정보 갈망이 "동물의 먹이 찾기 패턴"과 비슷하다고 말했다.[6]

우리는 이 토끼굴을 너무나 잘 알고 있다. 마음을 진정시키는 정보를 찾는 데 골몰하다 보면 어느 순간 컴컴하고 우울한 구덩이에 갇혀 옴짝달싹하지 못하는 신세가 되어버린다. 오스카 와일드가 현대에 살아 있었다면 "대중은 무엇이나 알고 싶어 하지만 정작 알아야 할 것은 알려고 하지 않는다"라는 사실을 우리에게 상기시키려

[●] 　도널드 트럼프 대통령 당선을 말한다.

했을 것이다.

우리는 인식적 호기심에 주의를 집중해야 한다. 이는 도파민을 전달해 뇌의 보상 체계를 자극하는 호기심이다. 재미를 위한 학습에 호기심을 가지면 "내적 동기, 곧 활동 그 자체가 주는 즐거움"을 누리게 된다.[7]

인식적 호기심이 우리를 그렇게까지 기분 좋게 만든다면 당연히 정신건강에도 도움이 되지 않겠냐고? 정확한 판단이다. 실은 우리의 생존이 거기에 달려 있다.

1. 호기심은 인간의 진화에 도움이 된다. 호기심을 발휘하지 않았다면 인간은 아직도 불 없이 동굴에 살았을지도 모른다. 탐구하려는 열망과 새로운 것을 추구하고자 하는 욕구는 진화에 중요한 역할을 하며, 인간에게는 그러한 본능이 있다. 우리는 새로운 것을 마주할 때 분비되는 도파민dopamine과 오피오이드opioids(기분을 좋게 하는 뇌 속의 화학물질)로 호기심에 대한 보상을 받는다. 새로움의 이면은 지루함, 곧 번아웃의 예측 지표다. 우리는 계속 앞으로 나아가야 하며, 호기심 어린 행동을 통해 그럴 수 있다.

2. 호기심은 업무 성과를 높인다. '성인의 호기심, 직장 내 학습, 직무 성과 사이의 관계에 대한 현장 조사'라는 연구에서 저자들은 성인이라는 상태와 인식적(지식 추구) 호기심이라는 특성이 직장 내 학습과 직무 성과에 영향을 미친다는 사실을 발견했다.[8]

3. 호기심은 공감의 범위를 넓힐 수 있다. 공감 능력이 뛰어난 사람들은

낯선 사람에 대해 끝없는 호기심이 있다. 그들은 자기 자신보다 남에게 더 흥미를 느끼지만 심문하듯 대하지는 않는다. 런던 인생학교®의 창립 멤버인 로먼 크르즈나릭[Roman Krznaric]은 '공감 능력이 뛰어난 사람들의 여섯 가지 습관'이라는 글에서 "호기심은 우리가 일상적인 사회 집단 바깥의 사람들에게 말을 걸고 자신과 매우 다른 삶과 세계관을 접하게 함으로써 공감의 범위를 넓힌다"라고 썼다.[9] 호기심은 리더들에게도 유익하다. 행복 연구자 마틴 셀리그먼[Martin Seligman]은 호기심을 삶의 만족도를 높이는 중요한 성격적 강점으로 규정했다.

4. 호기심은 다른 사람들을 더 건강하게 만든다. 캘리포니아대학교의 생명윤리학자 조디 핼펀[Jodi Halpern]은 '공감과 환자-의사 갈등'이라는 논문에서 의사들이 환자의 견해를 진심으로 궁금해하면 의사와 환자 모두 화를 내거나 좌절감을 겪는 빈도가 낮아지고 더 나은 결정을 내리게 되어 궁극적으로 치료 효과가 상승한다고 설명했다.[10]

5. 호기심은 스트레스를 낮춘다. 토드 카시단[Todd Kashdan]은 '호기심과 탐구: 긍정적인 주관적 경험과 개인적 성장 기회 촉진'에서 호기심이 스트레스, 불안, 우울을 밀어낸다는 사실을 발견했다. 세 가지 모두 인지 잠재력을 제한하고 고급 커뮤니케이션이나 협상 같은 고차원적인 인지 능력을 발휘하지 못하게 가로막는 요소다.[11]

- 학교에서 배우지 못한 삶의 지혜와 생활의 기술을 나누기 위해 2008년 작가이자 철학자인 알랭 드 보통이 런던에 처음 문을 열었고 전 세계에 분교를 두고 있다.

호기심으로 이끌기

과학자, 연구원, 전문가들은 하나같이 우리가 그 진정성 있는 인식적 호기심을 유지할 필요가 있다고 주장한다. 호기심이 번아웃을 예방할 수 있다고 주장하는 이들도 많다.

교육 전문기업 에이지오브러닝의 교과 과정 선임 자문 리베카 펄래셔스Rebecca Palacios는 말했다. "아이들은 탐구심을 가지고 태어납니다. 주변 세상에 대해 알고 싶어 하고 끊임없이 '왜?'라는 질문을 던지죠." 펄래셔스는 성인인 우리도 계속 열린 마음으로 '왜?'라는 질문을 던지고 답을 구해야 한다고 단언한다. "이런 방법으로 우리는 주변 세계를 발견하고, 세상 사람들이 어떤 기분이고 우리가 그들에게 어떻게 힘이 되어줄지 알아낼 수 있습니다. '왜?'라는 의문을 멈추는 순간 우리는 정체되고 주변 세계에 덜 민감해지게 됩니다. 아니면 예전만큼 많은 질문을 하지 않게 되죠."

발견과 혁신의 문화를 조성하려면 진심으로 궁금해하고, 답을 찾아서 내면을 들여다보아야 한다. 우리는 함께 일하는 사람들을 알고 싶어 하고 그들이 건강하고 행복한 상태인지 확인해야 한다. 만약 그렇지 못하다면 이유를 묻고 그렇게 알게 된 내용을 바탕으로 기존의 관행과 정책을 중단해야 한다. 호기심의 문화를 우선순위로 삼는 것이 웰빙 전략의 필수 요소인 이유가 여기에 있다. 호기심은 우리의 정신건강에도 아주 이롭지만 번아웃 예방을 위해서도 매우 중요하다.

호기심의 문화를 구축하는 일은 생각보다 간단할 수도 있다.

데이터 안에 문화가 있다

경영서비스 기업 ADP의 최고인류학자 마사 버드^{Martha Bird}는 특이한 직무를 맡고 있다. 인류학자를 임원급으로 영입한다는 것은 기업으로서 꽤 진보적인 행보지만, 이를 따르는 조직이 더 많아져야 할 듯하다. 좋은 결실을 거두고 있기 때문이다.

2019년 ADP는 직장문화 조사기업 컴패러블리가 선정한 '상위 50대 최고의 대기업 문화' 부문에서 3위에 올랐다. 나는 통상 직원 의견이 반영되지 않는 '일하기 좋은 직장 목록' 부류를 좋아하지 않지만 이 회사의 순위는 이름을 밝히지 않은 직원들의 의견을 바탕으로 한다. 조사 방법론에 관한 설명에 따르면 최종 데이터 세트는 컴패러블리닷컴에서 미국 기업 5만 곳에 대한 1000만 건에 가까운 평가를 집계한 결과라고 한다. 50개 이상의 체계적이고 종합적인 직장 관련 질문을 바탕으로 순위를 결정했으며, 그 질문에는 보상, 리더십, 전문성 계발, 일과 삶의 균형, 복리후생 등 핵심적인 문화 요소들이 포함되어 있다.[12]

이 회사가 문화 부문에서 3위에 오른 이유는 버드가 최고인류학자로서 벌이는 활동 덕분인지도 모른다. ADP 웹사이트에 올라온 STEM(과학·기술·공학·수학) 분야의 여성 임직원 프로필을 참고하면 버드가 이 회사 문화 전략의 큰 부분인 이유를 짐작할 수 있다.

이베이에 근무하던 시절 버드는 판매자들의 문화에 완전히 몰입한 상태로 하루하루를 보냈다. 웹사이트에 게시된 그의 프로필에는 다음과 같은 내용이 있다. "마사 버드는 인형이나 매직 토이 수집가들과 어울리면서 그들이 중요하게 여기는 것은 무엇이고 그들의 흥미를 끄는 사이트를 만들려면 기술을 어떻게 개선해야 하는지 이해하려고 애썼다. 그는 여러 가지 면에서 (이베이가) 일종의 온라인 박물관이고, 이용자는 사람들이 필요로 하고 원하는 것이 무엇인지 파악하는 큐레이터라는 사실을 깨달았다."[13]

나는 사용자 경험이 다른 어떤 국가에서 제품을 출시하거나 회사를 설립할 때 해당 국가의 언어나 관습, 의례 등 문화에 완전히 몰입해야 하는 이유가 무엇인지 질문했다. 버드는 "타인의 자유를 깊이 존중하려면 피상적인 모습 너머의 좀 더 미묘한 부분까지 알아차려야 하기 때문"이라고 대답했다. 그는 그것이 '전문 도청자'가 되는 일과 비슷하다고 했다.

나는 그 표현이 굉장히 마음에 들었다. 공감 리더십의 기본 원칙인 '적극적인 경청'과 일맥상통하기 때문이다. 사소한 데이터에 귀를 기울이고 그것을 바탕으로 건강한 행동의 네트워크 효과를 일으킴으로써 좋은 문화를 확대할 수 있다는 것은 내가 늘 하는 주장이다.

버드의 이야기는 마음에 아주 깊이 남았다. 무엇이 특별한 문화를 만드는지에 관한 깊은 통찰을 보여주었기 때문이다. 직장의 물리적인 벽과 가상의 벽 안에서 감지되는 특별한 분위기야말로 굳이 노력하지 않아도 소속감을 느끼게 한다. "사람들은 복잡다단하고, 그 복잡함이야말로 많은 것을 말해줍니다. 인간은 복잡함 속에서 의미를 찾으려고 노력하죠. 그리고 그 의미는 우리가 하는 행동에 반영돼요. 다시 말해, 데이터 안에 문화가 있습니다. 기술에도 문화가 담겨 있고요. 인류학자는 복잡함을 해체해서 패턴을 밝혀내고 오랜 난제에 대해 새로운 사고방식을 찾아내는 사람들입니다."

나는 인류학자의 관점에서 번아웃이라는 문제에 접근하는 방법을 생각해보고 싶어졌다.

조직 인류학자는 스토리텔링 세션, 문화 탐사, 관찰 조사를 통해 기업을 분석함으로써 리더들이 직원의 행동을 이해할 수 있게 돕는다. 그들은 섬세한 필터를 통해 조직을 관찰한다. 또한 역사적 맥락과 대중의 어휘를 파헤쳐 오래된 행동을 새롭게 해석할 수 있도록 돕는다. 그들은 시각적 요소, 인공물, 상징, 단어를 통해 깊은 의미를 들여다보고 우리를 괴롭히는 문제에 대해 더 나은 답변을 생각해내라고 촉구한다.

공유되고 전해지는 이야기 속에서 발견의 마법이 이루어지는 경우가 많다. 일상생활 속의 무작위적인 이야기, 즉 사람들을 웃게 만드는 희한한 물건들, 그들이 감상하는 예술 작품, 읽는 책, 유년기의 꿈, 추억, 현실 속에 힌트가 숨어 있다. 생산성이나 몰입도만 측정할 때보다도 누군가가 가방에 매달고 다니는 배지나 책상에 붙여둔 사진 한 장에서 그 사람에게 동기를 부여하는 것이 무엇인지 더 많이 알 수 있다. 대규모 측정은 직원들이 어떻게 일하고 있는지를 말해주지만(거시적 분석은 중요하다), 사소한 데이터는 직원들이 어떻게 느끼는지를 말해준다.

구글의 팀 빌딩 방식

이쯤에서 나는 측정의 중요성을 다시금 강조하지 않을 수 없다. 그런데 여기 또 하나의 측정 방법이 있다. 전문 도청자가 되려면 꼭 알아야 할 내용이다.

조직 규모에 상관없이 리더가 직원들과 소통하며 지내야 할 이유와 방법은 언제나 있다. 직원 수 2000명이 넘는 회사의 최고경영자가 조직의 모든 사람과 관계를 쌓기란 불가능하다는 생각은 너무나 오랜 세월 경영자들의 뇌리에 박힌 착각이다. 화상회의가 더 저렴해지고 접근성이 높아지기 전인 1980년대 중반이었다면 어려웠을 수도 있다. 하지만 그 이후로는 고위 경영진이 직원들과 단절된 상태로 지내야 할 어떠한 핑계도 있을 수 없다. 어떻게 하면 접근성을 확장할 수 있냐고? 방법은 생각보다 쉽다.

나는 구글과 같은 조직의 팀 빌딩 방식이 옳다고 믿는다. 예상할 수 있다시피 그들은 데이터 없이 결정을 내리지 않는다. 코드명 '아리스토텔레스 프로젝트'라는 연구팀은 여러 해에 걸쳐 상위

100개 정도의 고성과 팀을 분석해 그들의 문화 레시피를 찾아냈다. 그 분석 결과에 깜짝 놀란 사람들도 있다(나는 놀라지 않았다). 연구원들이 알아낸 사실은 다음과 같다.

첫째, 고성과 팀의 구성원들은 회의 중 고르게 발언했다. 아이디어, 해결책, 생각, 계획 등을 공유할 시간이 모두에게 똑같이 주어졌다. 아리스토텔레스 프로젝트의 책임 연구원인 카네기멜론대학교의 애니타 윌리엄스 울리Anita Williams Woolley는 이것을 "대화 순서의 평등한 분배"라고 표현했다. 울리는 "모두가 발언 기회를 얻는 팀은 좋은 성과를 냈다. 하지만 어느 한 사람 혹은 몇몇 사람들만 계속 말을 한 팀은 집단 지성이 떨어졌다"라고 했다.[14]

둘째, 고성과 팀들은 모두 '평균 사회적 감수성'이 높았다. 다른 사람의 신체 언어, 기호 체계, 어조, 표정이나 다른 비언어적 신호를 바탕으로 기분 상태를 파악하는 능력이 아주 뛰어나다는 말을 학문적으로 표현한 것이다.

연구진은 멋진 방법으로 사회적 감수성을 측정했다. 사람의 눈을 찍은 사진들을 보여주고 그 사람의 생각이나 기분을 묘사해보라고 한 것이다. 이 방법은 '눈으로 마음 읽기' 테스트로 알려졌다. 짐작대로 고성과 팀들은 이 테스트에서 높은 점수를 받았다. 누군가가 속상해 있거나 스트레스를 받는 상태이거나 다른 팀원들과 고립되어 있을 때 그 상황을 더 잘 읽어내는 능력이 있었다. 상대적으로 성과가 낮은 팀들은 이 테스트에서 평균 이하의 점수를 얻어, 동료들에 대한 감수성이 낮음을 드러냈다.

　동료끼리 혹은 리더로부터 공감을 얻지 못할 때 번아웃이 증가할 수 있음은 연구 증거와 사례 증거 모두를 통해 확인된 사실이다. 따라서 리더는 이 증거를 명확한 신호로 받아들여, 평균 사회적 감수성이 높은 팀을 구축하고 평등하게 생각을 공유할 수 있도록 하는 것이 번아웃과 수익을 둘 다 개선하는 바람직한 방법임을 이해해야 한다.

　《습관의 힘》을 쓴 찰스 두히그 Charles Duhigg는 '완벽한 팀을 만들기 위한 탐색 과정에서 구글은 무엇을 배웠나'라는 기고문에서 다음과 같이 썼다. "아리스토텔레스 프로젝트는 기업들이 업무와 관련된 모든 것을 최적화하고자 하지만, 정작 성공은 최적화하기 어려운 경험에 달려 있다는 사실을 되새겨준다. 이를테면 정서적 상호작용이나 어떤 사람이 되고 싶고 팀원들로 인해 어떤 기분이 드는지와 같은 복잡한 대화나 토론은 사실상 최적화가 불가능하다."[15]

　내가 만약 "회사에서 최고의 성과를 내는 팀들의 정서적 원동력은 무엇입니까?"라고 묻는다면 당신은 뭐라고 대답할 수 있는가?

　심리적 안전감은 모든 조직에 꼭 필요한 요소지만 다양한 형태와 리더십 스타일로 나타날 수 있다. 구글은 이 사실을 스스로 입증했지만 모든 문화는 고유하므로 조직마다 자체 버전의 아리스토텔레스 프로젝트를 개시해야 한다.

　흥미롭게도 구글은 점심 배식 속도를 조금 늦추면 '긍정적인 충돌'이 더 많이 일어난다는 사실을 데이터를 통해 깨달았다. 줄을 서서 기다리는 시간이 조금씩 늘어나면 사람들이 서로 대화를 시작해서 그런 게 아닐까 하는 추론이었다. 점심을 함께 먹는 사람들이 더 늘어났고 그 자리에서 중요한 문제들이 해결되기도 했다.

구글은 아리스토텔레스 프로젝트에서 수집한 데이터를 바탕으로 팀 규모도 성과 개선에 영향을 끼칠 수 있다는 사실을 알게 되었다. 소규모 팀일수록 성과가 좋아진다는 수많은 연구 결과가 있지만 번아웃을 예방하는 효과는 어떨까? 피드백 강화와 커뮤니케이션 개선 면에서도 소규모 팀이 유리하다는 증거가 계속 나오고 있으며, 이 두 가지는 효과적으로 작동할 경우 번아웃 감소와도 밀접한 상관관계를 보인다.

큰 그룹이 상호의존적인 작업을 함께 진행하면 불행히도 예기치 못한 문제가 발생한다. 연구자들은 많은 사람이 함께 일할수록 커뮤니케이션 비용이 커지고 호기심을 느낄 기회도 줄어든다는 사실을 알게 되었다.

연결을 유지하려면 작은 팀이 더 낫다

앨리스터 코크번Alistair Cockburn은 소프트웨어 엔지니어와 개발자들을 위해 '스크럼' 중심의 패턴 문헌을 구축하겠다는 사명을 갖고 출발한

웹사이트 ScrumPLoP®.org의 감독이다. 이 사이트는 스크럼을 "복잡한 적응형 문제**를 해결해나가면서 최고의 가치를 지닌 제품을 생산적이고 창의적으로 제공하도록 도와주는 체제"라고 정의했다.[16]

누군가 스크럼이라는 단어를 보고 럭비를 떠올릴 수도 있다. 짐작대로 이 용어는 럭비에서 빌려온 것이고, 선수들의 전술 대형을 의미한다. 스크럼이라는 용어는 1986년 히로타카 타케우치Hirotaka Takeuchi와 이쿠지로 노나카Ikujiro Nonaka가 〈하버드비즈니스리뷰〉에 발표한 기사의 소프트웨어 개발 맥락에서 처음 사용되었다.[17] 이들은 팀워크를 강조하기 위해 스크럼이라는 용어를 선택했다.

스크럼 가이드Scrum Guides에 따르면 스크럼은 소프트웨어, 하드웨어, 임베디드 소프트웨어, 상호작용하는 기능의 네트워크, 자율 주행차, 학교, 정부, 마케팅, 조직의 운영 관리를 비롯해 우리가 개인 혹은 집단으로서 일상에서 이용하는 거의 모든 것에 사용된다.[18]

'퍼블리시드 패턴스Published Patterns'는 소프트웨어 개발자들이 원고를 기고해 이 분야에서의 리더십에 관한 팁이나 조언을 공유하는 블로그다. 한 기고자는 '소규모 팀'이라는 제목의 게시물에 다음과 같이 썼다. 좋은 커뮤니케이션은 효과적인 팀워크에 꼭 필요한 요소지만, 팀 규모가 커지면 "늘어난 인원수만큼 전달되어야 할 정보가

●　PLoP는 Pattern Languages of Programs를 의미한다.

●●　정답이 정해져 있는 것이 아니라 변화하고 적응하면서 해결해야 하는 문제.

많아지는 반면 그룹 내에서 실제로 전달되는 정보는 상대적으로 줄어든다. 극단적인 경우, 커뮤니케이션과 조율에 그룹의 거의 모든 자원이 소모된 나머지 생산적인 일을 할 시간이 거의 남지 않는다. 이것은 컴퓨터에서 사실상 아무런 성과도 달성하지 못한 채 많은 에너지를 낭비하는 '스레싱'이라는 문제와 비슷하다."[19]

이 기고자는 같은 주제에 관한 다른 연구 결과와 마찬가지로, 그룹의 규모가 커지면 각 개인의 상대적 기여가 줄어든다고 주장했다. 그것은 마치 군중 속에서 익명성을 얻듯 사람들이 일하지 않고 뒤에 숨어서 책임을 덜 지려 하는 상황이다. 심리학자 앨런 잉엄Alan Ingham은 1970년대에 '사회적 태만'이라는 개념을 제안했다. 이 개념은 팀 규모가 커질수록 개인의 노력이 줄어드는 이유를 이해하는 데 도움이 된다.

사회적 태만은 구태여 다른 구성원의 일을 덜어주려고 하지 않는 소극적인 태도라고 설명할 수 있다. 잉엄은 대여섯 명 이상의 그룹에 사람을 한 명씩 추가할 때마다 개인이 그룹에 이바지하는 몫이 점점 더 작아진다고 판단했다. 그가 여기서 강조하는 것은 그룹의 규모가 커지면, 전체 생산성은 소규모 팀에 비해 높을 수 있으나 대규모 팀의 개별 구성원은 소규모 팀 구성원보다 생산성이 낮아진다는 사실이다.

"불공평해!' 인종적으로 다양한 그룹의 사회적 태만에 대한 문화적 태도'라는 논문에서 공저자 질 클라크Jill Clark와 트리시 베이커

Trish Baker는 다음과 같이 썼다. "사회적 태만을 줄이는 중요한 요소는 그룹의 크기를 작게 유지하고 신뢰할 수 있는 성과 평가 메커니즘과 뚜렷한 기준을 제시하는 것이다. 개개인에게 본인의 성과나 그룹의 성과에 대한 피드백을 주는 것도 사회적 태만을 줄이고 구성원의 업무 관여도를 높이는 것으로 나타났다. 연구진은 사람들이 도전적이고 의미 있는 일에 더 큰 노력을 기울이는 경향이 있다고 결론지었다. 한편 자신이 남보다 더 뛰어나다고 생각하는 사람들은 그룹 과제에 덜 기여할 가능성이 크다."[20]

와튼 경영대학원 교수 캐서린 클라인Katherine Klein은 싱가포르 난양기술대학교 교수 벵총 림Beng- Chong Lim과 공동 저술한 논문 '팀 멘탈 모델과 팀 성과'에서 널리 받아들여지는 이상적인 업무팀 규모가 다섯 명이라고 주장했다. "다섯 명이 넘는 팀은 개인 성과가 떨어지기 시작하고, 다섯 명 미만의 팀은 어색한 팀 역학과 기능 격차●를 겪을 수 있다."[21]

이뿐 아니라 소규모 팀에서 일하는 사람들은 서로에 대한 애착이 크고 공동의 목표를 잘 이해하며 팀 내의 커뮤니케이션도 더 활발하다. 그들은 의견을 낼 기회를 더 많이 얻고 전반적인 생산성도 더 높다.

하지만 전문가들은 (팀 규모가 크더라도) 기존 팀에서 사람들을

●　　노동자의 능력이 직무가 요구하는 수준에 미치지 못함.

무조건 잘라내는 것은 답이 아니라고 조언한다. 직장 내 그룹이 개개인으로 촘촘히 연결되어 있을 때 타당한 이유 없이 그 관계를 끊는 것은 집단 전체의 업무 경험에 부정적인 영향을 끼칠 수 있다. 또한 건강한 관계는 번아웃을 막는 데 중요한 역할을 하므로, 팀원들이 이직이나 승진 혹은 새로운 내부 기회를 모색하는 일에 관심을 보일 때처럼 적절한 시기를 틈타 그룹의 인원을 줄이는 것이 가장 바람직하다.

호기심을 기업 문화로 만드는 방법

건강한 관계는 웰빙의 기반이기 때문에 공동체가 없다는 것은 번아웃의 큰 위협 요소가 될 수 있다. 행복 연구자이자 긍정 심리학의 선구자인 마틴 셀리그먼에 따르면 웰빙과 행복에는 다섯 가지 중요한 구성 요소, 이른바 PERMA가 있다.

- 긍정 정서 Positive emotions – 기분 좋은 상태.
- 몰입 Engagement – 활동에 완전히 빠져듦.
- 관계 Relationships – 타인과 진정으로 연결됨.
- 의미 Meaning – 존재의 목적.
- 성취 Achievement – 성취와 성공의 느낌.[22]

셀리그먼이 PERMA 이론을 내놓은 후로 우리는 'R'이 행복과 웰빙에 가장 중요한 기여 요인이라는 점을 더욱 확신하게 되었다. 평생 9만 시간을 직장에서 보낸다면 거기서도 견고한 우정을 쌓는 일에 시간을 투입하는 것이 합당하지 않겠는가?[23] 그러기 위한 한 가지 방법은 안부 확인, 즉 다른 사람의 삶에 호기심을 갖는 것이다.

언스트앤영의 글로벌 다양성과 포용성 책임자 캐린 트와로나이트 Karyn Twaronite는 '동료들의 안부를 묻기만 해도 생기는 놀라운 효과'에서 "사람들이 직장에 소속감을 느끼면 생산성, 동기 수준, 열의가 높아지고 잠재력을 최대한 발휘할 가능성이 3.5배 더 높다"라고 주장했다.[24]

이 연구에서 트와로나이트는 응답자의 39퍼센트가 동료들이 개인적으로 안부를 묻거나 업무적으로 상태를 확인할 때 가장 높은 소속감을 느낀다는 사실을 발견했다. 반대로 그러한 효과를 내지 못하는 전술이 무엇인지도 알아냈다. 예를 들어 친밀감 없는 분위기에서 고위 경영진과 일대일로 대면한다거나, 고위급 리더들이 주최하는 대규모 행사나 외부 이벤트 혹은 발표에 초대를 받는다거나 이메일에 참조로 이름이 들어가는 경우는 별로 연결된 느낌을 주지 못했다.[25]

그렇다면 어떤 방법으로 안부를 확인해야 할까? 트와로나이트에 따르면 안부 확인에도 요령이 있다.

배려하라

진심이 전달되려면 상대방이 선호하는 소통 방식이 무엇인지 알아야 한다. 사람들이 그 어느 때보다 줌 번아웃에 시달리는 시대에 또 다른 영상 회의에 들어오라고 요구하는 것은 무신경해 보일 수 있다. 어떤 사람들은 불특정한 시간 동안 다른 사람을, 그것도 그다지 잘 알지 못하는 사람의 얼굴을 일대일로 마주 보는 상황을 좋아하지 않는다. 그보다는 전화 통화를 하거나 직접 만나서 대화하거나 이메일이나 메시지를 보내는 편이 나을 수도 있다. 선호하는 방법이 무엇이든 그 방법을 먼저 알아낸 후에 적절한 소통 채널을 결정하라.

진정성을 가져라

친구나 동료와 진정성 있는 관계를 쌓으려고 노력하라. 어떻게 지내는지 묻고 잘 지낸다는 대답에서 대화를 끝내서는 안 된다. 구체적인 관심을 보여라. 깊이 파고들어라. 건성으로 안부를 묻는 대신 진행되고 있는 프로젝트에 관해 질문하라. 상대방의 관심사를 알아보고 거기에 호기심을 보여라. 특정 주제에 관해 발표를 준비 중이라는 걸 알고 있다면 그 발표에 관해 자세히 이야기해달라고 하라. 진정성 있는 관계는 진심 어린 관심을 나누는 데서 비롯된다. 그러려면 주의를 기울여야 한다. 주변 사람들이 하는 행동을 분석하고 거기에 동화되어라. 그들의 행동을 당연하게 받아들이지 말라. 그것은 관계를 풀어나가는 열쇠가 될 수 있다.

편견을 버려라

사람들의 다양한 시각에 귀를 기울여라. 이런 태도는 양극화가 심해진 시대에 특히 중요하다. 확증 편향은 기존의 신념이나 편견을 굳히는 데 유리한 정보만 받아들이려 하는 인지 편향의 한 종류다. 확증 편향은 관계를 발전시켜 나갈 때 무리의 범위를 좁혀서 결국 다양한 사고와 문제 해결 접근법을 저해한다.

예를 들어 어떤 사람이 왼손잡이가 오른손잡이보다 더 창의적이라고 믿는다고 가정해보자. 이 사람은 왼손잡이이면서 창의적인 사람을 만날 때마다 자신이 옳다고 믿는 바를 뒷받침하는 이 '증거'에 큰 의미를 둘 것이다. 자기 생각을 뒷받침하지 않는 사례는 무시하는 한편 이를 뒷받침하는 증거를 적극적으로 찾아나설 수도 있다.

《사회심리학Social Psychology》의 저자 캐서린 샌더슨Catherine Sanderson은 확증 편향이 우리가 사람들에 대해 품은 기존의 고정관념을 재확인시켜준다고 주장한다. 이 책에서 샌더슨은 이렇게 설명한다. "우리는 고정관념과 일치하는 정보는 기억하거나 되새기고, 고정관념과 일치하지 않는 정보는 잊어버릴 가능성이 크다. 이렇게 해서 고정관념은 반대되는 증거 앞에서도 계속 유지된다."[26]

샌더슨은 다음과 같은 사례를 제시했다. "새로 사귄 캐나다인 친구는 하키를 싫어하지만 요트 타기를 좋아하고, 새로 사귄 멕시코인 친구는 매콤한 음식을 싫어하지만 초밥을 좋아한다는 사실을 알게 된 경우, 고정관념과 일치하지 않는 이 새로운 정보를 기억할 가능성은 크지 않다."

프란체스카 지노는 확증 편향에 관해 다음과 같이 말했다. "호기심이 발동하면 확증 편향의 함정에 빠져 사람들을 정형화(예를 들면 여성이나 소수민족은 좋은 리더가 될 수 없다고 넘겨짚는 등)할 가능성이 낮아진다. 호기심은 다른 가능성을 떠올리도록 유도하는 긍정적인 효과가 있다."[27]

우리가 열린 마음으로 대화에 임해야 하는 이유가 바로 이것이다. 또한 적극적인 자세로 경청해 새로운 정보를 편견 없이 받아들여야 한다. 그러한 세부 정보를 기억하는 것은 앞으로의 대화를 이끌어가는 데도 도움이 될 것이다.

선의를 상정하라

선의를 상정한 상태에서 사람들과 대화를 시작하라. 특히 곤란한 주제일수록 그들의 좋은 의도를 믿어라. 어려운 대화를 나눌 때(가령 슬픈 일을 겪은 경우) 우리를 위로해주려는 사람이 말을 더듬고 어색한 태도를 보일 수도 있다. 하지만 상대방의 긍정적인 의도를 상정한다면 거북함 속에 감추어진 선의를 받아들이는 데 도움이 될 것이다. 거꾸로 어깨 한쪽을 내어주는 입장이라면 섣불리 문제를 해결하거나 자신의 이야기와 연결지으려고 하지 말라. 처지를 진정으로 공감할 수 있을 때만 말을 얹어야 한다. 무슨 말을 해야 할지 모르겠다면 "이런 이야기를 저와 나눠주셔서 고마워요. 제가 조언을 해드릴 처지는 아니니, 그냥 잘 듣고 알아둘게요" 정도로만 반응해도 괜찮다.

겸손하라

리더로서 혹은 다른 사람과의 일반적인 소통에서 겸손한 자세를 유지할 수 있다는 것은 커다란 자산이다. 특히 직장에서 크게 성공하는 사람들은 다양한 목소리를 참고해 전략을 구상한다. 부서나 직급에 관계없이 다각적 회의를 열고 역멘토링을 하는 이유도 더 많은 사람에게 발언권을 주기 위해서다.

직장에서 긍정적인 관계를 육성하는 것은 번아웃 없는 건강하고 좋은 문화를 만드는 결정적인 요소다. 갤럽에 따르면 직장에 절친한 친구가 있다는 것은 근속과 몰입의 가장 큰 원동력이다.[28] 포용적이고 다양한 관계를 쌓는 것은 창의적이고 혁신적인 사고에도 중요하다. 우리는 안부 확인의 기술을 연습함으로써 이런 목표를 대부분 달성할 수 있다.

호기심의 문화를 만들기 위한 노력은 진정성이 있어야 하고 무슨 일이 있어도 흔들림 없이 지켜져야 한다. 여기서 먼지 쌓인 당구대의 이미지를 떠올려보라. 구성원들이 호기심을 갖기 바란다면 탐색하고 반응할 불가침의 시간을 허용해야 한다. "10퍼센트 시간"과 같은 제도*를 운영하려면 그에 따라 업무 기대치도 조정해줘야 한

● 　근무시간 일부는 일상적인 업무에서 벗어나 좋아하는 일을 하도록 장려하는 제도.

다. 마감일이 당장 코앞에 닥쳤는데 마음 편히 한가한 시간을 즐길 사람은 없다.

진정으로 호기심의 문화를 만들고 싶다면 거기에 부합하는 인재를 채용하라. 연구 컨설팅 기업 놀리제틱스의 조직개발과 인사전략 대표 루마 바테자Ruma Batheja는 호기심 많은 사람을 채용하기 위한 몇 가지 전략을 제시했다.[29]

1. 인터뷰 중 지원자에게 해결해야 할 과제를 부여하라. 즉각적인 관심이 필요한 현실적이고 도전적인 과제가 좋다. 호기심 많은 사람은 자신의 지식에 확신이 있고, 뭔가 더 나은 결과를 만들어내기 위해 기존의 프로세스나 방법을 수정해보려고 노력할 것이다. 해결책 자체보다 어떤 식으로 문제에 접근하는지를 살피는 것이 중요하다.

2. 새로운 것을 배우는 데 관심이 있는지 확인하라. 바테자는 두 가지 방법을 제안했다. "지난 6개월 동안 새롭게 배운 것에 대해 말씀해보세요"라고 요청하거나 "최근에 어떤 기술을 습득했고 그 기술을 현재의 직무에 어떻게 활용했나요?"라고 물어보라는 것이다.

3. 지원자에게 업무 외적 관심사에 대해 질문하되 구체적인 내용을 요구하라. 이를테면 지원자의 취미에 대해 물어본다. 그는 업무 외적 관심사를 통해 인생에 관한 어떤 새로운 점을 배웠는가? 지원하는 업무나 역할에 그 관심사를 어떻게 적용할 수 있는가? 또는 읽은 책이나 관람한 영화에 관해 물어보라. 그런 다음 특정 영화나 문학 장르에 흥미가 있는 이유를 이야기

하게 한다.

4. 호기심 많은 사람은 더 나은 질문을 한다. 면접관은 시나리오 기반 질문[●]을 이용해 지원자가 자연스럽게 궁금한 점을 묻거나 특정 프로세스의 작용 방식을 이해하려고 노력하는 성향인지 확인할 수 있다.

호기심의 문화를 증폭하고 싶다면 직접 호기심을 길러라. 앨리슨 호스트마이어 Alison Horstmeyer는《그라지아디오비즈니스리뷰 Graziadio Business review》에 발표한 논문에서 호기심을 기르는 데 사용할 수 있는 다음 두 가지 연습 방법을 소개했다.[30]

연습 1. 성찰

매일 하루를 마무리할 때, 호기심을 발휘한 덕분에 어떤 식으로 긍정적이거나 생산적인 결과를 얻었는지 기록하라. 2주 뒤 매일 기록한 내용을 검토한다.

- 어떤 패턴이 보이는가?
- 호기심을 활용하는 자신의 방식에 관해 어떤 통찰을 얻을 수 있는가?
- 이러한 통찰이 앞으로 어떻게 도움이 될 수 있는가? 호기심을 통해 직업적 성장을 도모하거나 더 높은 업무 만족도를 얻을 수 있겠는가?

●　특정 상황에서의 문제 해결 능력을 알아보기 위해 던지는 질문.

호기심을 자극하기 위해 계속 실천할 행동 세 가지를 정해둔다. 아니면 다음 질문에 대해 숙고해봐도 좋다.

1. 호기심은 내 업무에서 어떻게 발현되는가?
2. 나는 다른 사람들과 의미 있는 관계를 형성하는 데 호기심을 어떻게 이용하는가?
3. 어떻게 하면 도전적인 과제를 학습의 기회로 리프레이밍할 수 있는가?
4. 호기심을 가로막거나 해치는 요소는 무엇인가? 그러한 장애물을 없애려면 무엇을 할 수 있는가?

호기심을 저지하거나 해치는 '중단' 행동 한 가지와 호기심을 유지하도록 촉진하는 '시작' 행동 한 가지를 정하라. 한 달 동안 꾸준히 중단 행동을 줄이고 시작 행동을 더 하려고 노력하면서 진척 상황을 기록하라. 한 달이 지나고 진척 상태가 만족스럽다면 새로운 중단 행동 한 가지와 시작 행동 한 가지를 정해서 또다시 다음 한 달동안의 진척 상황을 추적한다. 매달 새로운 시작 행동과 중단 행동을 선택하거나 이전의 행동에 다시 도전한다.

연습 2. 리프레이밍

눈에 띄는 사업상의 이슈나 문제점 한 가지를 선택하고 팀을 모이게 한 후 이에 대해 간략히 설명하라. 그런 다음 이 문제점을 리프레이밍해 4분 동안 다 함께 15개의 관련 질문을 떠올려보도록 한다.

이 연습의 목표는 문제를 해결하는 것이 아니라, 문제를 다르게 표현해봄으로써 만약 해결할 경우 조직 차원에 더 큰 가치를 가져다줄 다른 문제가 있는지 찾아내는 것이다.

처음 4분이 지난 후, 다시 20분을 주고 앞서 생각해낸 15개의 질문 이외에 빼먹은 질문이 있는지 파악한다. 그런 다음 전체 질문 중에서 구체적으로 어느 질문이 문제를 바라보는 새로운 접근법을 제시하는지 선택하고, 각 접근법이 중요하거나 의미 있어 보이는 이유를 부각시킨다. 가장 편안해 보이는 접근법은 제쳐둔다. 적어도 하나의 접근법을 자세히 조사해 이를 행동에 옮기는 데 필요한 실천 계획을 수립한다.

호기심을 키우면 서로에 대해, 또 자기 자신에 대해 배울 수 있다. 무엇이 우리에게 동기를 부여하는지, 들뜨게 하는지, 무엇이 다른 사람의 몰입을 유도하고 행복을 방해하는지 배울 수 있다.

호기심을 키우면 인지적 공감 능력이 높아지고, 그럼으로써 리더십 역량이 향상될 뿐 아니라 더 나은 세계 시민이 될 수 있다. 호기심을 발휘하면 장애물을 극복하는 과정이 활력을 주는 일로 리프레이밍된다. 변화를 두려운 일이 아닌 두근거리는 일로 받아들일 수 있다. 호기심은 거대하고 불확실한 변화의 시기에 의지할 수 있는 '초월적 기술'이다.

자기효능감을 키우고 희망을 품는 것은 개개인이 변화에 대처하는 데 필요한 역량을 더 쉽게 끌어모으는 길이다. 자기효능감과 희망을 바탕으로 상황을 인식하면 스트레스, 특히 번아웃을 줄이는 데 도움이 된다.

무엇보다 중요한 것은 우리에게 선천적인 호기심과 새로운 경험을 탐색하려는 열의가 있다는 사실이다. 조직은 호기심의 문화를 조성함으로써 공감을 실천하고, 평온을 되찾고, 창의력을 높이고, 혁신적인 사고방식을 기를 수 있다.

오늘 딱 한 사람에게 "왜?"라고 묻는 것으로 시작해보라.

6 공감 능력 있는 리더 되기

리더십에서 공감을 이야기하면 거북해하는 사람들이 있다. 공감 능력이 없어서가 아니라 그동안 리더십은 권위, 감정 절제, 극기심을 보여주는 행동을 통해 드러나는 것이라고 배웠기 때문이다. 그것은 공감 능력이 있는 리더가 보일 만한 행동과 거리가 멀다.

어떤 사람들은 직장에서 공감을 운운하는 것이 지나치게 감상적이고 감정적이라고 이야기한다. 꾸준한 공감을 보여주는 일은 어려울 수 있다.

하지만 솔직히 나는 공감을 '소프트 스킬soft skill●' 취급하는 사람

● 실제 업무 수행에 필요한 기술을 의미하는 하드 스킬과 비교되는 개념으로 상호작용 역량과 삶의 태도를 포괄한다.

들을 만날 때마다 화가 난다. **소프트**라는 용어에 관한 생각을 바꾸고 싶은 마음이 간절해진다. 이 단어는 번아웃이라는 단어 못지않게 많은 고정관념과 편견을 끌고 다닌다. 소프트 스킬은 반드시 바뀌어야 할 용어다.

사전에 '소프트'는 '만들거나 자르거나 압축하거나 접기 쉬운 상태. 손에 닿는 촉감이 딱딱하거나 단단하지 않은 것'이라고 정의되어 있다.

내가 생각하는 리더십 스킬로서의 공감은 감성 지능이나 정신 건강에 가깝다. 더 건강한 정신이나 높은 감성 지수를 원하지 않는 사람이 어디 있겠는가? 공감은 《미국 육군 리더십 야전교범》에서도 유능한 리더십에 꼭 필요한 능력으로 취급하는 보유할 가치가 있는 기술이다.

이 교범의 4.1항과 4.4항에 따르면 미국 육군이 생각하는 공감이란 다음과 같다.

4.1 개인의 도덕적·윤리적 자질인 인품은 리더가 상황이나 결과와 관계없이 옳은 결정을 내리도록 도와주고 적절한 행동을 할 동기를 부여한다. 육군의 가치에 부합하는 현명한 윤리적 양심은 까다로운 문제에 직면했을 때 옳은 선택을 내리도록 리더를 단련시킨다. 육군 리더는 옳은 행동을 하고 타인 또한 그렇게 하도록 영감을 주고자 하므로, 이러한 가치를 반드시 체화해야 한다.

4.4 인품은 성공적인 리더십에 필수적이다. 인품은 사람의 됨됨이와 행동을 결정한다. 옳은 것과 그른 것을 판단하고 옳은 쪽을 선택하도록 돕는다. 리더의 내면과 중심으로서 리더십의 핵심을 구성하는 요소는 다음과 같다.

1. 육군의 가치.

2. 공감.

3. 전사 정신.[1]

그렇다면 세계에서 가장 인기 있는 지도자 중 한 사람은 공감을 어떻게 표현했을까?

저신다 아던Jacinda Ardern은 2017년 10월 뉴질랜드의 총리로 선출되었다. 1856년 이래 뉴질랜드에서 가장 젊은 지도자이며, 37세의 나이로 취임하면서 세계 최연소 여성 정부 수장이 되었다.

아던 총리는 최저임금을 올리고 아동 빈곤 감소 목표를 법제화하며 저렴한 주택을 짓겠다는 약속으로 공감을 표현한 듯하다. 총리 재임 기간 중 아던은 크라이스트처치 이슬람 사원 총기 사건과 팬데믹의 여파 속에서 뉴질랜드를 이끌면서 첫 아이를 출산했다. 뉴질랜드의 총기법을 근본적으로 바꾸었을 뿐 아니라 코로나19 확산을 능숙하게 막아 명성을 얻었다.

〈뉴욕타임스〉는 아던 총리의 말을 다음과 같이 인용했다. "지난 몇 년간 나는 과감하지 못하다거나 단호하지 않다는 비판을 받았다. 아마도 공감하는 모습이 약하다는 의미로 받아들여져서인 듯하다.

공감 능력 있는 리더 되기

나는 그러한 평가를 완전히 거부한다. 인정 많은 동시에 강한 사람이 될 수 없다는 의견에 동의하지 않는다."[2]

안전하게 슬퍼할 수 있는 직장

많은 이가 인생을 살면서 슬픈 일을 마주하지만 2020년에는 집단적 슬픔이 전례 없는 수준에 이르렀다. 두 차례의 세계대전과 1918년의 일명 스페인 독감 이후 전 세계가 한꺼번에 이토록 많은 상실을 겪은 일은 처음이었다.

슬픔과 관련해 흥미로운 사실은 우리가 생명의 상실로만 슬픔을 느끼는 것은 아니라는 점이다. 인간은 무수히 많은 상황에서 슬픔을 경험한다. 이혼 후 결혼 생활의 상실을 슬퍼할 수 있다. 직장 또는 정체성의 상실을 슬퍼할 수 있고, 문화의 상실을 슬퍼할 수도 있다. 그리고 2020년 3월 15일 락다운 조치 이후 몇 주간 많은 사람이 그랬듯 예전과 같은 생활의 상실을 슬퍼할 수도 있다.

슬픔은 사람들이 직장에서 산만해지거나 위축되거나 불안해하는 원인이 되기도 한다. 안타깝게도 공감 능력이 부족한 리더는 이러한 행동을 성과 문제로 오인한다. 잦은 지각이나 불완전한 성과 뒤에서 무슨 일이 벌어지는지 분석하지 않는 것이다.

대부분의 경우, 리더들은 슬픔이나 위기가 닥쳤을 때 업무량을 조정해야 한다는 점을 잊어버린다. 이런 일을 팬데믹 기간 중 볼 수 있었다. 직원들은 점점 더 큰 슬픔을 느끼고 있는데 업무량을 조정해주는 관리자는 드물었다.

〈하버드비즈니스리뷰〉에 기고한 글 '안전하게 슬퍼할 수 있는 직장 만들기'에서 나는 많은 기업에 애도 혹은 인사 전문 용어로 '사별˙'에 대처하는 기준이나 정책이 없음을 지적했다. 그나마 있는 기업들도 미흡한 경우가 많다.[3]

어떤 종류의 슬픔을 겪어야 사별 휴가를 얻을 수 있는지에 관한 규정은 엄격하다. 유산이나 사산 시 유급 사별 휴가를 주는 나라는 뉴질랜드뿐이다. 절친한 친구, 가장 따르던 이모, 사랑하는 조카를 잃은 직원에게 사별 휴가를 주는 회사는 전 세계적으로 드물다. 현재의 사별 정책은 대부분 직원이 놀란 마음을 진정한 후 장례를 치르며 상실을 건강한 방법으로 극복하는 가운데 일정 수준의 업무 성과를 유지해줄 것을 기대한다.

공감의 정신을 바탕으로 사별 휴가 정책을 수립한다면 무엇이 직원에게 슬픔을 유발하는지 알아야 할 필요가 없다. 그들이 슬퍼할 공간만 허락하면 된다. 어떤 종류의 상실이든 그것을 이겨낼 수 있도록 불가침의 시간을 마련해줘야 한다.

직원들이 악용할 것을 상정하고 수립되는 직장 정책들이 너무

˙ 중요하고 의미 있는 사람의 죽음이나 상실을 맞은 상태.

공감 능력 있는 리더 되기

나 많다. 하지만 직원들이 경영진을 신뢰하고 규범을 존중하리라고 가정하는 것이 더 나은 접근법이라는 증거가 계속 쌓이고 있다. 몰입하지 않는 20퍼센트의 직원을 위한 정책을 추진해서는 안 된다. 신뢰를 잃을 만한 어떠한 행동도 한 적이 없는 나머지 80퍼센트를 동기부여하는 데 초점을 맞추어야 한다.

요즘 **준법성**이라는 용어가 기업들 사이에서 널리 사용되고 있다. 기본적으로 준법성이란 법규나 법적 기준 같은 규제 요건 혹은 계약이나 사회적·문화적 기준 같은 규범 요건 등의 표준을 따르는 행위를 의미한다.

이에 반해 진정성은 개인 또는 집단이 보여주는 정직함과 도덕적 행동이라고 표현할 수 있다. 경영진이 공감과 연민을 발휘할 때 정직을 장려하는 정책을 수립하게 된다.

루이스 매닝Louise Manning 교수는 식품업계에서 준법성 기반의 문화와 진정성 기반의 문화가 각각 어떠한 영향력을 발휘하는지 연구한 결과 다음과 같은 사실을 발견했다. "미리 규정한 가공 요건을 준수하는지에만 초점을 맞추는 식품 공급망 표준으로는 식품 무결성을 보장할 수 없다. 준법성만으로는 책임, 신뢰, 정직과 같은 진정성의 다른 측면도 충족되도록 보장할 길이 없기 때문이다."

매닝의 연구는 다른 산업에서도 준법성 중심의 문화를 진정성 중심의 문화로 전환하는 방법을 이해하기 위해 활용되었다. "진정성은 가치와 규범적인 기준을 무작정 수용하기보다 무엇이 도덕적인

가를 정의하기 위한 조직의 능동적이고 의식적인 접근 방법입니다." 매닝은 나에게 설명했다.

매닝은 기업이 직책에 상관없이 모든 직원을 참여시키고, 그들이 조직의 더 큰 목표 안에서 자신이 담당하는 역할을 이해한 상태에서 "개인적 책임감과 주체성, 주인 의식을 추구"하도록 영감을 주고 힘을 실어줘야 한다고 이야기했다.

〈하버드비즈니스리뷰〉에 게재된 기사 '조직 진정성 경영'에서 린 페인Lynn Paine은 준법성 기반과 진정성 기반의 대비되는 리더십 시스템에 관한 연구 결과를 소개했다. 표 1은 두 가지 리더십 시스템의 차이점을 보여준다.

1장에서 이야기한 나사의 사례는 여기에 완벽하게 들어맞는다. 진정성 중심의 사고방식은 더 많은 사람이 목소리를 내고 그들의 조언을 행동으로 옮기므로, 컬럼비아호와 같은 비극적인 결과를 예방할 수 있다.

인터뷰 중 매닝은 준법성 기반의 문화에서 용기가 어떻게 나쁜 것으로 취급되는지를 보여주는 또 다른 사례를 소개했다. 이 사례는 두 시스템의 차이점을 극명하게 드러낸다.

야스민 모타르제미Yasmine Motarjemi는 랑그도크대학교에서 식품과학 석사 학위를, 스웨덴 룬드대학교에서 식품공학 박사 학위를 받은 인재였다. 그는 이렇게 훌륭한 자격 조건에다 2000년부터 2010년까지 네슬레 본사에서 식품 안전 관리자 겸 부사장으로 오랜 경력을

표 1. 준법성 기반의 문화와 진정성 기반의 리더십 시스템 비교

요소	준법성 기반의 시스템	진정성 기반의 시스템
회사의 약속	사명 선언문과 회사 정책으로 규정 준수.	핵심 가치와 약속을 강조하는 행동 강령을 납득시키고 명확하게 전달.
정신	외부에서 부과한 기준을 준수.	조직이 선택한 기준에 따라 자율 관리.
목표	법과 시장 기준을 준수함으로써 범죄 행위를 방지하고 조직의 위험 요소를 완화.	회사의 가치와 포부를 발전시키고 법규 준수를 포함한 사회적 의무를 다함으로써 책임 있는 행동 보장.
방법	규범주의, 조직 시스템과 결정 프로세스, 감사와 통제, 제재, 교육.	리더십, 책무, 조직 시스템과 의사 결정 프로세스, 감사와 통제, 제재, 교육.
회사 리더	사내외 규정 준수를 위해 최선을 다함.	개인적으로 헌신하고 신뢰할 만한 모습을 보이며 지지하는 가치를 위해 기꺼이 행동에 나섬.
조직의 시스템과 절차	요건 준수의 필요성을 지지하고 강화함.	조직의 가치를 지지하고 강화함.
신고와 조사	미준수 시 신고와 조사를 위한 메커니즘이 마련되어 있음.	미준수 시 신고와 조사를 위한 메커니즘이 마련되어 있음.
검증 활동	규정 준수를 위해 이행(ex: 감사).	규정 준수를 위해 이행(ex: 감사).
의사 결정	관리자는 일상 업무에서 준수 지향적인 결정을 내리기 위한 의사 결정 기술, 지식, 역량이 있음.	지지하는 가치가 의사 결정을 위한 관리 채널에 통합되어 있고 조직의 주요 활동에 반영됨. 관리자는 일상 업무에서 윤리적으로 건전한 결정을 내리기 위한 의사 결정 기술, 지식, 역량이 있음.

출처: Lynn S. Paine, "Managing for Organizational Integrity", Harvard Business Review, March-April 1994, 106-117.

쌓았음에도 해고 통보를 받았다.

재직 기간 중 특정 제품과 관련된 다수의 위험 사례를 적발하고 이에 관해 목소리를 높이자 고위 경영진으로부터 괴롭힘을 받았고 결국 회사를 떠나게 된 것이다. 법원의 최종 판결을 받기까지는 무려 8년이 걸렸다. 모타르제미의 변호사가 작성한 발표문에는 이렇게 나와 있다. "2020년 1월 7일, 스위스 로잔 보드주의 민사항소심법원은 네슬레 그룹이 스위스 노동법을 위반했다고 선고했다." 판사들이 "네슬레의 경영이 내부 고발자 정책을 위반했다"는 결론을 내린 것이다.[4] 이로써 모타르제미는 명예를 회복했다.

하지만 사고는 거기서 끝이 아니었다. 2021년 초, 네슬레는 유리 조각과 플라스틱 이물질 삽입 가능성 때문에 거의 35만 킬로그램에 달하는 냉동식품을 회수해야 했다. 목소리를 높이는 것이 안전하다고 느낀 사람이 아무도 없어서였을 것이다. 섣불리 문제를 제기했다가 지속적인 괴롭힘을 당하고 직장을 잃고 전문가로서의 평판을 지키기 위해 10년 가까이 소송을 진행해야 할 가능성이 있다면 다들 침묵을 유지하는 것도 놀라운 일은 아니다. 모타르제미는 보기 드물게 용감하고 강인한 사람이었다.

이 경우는 극단적인 사례로 느껴질 수 있지만 중요한 교훈을 담고 있다. 조직 내에 보다 책임감 있는 태도가 필요하다는 메시지를 분명하게 전하고 있기 때문이다. 나는 번아웃의 현실을 가감 없이 전달하면서 문제 해결을 돕고자 한다.

상황은 긴박하다. 번아웃은 심각한 문제다. 조직이 책임감 있게 행동하지 않는다면 다른 리더, 다른 조직, 언론이나 전문가들이 이를 문제 삼아야 한다. 직원 개개인이 단독으로 나서는 것은 너무 어려운 일이다.

하버드대학교 미국사학과 교수 질 레포어Jill Lepore는 과연 어떠한 대가를 치르더라도 발전이 필요할지 의문을 제기한 것으로 유명하다. 성장과 수익은 어떨까? 진정성 기반의 문화에서는 기업의 성공 가능성이 더 낮을까?

매닝은 이러한 궁금증에 대해 다음과 같은 답변을 주었다. "일부 국가에는 '제조물 책임'이라는 개념이 있습니다. 이에 따라 법적 책임이 기업을 움직이는 동력이 되죠. 그래서 회사 내의 문화나 분위기까지도 합법인지 불법인지를 중심으로 형성됩니다. 하지만 인간은 반드시 그런 식으로 움직이지 않아요. 도덕적 책임은 법적 책임과 다릅니다. 제 생각에 기업들이 어려움을 겪는 이유는 기준과 규정, 규칙을 중심으로 사업을 운영하고자 하지만 인간은 사실 자신의 행동이 선하고 자신의 믿음이 옳다는 확신을 얻고 싶어 하며 정의는 법과 다르기 때문입니다."

준법성 기반의 직장에서는 번아웃의 예측 지표인 가치관 불일치가 더 많이 나타난다.

"네모난 말뚝이 동그란 구멍에 들어가려고 계속 애쓸 때 번아웃이 생깁니다." 매닝은 말했다. "내 주위를 둘러싼 규칙이 내가 행복하게 일할 수 있는 규칙이 아니라는 뜻이죠. 그런 상황은 개인에게 영향을 미치고 자멸적 행동을 일으킬 수 있습니다. 우리는 사람들이 건설적으로 일탈하기를 바라야 합니다. 예를 들면 회사 내에서 혁신을 추구하고 기업가 정신을 발휘하는 사람들처럼요. 그러려면 사람들에게 규범에 순응하지 않도록 장려해야 합니다."

선한 의도와 진정성

미국의 '사과법*'은 준법성 기반 문화와 진정성 기반 문화의 차이를 보여주는 또 다른 사례일 수 있다. 초기의 증거에 따르면 의사가 의료 과실에 대해 사과한 경우 의료 사고 소송의 빈도 자체가 낮아졌다. 하지만 의사가 미안하다는 말을 함으로써 잘못을 인정하는 것처럼 비춰지면 소송 시 모든 책임을 떠맡게 될 수 있으므로, 소송이 제기되더라도 의사의 사과 발언을 의사에게 불리하게 사용할 수 없도록 하는 법안이 여러 주에 도입되었다.[5]

'의사가 하는 공감의 말이 발휘하는 효능: 미국 사과법에 관한 고찰'을 쓴 저자들에 따르면 "렉싱턴보훈병원에서 진행된 6년간의

●   의료진이 의료 과실과 관련해 사과나 유감을 표현한 내용이 의료 소송에서 증거로 사용될 수 없도록 제한하는 법률.

연구를 통해 의료 과실 소송에서 사과와 낮은 보상액 사이의 상관관계가 확인되었다. 이 병원은 또한 사과 프로그램을 시행한 이후 사과 정책이 없는 병원에 비해 클레임 보상액을 더 적게 지급한 것으로 드러났다."[6]

그러나 저자들은 이러한 결과를 비판한 다른 연구를 인용하면서, 보훈병원을 민간병원과 비교할 때는 중요한 차이를 고려해야 한다고 밝혔다.[7] 한편 사과 행위가 의료 과실 소송을 줄이는지에 관한 논란은 계속되고 있다.

내 생각에 이 경우 가장 해로운 것은 환자와 의사 사이의 신뢰가 줄어드는 것이 아닐까 한다. 이 상황은 환자의 안전을 위협할 뿐만 아니라 미안하다는 말을 도의적 차원이 아닌 규정 준수 차원에서 내린 결정으로 만들어버린다.

이 법이 실제로 사과의 진정성을 해쳤는지 검토해보는 것은 의미 있을 것이다. 법 때문에 진심이 왜곡될까? 환자들은 그걸 공감이 빠진 무의미한 사과라고 여길까? 의사들은 자신이 실수했다고 여기지 않더라도 병원이 소송당할 가능성을 낮추기 위해 사과를 해야 한다고 생각할까?

동기가 순수하지 않다면 아무리 선한 의도라도 실패하게 되어 있다.

적극적인 경청

적극적인 경청은 공감의 핵심 요소로, 말하는 사람에게 완전히 집중하고 그 메시지를 이해하며 전후 사정을 파악한 다음 사려 깊게 반응하는 능력을 의미한다. 리더는 경청의 범위를 확장해야 마땅하지만, 걸러내야 할 소음이 훨씬 더 많은 위기 상황에서 경청은 더욱 필수적인 능력이 되었다.

리더는 우선순위를 정하고 어떤 정보를 어떻게 전달할지 판단할 수 있어야 한다. 공감하는 태도로 경청한다면, 직원들이 어떤 식으로 변화를 헤쳐나갈지 결정하는 데 도움이 될 것이다.

인력관리 서비스 기업 크로노스 산하의 인력자원연구소는 "코로나19 팬데믹 초기 몇 개월 동안 조직이 자신의 필요를 충족해주었다고 느낀 직장인은 일부(20퍼센트)에 불과하다"는 사실을 발견했다. 이 연구소의 소장 크리스 멀린Chris Mullen은 다음과 같이 강조했다. "전 세계의 기업들은 전례 없는 감염병 대유행 속에서 사업을 영위하는 가운데 직원 경험® 향상 전략을 두 배로 강화해야 했습니다. 다만 유행하는 복지 혜택을 도입하는 대신 모든 직원에게 필요한 기본적인 요구 사항에 충실해야 했습니다. 이를테면 신체적 안전, 심리적

● 직원이 채용 광고를 보는 순간부터 입사하여 회사를 떠나는 순간까지 보고 배우고 느끼는 모든 것.

안전감, 직업 안정성, 유연성 등이죠."

멀린에 따르면 팬데믹 이전보다 회사를 더 신뢰하게 된 직장인 가운데 회사가 코로나19에 대응하기 위해 최선을 다했다고 말한 비율은 70퍼센트에 달했다. "직원들을 진심으로 우선시하면 상호 신뢰가 굳건해지고 직원 몰입도가 사업 성과와 함께 새로운 차원으로 상승할 것입니다." 멀린은 설명했다.

또한 적극적인 경청은 스트레스를 낮추고 평정심을 높인다. 이해받는다는 느낌을 주고 불확실성을 낮춘다. 세계적인 규모의 대기업이 어떤 식으로 적극적인 경청과 공감을 확대해 노동 역사상 가장 힘든 순간을 헤쳐나갈 수 있었는지 살펴보도록 하자.

나는 2020년 10월 중순 감염병 2차 유행기에 HPE의 앨런 메이 부사장 겸 최고인사책임자와 이야기를 나누었다. 이 회사는 당시 6만 명 가까운 직원 전원이 재택근무 중이었다. 메이는 그전에도 정신건강과 웰빙을 HPE의 주된 전략적 우선순위로 삼았지만 팬데믹으로 인해 그 필요성이 더욱 시급해지리라는 것을 즉각 알아차렸다.

"위기는 사실 기존의 추세에 가속도를 붙여줬을 뿐이에요." 메이는 설명했다. "저희는 오랫동안 웰니스라든가 직원들의 정신건강을 개선하는 일에 아주 적극적으로 대처했거든요. 저희 직원 약 6만 명 중 3분의 2는 미국 이외의 지역에서 근무합니다. 그들 모두가 서구형 경제 체제 속에서 생활하지는 않아요. 다수가 인도, 싱가포르, 중국을 비롯한 여러 다른 나라에 거주하고 있죠. 그러다 보니 지금과 같은 상황에서 팀원들을 어떻게 지원할 수 있는지 어느 정도는 익숙한 상태였습니다."

메이는 또한 "일선 관리자의 중요성을 절대로 간과하지 말아야 한다"고 강조했다. 그는 자신의 팀 내 중간 관리자들에게 업무와 상관없이 "요즘 어때요? 어떻게 지내고 계시죠? 혹시 제가 도울 일이 있을까요?"라고 물으면서 부하 직원들의 안부를 확인하라고 끊임없이 독려한다. 일선 관리자에게 정신건강 전문가 역할을 기대하는 것은 아니지만 "그러한 상호작용의 결과로 우려되는 부분을 파악하고, 필요에 따라 좀 더 전문적인 도움을 받을 수 있도록 조치한 경우가 많았다"라고 그는 설명했다.

HPE에서는 번아웃이 곧 '과도한 업무량'으로 해석되지만, 그는 평소보다 더 심한 스트레스를 겪을 만한 부서를 좀 더 세심하게 돌보려고 노력했다. 메이는 2020년이 모두에게 힘든 시간이었지만 특별히 공급망 부서 직원들이 어마어마한 스트레스에 시달렸다고 말했다. 전 세계적으로 부품 조달에 차질이 빚어진 상황에서 아웃소싱 제조사들을 관리하는 한편 대혼란에 빠진 물류 이슈를 해결해가며 제품을 납품해야 했기 때문이었다.

메이와 그의 팀은 개인적으로 연락을 취해 간단한 감사 인사를 전했다. 또한 업무 과부하를 막거나 조절하려면 어떤 도움이 필요할지 의견을 구했다.

그는 HPE 직원들이 다른 회사 직원들보다 위기를 더 잘 견딘 이유 중 하나는 회사가 오랫동안 웰빙을 위해 노력했기 때문이라고 생각한다. 원래 코로나19에 대응해 만들어진 프로그램은 아니지만, HPE는 팬데믹이 시작되기 2년 전에 이미 '리얼 라이프'라는 캠페인을 시작한 상태였다. 이 캠페인의 취지는 직원들이 웰니스 친화적인 업무 환경을 누리고 필요한 지원과 보살핌을 받을 수 있게 하려는 것이었다. 메이는 설명했다. "직원들이 회사에 맞추도록 요구하는 것이 아니라 회사가 직원들에게 맞추고 싶다는 진심을 팀원들에게 전달하는 것이 목표였습니다."

구체적으로 어떤 방식이었을까?

메이와 그의 팀은 육아 휴직에 대한 전방위적인 접근법과 더불어 '웰니스 프라이데이' 제도를 개시했다. 평범한 방법처럼 느껴질 수도 있지만, 이것은 직원들의 웰빙을 지원하기 위해 휴일을 하루 더 주는 것 이상의 의도였다. 직원들은 매달 적어도 반나절을 웰니스와 관련된 활동에 쓰라는 권유를 받았다. 마사지, 물리치료, 정신과 진료처럼 건강 증진에 도움이 되는 의료 혜택을 이용하기도 하고, 가족과 함께 시간을 보내거나 지역사회 활동, 종교 활동, 자원봉사에 참여하기도 했다.

메이는 직원들이 어린 자녀의 학교 행사에 참석했다거나 모처럼 시간을 내어 운동을 즐겼다는 후일담을 들었다. 3분의 1정도는 봉사와 자선활동에 집중했다고 했다. 그는 소셜 협업 플랫폼에 올라온 다른 사례들을 인용해 "동료들끼리 몇 명씩 모여 함께 운동을 하고, 야외에 나가 점심을 먹으면서 좋은 경치와 차분한 음악을 즐기고, 산에 오르고, 엄마와 딸이 페디큐어를 함께 받고, 오후에 자전거를 타고 요가를 한 다음 해 질 무렵 야외에서 바비큐로 저녁을 먹었다"는 이야기를 전했다.

그리고 이상의 모든 활동을 지원하기 위해 '회의 없는 금요일' 제도를 도입했다. 직원들이 아이디어를 떠올리거나 생각에 집중할 수 있는 '여백'을 마련해주기 위해서였다.

코로나19가 닥쳤을 때, 메이는 직원들의 회복력을 시험할 계획은 아니었으나 그들이 어느 정도 심리적 여력을 축적해놓은 상태였다는 점이 다행스러웠다고 한다. 직원 대부분이 회사의 지원 제도를 활용하는 방법을 이미 알고 있었기 때문에 변화에 더 잘 대처할 수 있었다. 이 사실은 피드백에서 명확하게 드러났다.

그는 HPE의 2020년 7월 '직원 경험 데이터'를 나에게 보내주었다.

- 91퍼센트는 직원 건강과 웰빙이 HPE의 최우선순위라는 점에 동의한다.
- 92퍼센트는 직속 상사가 직원의 웰빙에 진심 어린 염려를 보여주었다는 데 동의한다.
- 91퍼센트는 직속 상사가 일과 생활의 균형을 맞출 수 있게 허락함으로써 유연성을 보여주었다는 데 동의한다.

이와 같은 직원 경험 점수는 "리더 여러분, 이 방법은 좋습니다. 계속 유지해주세요"라는 중요한 메시지를 전해준다.

HPE의 사례에서 얻을 수 있는 큰 깨달음은 다음과 같다. 위기 상황에도 이 정도의 직원 경험 점수를 얻고 싶다면 위기가 닥치기 전에 웰빙을 우선시해야 한다는 것이다.

혼자 이야기하지 말고 함께 대화하라

우리는 HPE의 대응 전략 중 커뮤니케이션에 중점을 두면서 전사적 대응 계획을 즉각 실행해야 한다는 교훈을 얻었다. 인력자원연구소의 설문 결과에 따르면 직장인의 32퍼센트가 더 적극적인(더 빠르고 투명한) 커뮤니케이션을 원했고, 고위급 리더의 35퍼센트가 그러지 못한 것을 가장 후회한다고 한다. 따라서 이 교훈이 매우 중요함을 다시 한번 확인할 수 있다.

시스코의 부회장 겸 CPO 프랜 카츠오다스Fran Katsoudas는 공감이 강력한 리더십과 건전한 문화의 뿌리라는 데 동의한다.

"저희는 공감이 발휘하는 강력한 힘을 굳게 믿습니다." 스트레스가 큰 팬데믹 기간이 1년 흐른 2021년 4월에 프랜은 말했다. "직장 관점에서 저희는 리더와 팀들이 자신과 다른 타인에게 다가가고 그들과 나란히 걷고 그들을 이해할 수 있도록 열심히 노력할 겁니다. 그럼으로써 훨씬 더 나은 회사가 될 거라고 믿으니까요."

시스코는 팬데믹 기간 중 다음과 같은 방법으로 공감을 우선시했다.

- 커뮤니케이션의 투명성 확대.
- 모든 리더십 수준에서 직원 안부 확인 강화.
- 정신건강, 사회정의, 코로나 관련 건강과 안전 등 만만치 않은 주제에 관한 공개적인 대화를 활성화.
- 기존에 시행하던 탄력 근무제 개선.
- 건강 전문가를 이용할 기회 확대.
- 웰빙을 증진하는 캠페인을 더욱 집중적으로 운영.
  - 나를 위한 날: 정신건강과 웰빙에 집중할 수 있도록 5월에 모든 직원과 계약자에게 하루 휴가 제공.
  - #세이프톡: 기존에 잘 정착된 프로그램으로서 정신건강과 관련된 정보 제공.
  - #세이프스페이스: 생각이 비슷한 직원들이 모여 인맥을 쌓고 서로를 지원해주도록 돕는 프로그램. 정신건강, 약물 남용, 신경다양성*이 있는 직원, 성전환 직원, 아이를 잃은 부모 등의 주제를 다룬다.

● 자폐, ADHD, 난독증 등 뇌 신경의 차이로 인해 발생하는 다양한 신경질환을 정상의 범주에 포함시키고자 하는 사상에서 비롯된 표현.

특별한 시기에는 특별한 해결책이 필요하다는 사실을 잘 알고 있는 시스코 경영진은 아직 해야 할 일이 많음을 인정한다. 그들은 팬데믹으로 인한 만성 스트레스에 시달리는 직원들의 정신건강과 신체건강을 뒷받침하기 위한 새로운 전략들을 계속 검토하고 있다.

위기 상황에서 공감을 실천하는 몇 가지 방법을 추가로 제안하면 아래와 같다.

- 회사가 가진 계획과 불확실한 면, 직원들을 보호할 방법에 대해 즉시 공유한다.
- 전 직원에게 위기 관련 정보를 얻을 수 있는 곳을 숙지시킨다.
- 직원들이 정신건강에 관련된 지원을 즉시 받을 수 있도록 조치한다.
- 근무시간을 줄이거나 탄력적으로 운영하고 요청하지 않아도 유급 휴가를 준다.
- 위기가 닥치기 전에 동료 지원 프로그램과 정신건강 기초 교육을 개발하고, 이미 교육을 마친 리더들을 선정해 직원 지원 활동에 적극적으로 투입한다.
- 직속 관리자들이 재택근무자의 안부를 확인하도록 지시한다.
- 위기 전에 정보 제공 페이지를 만들어 재난 상황이 닥치면 이용할 수 있는 인근의 지원 프로그램들과 정신건강 전문의를 안내한다.

공감 능력이 있는 리더는 불확실성을 가라앉히려고 노력한다.

적극적인 경청과 공감의 커뮤니케이션은 근본적인 두려움을 줄이는 데 도움이 된다. 이러한 행동은 다음과 같은 메시지를 전달한다. "저희는 여러분의 메시지를 들었습니다. 요구 사항을 이해하려고 열심히 노력 중이고, 신중하게 대응하려고 최선을 다하고 있습니다."

신체적·심리적 안전을 우선시하기

기술 기반의 상업용 부동산 기업 스퀘어풋의 인사 담당 부사장 유지니 패닝Eugenie Fanning은 인터뷰에서 팬데믹 동안 신뢰를 강화한 것이 번아웃 완화에 도움이 되었다고 말했다. "채용과 교육에 많은 시간과 돈을 들이고, 해당 분야에서 상위 5~10퍼센트의 인재를 채용했다면, 그들이 직무를 잘 수행할 거라 신뢰해야 합니다. 저희는 목표를 달성했는지, 해야 할 일을 제대로 하고 있는지, 수요일 오후 4시 59분에 온라인으로 논쟁을 벌이는 회사가 아니라 성과 중심의 회사를 만들고 싶어요."

패닝과 그의 팀이 9시부터 5시까지의 일반적인 근무시간을 폐지한 것도 그러한 맥락이다. "직원들이 일과 생활의 균형을 맞출 수 있도록 최대한 배려하고 지원하는 것이 중요합니다. 그래야 서로 부담이 되지 않거든요. 저희는 일대일 대화를 더 많이 해서 안부를 확인하고 이 방법이 직원들에게 효과적인지 수시로 살핍니다."

스퀘어풋은 예전부터 사무실 근무를 지지했고, 경영진은 같은 공간에서 함께 지내는 것이 회사의 문화에 부합한다고 굳게 믿었다. 하지만 팬데믹으로 인해 실내 집합에 대한 불안감과 불확실성이 커지자, 그러한 스트레스 요인에 민감하게 대처했다. 우선 다른 사람들과 한 공간에 있는 상황을 그리워하는 직원이나 집에서 업무 효율이 떨어지는 직원들을 위해 사무실을 개방했다. 모두의 안전을 위해 체온 측정기를 비치하고 동영상 교육을 실시해 직원들이 변화에 적응하도록 도와 두려움을 누그러뜨렸다. "계속 경청하고 대응하는 수밖에 없어요." 패닝은 말했다.

스퀘어풋의 마케팅 본부장 대니 그로너Danny Groner는 물리적인 사무실로 돌아갈 시기가 되었을 때 선택권이 주어져서 좋았다고 밝혔다. "직원들은 사무실에서 예전처럼 서로 어울리며 일합니다. 우연한 상호작용의 위력을 다시금 확인하고 있죠."

이상의 사례들은 공감의 리더십이 무엇인지 보여준다. 적극적인 경청은 성공의 핵심이고, 유연성은 예외가 아닌 평소의 상태임을 알 수 있다.

직원들에게 자율적인 판단을 허용한다고 해서 경영진이나 회사가 목표를 포기해야 한다는 뜻은 아니다. 구체적인 일정을 제시하되 필요한 경우 재조정하면 된다. 하지만 어떠한 경우든 신체적 안전과 심리적 안전 모두가 우선순위로 지켜질 수 있도록 특별히 노력해야 한다.

만약 우리가 근무하는 건물에 화재가 발생한다면 일단 대피해야 할 것이다. 누구에게도 신체적으로나 정신적으로 안전하다고 느껴지지 않는 장소에 들어가도록 강요하지 않는 것이 중요하다. 만성 스트레스는 화재 시 연기를 들이마신 것 못지않게 해로워서, 호흡기 질환, 뇌졸중, 심장마비를 일으킬 수 있다.[8]

2020년에 우리는 코로나19로부터 안전한 직장을 만들기 위해 발 빠르게 안전조치를 취했다. 그런데 어째서 심리적 안전을 지키기 위한 조치는 똑같이 우선시하지 않는 것인가? 만성 스트레스와 번아웃이 코로나19만큼 위험하지 않은 것도 아니다.

하버드경영대학원 교수이자 직장에서의 심리적 안전 전문가 에이미 에드먼슨Amy Edmondson은 "심리적 안전감은 사람들이 편안하게 있을 수 있고 자신을 표현할 수 있는 상태를 가리킨다"라고 말한다.[9] 심리적으로 안전한 문화를 조성하려면 큰 그림에 계속 집중할 필요가 있다.

직원 중 누군가가 일을 그르치면 화가 나는 것이 당연하다. 하지만 그게 과연 무슨 도움이 될까? 누구나 불만을 표출할 권리가 있다지만 어서 정상 궤도로 돌아가는 것을 그보다 더 큰 목표로 삼아야 한다. 에드먼슨은 생산적인 대응은 다음과 같다고 밝힌다. "상황을 명확하게 알려줘서 고마워요. 어떤 도움이 필요한가요? 우리가 이 상황을 정상으로 되돌리려면 어떻게 할 수 있을까요? 이것이야말로 우리가 관심을 가져야 할 사안이니까요."[10]

이런 유형의 소통 방식이 널리 퍼지면 직원들은 전반적으로 더 안전하다고 느낄 것이다. 더 나아가 정신건강과 같은 주제에 관해서도 좀 더 편안하게 터놓고 이야기하게 될 것이다.

다시 한번 강조하겠다. 직장에서는 신체의 안전과 정신의 안전 '둘 다' 우선시되어야 한다.

공감은 신뢰를 쌓는다

직원들이 정신건강을 스스로 통제할 수 있다고 느끼면 고립되지 않고 서로 협력하며 번아웃을 예방할 수 있다. 그들이 스트레스에 대처하기 위해 무엇을 필요로 하는지 우리가 모두 다 안다고 자신해서는 안 된다. 이것은 리더가 명심해야 할 부분이다. 평소에도 어떤 상황을 통제하거나 세세한 것까지 신경 쓰고 싶은 욕구를 자제해야 하지만, 위기 중에는 더욱 그렇다. 리더는 직원들이 직장에서 감정적·정신적 경험을 주체적으로 탐색하도록 배려해야 한다.

주체성이란 무엇인가?

심리학자이자 스탠퍼드대학교 석좌교수인 앨버트 밴듀라[Albert Bandura]는 '인간 행위자의 심리를 향해'라는 논문에서 인간은 자신의 행동과 삶의 여건을 주도적으로 규제하는 행위자 역할을 한다고 주장한다. 자기 조직적이고 능동적이며 자기 조절적이고 자기 성찰적인 존재라는 것이다. "인간은 삶의 여건을 스스로 만들어내며 삶의 여건이 만들어낸 결과물로만 머물지 않는다."[11]

이것은 직장에서 장려해야 할 중요한 행동이다. 밴듀라는 오늘날 사회가 사회·정보·기술 면에서 극적인 변화를 겪고 있고, 이러한 "혁명적인 기술 진보와 세계화가 인간 영향력의 본질, 도달 범위, 속도, 궤적을 바꿔놓고 있으며, 이러한 현실 덕분에 사람들이 삶의 방식에 지배력을 행사할 기회가 엄청나게 늘어났다"고 말한다.[12]

어떤 사람들은 우리가 만드는 기술 진보보다 기술 진보가 우리를 형성하는 힘이 더 크다는 정반대의 주장을 펼치기도 한다. 하지만 밴듀라는 주체성이 크게 발달한 상황에서는 모든 힘이 우리에게 있다고 주장한다. 직원들이 고용 불안정과 진부화°의 영향으로 어려움을 겪더라도 주체성이 높다면 그러한 두려움은 줄어든다.

어떤 리더들은 그 통제력을 내려놓기 힘들어한다. 마이크로매니징은 직원 번아웃을 일으키는 심각한 위험 요소다. 게다가 직원 자율성 향상은 신뢰와 목적의식의 향상으로 이어지고, 그것은 다시 내재적 동기를 높인다는 연구 결과도 있다.

그래서 이제 우리는 규정 준수나 두려움 때문이 아니라 개인과 집단의 열정을 기반으로 움직이는 의욕적인 인력을 보유하게 되었

●　요구하는 기술의 변화 등에 따라 수행하던 기능이 쓸모없어지는 현상.

다. 이것은 바람직한 현상이다.

스트레스가 큰 시기일수록 조직 전반에서 주체성이 느껴지는지 확인해야 한다. 이는 직원들의 전반적인 웰빙을 뒷받침할 뿐 아니라 모든 구성원이 회사의 사명과 목표에 일치되고 연결된 상태를 유지할 수 있게 도와준다.

직원들이 업무 관련 결정을 주체적으로 내릴 때의 또 한 가지 장점은 심리적 유연성과 감정 조절 능력이 높아진다는 것이다. 이러한 친사회적 행동은 직장 내 갈등과 불안감을 완화해 정신건강 증진과 번아웃 감소에 도움이 된다.

나는 일렉트릭의 인사 본부장 제이미 코클리의 사례에서 이러한 사실을 확인했다. 팬데믹 기간 중 코클리는 대면 근무 모형과 재택근무 모형을 비교 검토하고, 각 직원이 자신의 근무 형태를 선택해야 한다고 판단했다. 누군가에게 출근을 강요해 스트레스를 유발한다면 인간 중심적인 조직을 이끌겠다는 목표에 역행하는 결과라고 생각한 것이다.

코클리는 넘어서야 할 다른 장벽도 인지했다. 이를테면 어떤 직원들은 사무실 근무 자체보다 사무실로 출퇴근하는 과정을 더 무서워했다. 그래서 이 회사는 매일 우버 이용료 전액을 보전해주기로 했고, 그 결과 사무실에서 근무하는 직원 수가 5배로 늘어났다.

이 일을 계기로 코클리는 맨해튼 중심에 사무실을 하나 마련하려던 종전의 계획을 재고하기로 했다. 그는 이렇게 설명했다.

"2021년을 목표로 알아보는 중이에요. 브루클린, 뉴저지, 뉴욕 북부의 브롱크스 지역, 이렇게 세 곳에 허브를 두면 어떨까 해요. 그러면 직원들이 걷거나 자전거를 타고 사무실로 출근해 탄력적으로 일할 수 있겠죠. 저희 직원들은 서비스 업무를 하는 사람들이기 때문에 대단히 사교적이고, 고객이나 팀원들과 대화를 나누고 싶어 하거든요."

코클리의 주된 목표는 직원들에게 선택권을 주는 것이다.

정서적 유연성이 높은 직원들

직원들 개개인이 강한 주체성을 갖도록 하면 안녕감에 분명 보탬이 될 것이다. 하지만 직원들이 열린 마음으로 변화를 받아들이도록 이끌고 돕는 것 또한 스트레스 대처를 돕는 중요한 심리적 기술이다.

토드 카시단과 조너선 로텐버그Jonathan Rottenberg에 따르면 심리적 혹은 정서적 유연성은 다음과 같은 능력을 대폭 키워준다.

- 다양한 상황적 요구를 인지하고 적응하는 능력.
- 처음의 전략이 효과 없을 때 사고방식이나 행동을 전환하는 능력.
- 여러 중요한 삶의 영역 사이에서 균형을 유지하는 능력(ex : 일을 잠시 접어두고 가족이나 친구와의 시간, 취미 또는 일상을 즐겨야 할 때를 앎).
- 내면의 가치에 부합하는 행동이 무엇인지 알고 거기에 헌신하는 능력 (ex : 가치관이 일치하지 않는 역할을 받아들이지 않음).[13]

위기 상황에서 심리적 유연성은 엄청난 진가를 발휘한다.

유니버시티 칼리지 런던의 대니얼 램Danielle Lamb은 '위기대응팀의 개인, 팀, 리더십 수준에서 심리적 유연성 탐구'라는 논문에서 심리적 유연성은 위기대응팀 직원들 개인 수준에서 더 높은 안녕감을 예측하게 하는 요소임을 보여주었다. 램은 또한 관리자의 높은 심리적 유연성이 직원들의 높은 안녕감과 양의 상관관계에 있다는 사실도 발견했다.[14] 여기서 나타나는 정서적 유연성의 확산 효과는 주목할 만하다. 정서적 유연성이 긍정적인 네트워크 효과를 생성해 결국 모든 팀원의 안녕감을 증진한다는 뜻이다.

임상 심리학자 로브 아처Rob Archer는 다음과 같이 설명했다. "(정서적 유연성은) 불쾌한 생각과 감정을 일으키는 행동 자체를 회피하려고 하는 경험 회피 성향을 최소화하는 데 도움이 될 수 있다. 경험 회피 성향이 높을수록 안녕감, 업무 성과, 삶의 질이 떨어진다는 연구 결과가 많이 나와 있다."[15]

스트레스는 위기의 감정적 부산물일 수 있지만 배움도 마찬가지다. 우리는 도전적인 상황을 헤쳐나가야 할 때마다 변화를 효과적으로 감당하는 능력을 키우게 된다. 최근 몇 년 사이 정서적 유연성에 관한 속성 과외를 몇 차례 받았다고 이야기할 수도 있겠다.

반복되는 경기 침체와 정치·사회적 동요, 감염병의 세계적 유행으로 인해 사람들은 이제 변화를 예전과 다르게 바라본다. 조직 구성원들의 생각도 이와 비슷할 것이고 그것은 조직이 두려움 없이 변화를 헤쳐나가는 데 도움이 될 것이다.

우리의 뇌는 미지의 상태를 좋아하지 않는다. 그래서 무언가를 알게 된 후에는 그 정보를 바탕으로 미래에 어떻게 대처할지 예측하려고 한다. 과거의 여러 혼란은 우리에게 힘들더라도 끝끝내 버텨내야 한다는 사실을 가르쳐주었다. 이것이 리더가 보내는 메시지여야 한다. 끊임없이 "우리는 무엇을 배웠습니까?"라는 질문을 던지기 바란다.

아래 정서적으로 유연한 팀을 구축하는 데 도움이 될 개입 방법을 한 가지 소개한다.

1. 직원들에게 인생에서 가장 스트레스가 크고 버거운 순간이 언제였는지 적어보게 하라. 함께 이야기하기 거북하거나 다시 말함으로써 감정적인 손상을 가져올 만큼 개인적인 내용이어서는 안 된다.

2. 그 순간이 왜 힘들었는지, 그 특정한 순간이 왜 기억에 남았는지 서술하게 하라.

3. 마지막으로 그 순간이 어떻게 자기 인생에서 하이라이트가 될 수도 있었는지 글로 적거나 이야기를 나누게 하라. 일부러 반대자의 입장에 서서 그 경험에서 얻을 수 있는 긍정적인 면을 최대한 여러 개 설명하게 한다.

우리가 하는 이야기는 말하고 다시 말하는 동안 형태를 바꾼다. 이야기를 되돌아볼 때마다 우리의 기억이 새로운 현실을 재구성하기 때문에 똑같은 사건을 해석하는 다른 방식들이 떠오를 수 있다. 어떤 방식으로 바라보는 것이 우리에게 더 도움이 되겠는가?

이번에는 개개인에게 이야기 속의 부정적인 생각을 하나하나 반박하는 연습을 해보게 하라. 늘 하던 방식으로 상황을 바라보는 대신 좀 더 긍정적인 시각으로 바라볼 때 떠오르는 생각들을 받아들이기 시작할 것이다.

물론 나쁜 일을 없던 일 취급하라는 뜻은 아니다. 그것은 리프레이밍에 대한 오해다. 리더 자신을 포함해 누구에게도 장밋빛 안경을 쓰도록 요구하는 것이 아니다. 양극단의 두 가지 측면에서 사건을 바라보고 마침내 진실에 가까운 시각을 얻는 것이 핵심이다.

팬데믹을 예로 들어 설명해보자. 일단 현재의 생각을 알아차려야 한다. 우리는 이 경험을 어떻게 서술하고 있는가? "모든 순간이 다 싫었어" 혹은 "락다운은 두 번 다시 생각하고 싶지 않아" 또는 "직업적으로 전혀 성장하지 못했어. 일 년의 경력을 완전히 낭비했다고"와 같은 말을 입에 달고 지내지 않는가?

이번에는 그 생각에 반박하라. 리프레이밍의 효과 중 하나는 이야기의 진실과 정확성(혹은 부정확성)을 검토하는 데서 나온다. 그러므로 우리는 '내가 하는 생각이 절대적인 진실인가?'라는 의문을 가질 필요가 있다.

만약 우리 인생에 2020년이 없었다면 어떤 부분을 놓치게 될 것인가? 집 안에 새로 태어난 아이가 없었을 수도 있다. 직장에서 새로운 기회를 얻지 못했을 수도 있다. 도움이 필요할 때 기꺼이 도와줄 친구의 존재를 확인하지 못했을 수도 있다. 연민, 공감, 회복력이 높아지지 않았을 수도 있다. 모두 개인 생활과 업무에 도움이 되는 능력들이다. 우리는 삶의 속도를 늦추고 가족들과 저녁 식탁에 둘러앉아 더 많은 시간을 보냈다.

일 년 전체를 통틀어 좋은 시간이 단 1분도 없기란 대단히 힘들고 어쩌면 불가능할 수도 있다. 이렇게 생각하는 순간 앞에서 내뱉은 불만은 더 이상 유효하지 않고 우리의 뇌는 새로운 진실을 받아들일 수 있다.

리더는 직원들이 스스로 필터를 조정할 수 있도록 도와야 한다. 웰빙을 위해 사탕발림을 하거나 극단적인 낙천주의를 실천하라는 뜻이 아니다. 하지만 직원들이 미래에 대한 통제력이 생각보다 많음을 깨달을 수 있도록 도구를 주는 일은 중요하다.

만약 큰 스트레스 사건으로 심한 타격을 입은 누군가가 "그때는 지옥처럼 느껴졌고 여전히 헤어나오는 중이지만 한 가지 좋은 점이 있다면 그것은…"이라고 말할 수 있는 상태에 이르렀다면 리더로서 큰 도약을 이룬 셈이다. 그리고 직원들은 덕분에 더 건강하고 행복해질 것이다.

공감 능력 있는 리더 되기

이야기를 통한 유대감 형성

스토리텔링은 수천 년 동안 존재하며 우리의 본성 깊숙이 자리 잡았다. 우리는 이야기를 통해 남을 즐겁게 하고 소통하며 역사를 전달한다. 진화하고 혁신해 수명을 연장하며, 장기적인 관계를 형성하고 사랑하는 사람들과 애착을 쌓기도 한다. 스토리텔링은 우리를 묶어주는 끈이다.

리더가 조직을 이끌고 변혁을 일으키고자 할 때, 이야기는 리더와 구성원 사이에 유대감을 형성해준다. 연구 결과 "스토리텔링은 조직의 지식, 특히 암묵적 지식을 활용해 핵심 역량을 구축하는 역할을 한다"는 사실이 드러났다.[16] 이야기는 신뢰를 구축하는 기능이 있으며, 신뢰는 불확실성의 시대와 변화가 요구되는 때에 꼭 필요한 요소다.

연구자 칼 웨이크Karl Weick와 래리 브라우닝Larry Browning에 따르면 조직의 모든 구성원이 스토리텔링 프로세스에 참여할 수 있다는 점 때문에 이것은 "다른 리더십 스타일보다 평등을 촉진한다. 리더와 팔로워는 조직 내의 위계나 권력 차이에서 생기는 장벽 뒤에 갇혀 있다는 느낌 대신 조직의 현실을 똑같이 공유한다고 느낄 수 있다"고 한다.[17]

'스토리텔링을 통한 리더십 구축: 신뢰와 서사의 의미'라는 논문에서는 스토리텔링이 리더와 직원 사이에 공유하는 맥락과 의미

를 만들어냄으로써 귀중한 신뢰의 원천이 될 수 있다는 내용이 담겨 있다.[18]

2021년 초에 나는 세계적인 부동산 중개업체인 로열 르페이지의 직원들을 상대로 강연할 기회가 있었다. 캐나다에 본사를 둔 이 회사는 전국적으로 810억 달러의 거래 성사액을 달성했다.

행사 준비를 위해 나는 몇몇 직원과 행사 진행 방식에 관해 통화했다. 연사가 통상적으로 확인해야 하는 부분이다. 그들은 최고경영자인 필 소퍼Phil Soper가 먼저 연설을 하고, 그가 이야기하는 동안 나는 대기해야 한다고 말했다. 그가 얼마나 오래 연단에 설지는 누구도 장담할 수 없는 듯했다. 30분일 수도 있고 1시간일 수도 있었다. 너무나 사랑받는 최고경영자였고 다들 그가 전하는 최신 정보를 듣고 싶어 했기 때문에 아무도 그것을 문제라고 느끼지 않았다.

이 회사 직원 중 한 사람인 알리시아 오먼드는 소퍼를 카리스마 넘치고 대담한 동시에 다가가기 쉽고 친근감 있는 리더라고 표현했다. 격동의 한 해를 헤쳐나가려면 중요한 소양이었다.

소퍼의 환영 연설이 끝나기를 기다리는 동안 나는 그 말에 동의하지 않을 수 없었다. 영업이익 이야기가 그렇게 흥미로울 줄 누가 알았겠는가? 직원들이 소퍼를 사랑하는 이유가 단박에 이해되었다.

좋은 스토리텔링은 소속감을 느끼게 한다. 어느덧 나 역시 성공을 함께 기뻐하며 이 회사 직원이 된 듯한 기분이 들었다.

일반적으로 좋은 커뮤니케이션은 건강한 기업 문화에 결정적이다. 하지만 지나침과 모자람은 종이 한 장 차이다. 완벽한 상태를 찾으려면 지속적인 조정이 필요하며, 스트레스가 많은 시기에는 이것이 조금 더 힘들어진다.

예를 들어 2020년 초반에 리더들은 효과적인 커뮤니케이션 방법을 궁리하고 있었다. 어느 정도면 충분할 것인가? 이건 너무 부족한가? 너무 지나친가? 너무 겁을 주나? 너무 들뜬 어조인가? 딱 알맞은가?

소퍼는 한 달에 한두 번 내보내던 커뮤니케이션 메시지를 매일 내보내는 것으로 바꿨다. 일주일에 여덟 번 메시지가 나갈 때도 있었다. 어쩌면 "엄청난 과잉 대응"이었을 수도 있지만, 팀원 중 누구도 상황이 어떻게 돌아가는지 모르겠다고 느끼거나 정보를 얻지 못해 절박한 심정이 되어서는 안 된다는 생각이었다.

그는 커뮤니케이션으로 사람들을 연결하기 위해 한 가지 아이디어를 떠올렸다. 직원들이 이 상황을 어떻게 헤쳐나가고 있는지 각자의 이야기를 전하기로 한 것이었다.

그중 하나는 어린 두 자녀의 엄마이자 필수 노동자를 남편으로 둔 중간 관리자의 이야기였다. 이 직원은 아이들이 아파서 혹은 아플까 봐 늘 노심초사했다. "이야기를 나누어 보니 힘들어하고 있다는 걸 알 수 있었어요." 소퍼는 말했다. "통제된 상황을 좋아하는 완벽주의자가 완전히 반대되는 상황에 부닥쳤으니까요. 그 직원은 스트레스로 완전히 지친 상태였죠. 그래서 저는 지금 마주하고 있는 어려움에 관해, 특히 어린 자녀들을 거의 혼자 돌보다시피 하는 어머니의 처지에서 짤막한 글을 한 편 써달라고 설득했어요. 어째서 사람들에게 실망을 안겨주는 기분이 계속 드는 건지 이야기해달라고 했죠. 그 직원으로서는 '묵묵히 일하는 것처럼 보일지 몰라도 나도 이 상황이 힘들다'고 털어놓을 기회였어요."

직원은 제안을 수락했고, 개인적인 이야기가 회사 전체에 공유되자 큰 변화가 찾아왔다. 소퍼는 이어서 말했다. "가장 큰 카타르시스의 순간은 친구와 가족, 동료, 모두가 그 직원을 든든히 받치고 있다는 걸 깨달은 때였습니다. 모두가 함께 이 상황을 헤쳐나가고 있었어요. 그 직원은 주어진 상황에서 최선을 다했으니 만족해도 괜찮다는 걸 알게 되었죠. 물론 완벽주의자로서는 받아들이기 힘든 생각이지만요. 내적 기준에 못 미친다고 느꼈을 게 분명해요. 그래도 그 직원은 자기 이야기를 공유한 덕분에 회사 내에 자신과 똑같이 느끼는 사람이 수백 명 있다는 걸 알고 안심하게 됐어요. 이 위기 또한 지나갈 테니까요. 저 터널 끝의 불빛을 계속 가리켜 보여주는 것이 정말 중요했어요."

비슷한 시기에 필-로소피 프라이데이^{Phil-osophy Friday} 행사도 정착되었다. 소퍼는 자기 이름 '필^{Phil}'로 말장난을 친 이 행사의 명칭을 상당히 재미있어했다. 나는 너무 진지하게 굴지 않는 리더들과 대화를 나눌 때 훨씬 큰 즐거움을 느낀다. 여하튼 그가 매주 진행하는 이 가벼운 대화 형식의 행사는 직원들에게 열띤 호응을 얻었다.

첫 번째 필-로소피 프라이데이 행사에서 그는 고위 간부인 존이 아내와 함께 생활하고 일하는 46제곱미터 면적의 아파트를 직접 방문해 현장 인터뷰를 진행했다. 소퍼는 그렇게 비좁은 공간에서 나란히 일해야 하는 기분이 어떤지 질문했고 그 이야기를 다른 직원들과 함께 나누었다.

"이것도 결국 커뮤니케이션 문제더라고요." 소퍼는 설명했다. "두 분과의 대화는 정말 재미있었어요. 존이 평소에 어찌나 시끄럽게 생활하는지 아내 분은 도통 업무에 집중을 할 수 없을 정도라고 털어놓으셨거든요. 나중에 다시 연락해 보니 마치 집단 치료 세션에 참여한 것처럼 두 분 모두 정말 큰 도움을 받았다고 했어요. 비슷한 상황에 놓인 다른 사람들에게도 도움이 되었고요. 이런 이야기들은 우리가 책을 읽고 영화를 보는 것과 똑같은 이유로 공유돼요. 누군가의 상황을 보면서 자신의 삶과 연결 짓거나 상상력을 넓힐 수 있거든요. 다른 사람의 입장에 서보는 일이죠."

나는 고개를 끄덕이면서 좋은 리더십은 역시 공감과 연결된다고 속으로 생각했다. 소퍼는 덧붙였다. "아, 이 이야기는 또 한 가지 행복한 결말이 있어요. 이후에 그 두 분은 168제곱미터의 새로운 공간으로 이사를 하셨다고 해요."

소퍼의 연설이 끝나기를 기다리던 상황으로 다시 돌아가보자. 그는 도전으로 가득했던 한 해의 흥미로운 하이라이트를 죽 훑었다. 부진했던 봄과 불타올랐던 여름 그리고 가을, 이례적이었던 겨울에 대해 언급했다. 소퍼는 부동산 업계에서 2020년은 3P의 해로 기록될 거라고 말했다. 강아지Puppies, 펠로톤Peloton®, 부동산Property의 수요가 급증했다는 뜻이다.

유머는 역시 도움이 된다.

훌륭한 리더는 공감이 훌륭한 리더십의 원동력임을 안다. 그 신념을 의사 결정의 근간으로 삼는다면 번아웃을 더 효과적으로 예방할 수 있다. 친사회적 행동에 따르는 보상은 그만큼 크다.

공감 능력이 뛰어난 리더는 팀원들과 자신, 그리고 팀원들 사이에 신뢰할 만한 관계를 구축한다. 공동의 목표로 연결된 진정성 기반의 조직을 이끌고, 불확실성의 시기에 직원들에게 심리적 안전감을 준다. 슬픔과 애도를 위한 치유의 공간을 마련한다. 조직의 이야기에 사람들을 끌어들임으로써 포용적인 대화를 촉진한다. 그리고 미래의 피해를 예방하는 수단으로써 적극적으로 경청한다.

● 코로나19의 수혜를 톡톡히 본 홈 트레이닝 플랫폼.

7 자기 자신을 돌보는 법

지금까지 이 책의 거의 전부를 할애해 직원들에게 힘이 될 전략과 전술을 살펴보았다. 하지만 리더도 직원과 똑같은 인간임을 잊어서는 안 된다.

리더들은 팀을 이끄는 데서 의욕과 에너지를 얻는 경향이 있지만 바로 그 열정으로 인해 고갈되기도 쉽다. 열정에서 비롯된 번아웃에 관해서는 앞에서 이미 다루었지만 그런 일을 막으려면 어떤 종류의 개입이 필요한지는 아직 살펴보지 않았다. 업무에 대한 조화 열정을 유지할 수 있다면 가장 이상적일 것이다. 일에서 찾는 의미와 목적의식이 번아웃의 예방책이 될 수 있다는 것은 데이터를 통해 확인된 사실이다.

회복력은 공감 능력과 더불어 리더가 길러야 할 소중한 심리 건강 기술이다. 회복력 있는 리더들은 정서적 유연성이 높고 태세 전환이 빠르다. 압박 속에서도 침착함을 유지하고 위기가 주는 이점을 발견한다. 계속 앞으로 나아가고 다시 일어선다. 오뚝이처럼 제자리를 되찾는다. 회복력 높은 리더들은 그렇게 행동한다.

다시 한번 강조하지만, 회복력이 있다고 해서 구조적 번아웃이 생기지 않는다는 뜻은 아니다. 과로나 열악한 조직 위생에 회복력으로 맞설 수는 없다. 공정성 결여와 가치관 불일치도 회복력으로 해결되지 않는다. 그런 문제에는 다른 전략이 필요하다.

망가진 조직 시스템이 자기 돌봄으로 고쳐지진 않겠지만, 자기 돌봄은 통제할 수 없는 것들로 가득한 세상에서 그나마 통제할 수 있는 부분을 통제하는 행위다.

의미 찾기

리더의 번아웃을 예방하려면 일에서 의미를 찾는 것이 중요하다. 일에 대한 감정은 좋을 때도 있고 나쁠 때도 있으며 그것은 경력 전반에 걸쳐 자연스러운 현상이다. 하지만 일이 완전히 무의미한 기분이 든다면 안녕감에 문제가 생길 수 있다.

어떻게 하면 리더가 자신의 역할에서 의미를 느끼고, 그것이 다시 조직 구성원들에게 영감을 불어넣게 될까? 우선 내 직업의 어떤

점을 사랑하는지 찾아야 한다. 그리고 리더 역할이 내 소명이라고 생각하는 이유를 알아야 한다.

행복이 성과에 끼치는 영향

언젠가 한 라디오 프로그램의 전화 연결 코너에 게스트로 출연한 적이 있다. 진행자는 청취자들에게 팬데믹이 본격화되면서 어떻게 기쁨을 찾고 있는지 사연을 보내달라고 했다. 누구나 아는 뻔한 이유로 2020년은 많은 이에게 힘든 한 해였다. 그러니까 이것은 청취자들이 갑갑함을 덜어내려고 한 일들에 관해 이야기할 기회였다.

제니퍼라는 청취자는 지난 몇 개월 동안 일을 이정표로 삼았다고 말했다. 그는 캐나다 정부에 고용되어 대도시의 큰 공원을 관리하는 일을 했다. 하는 일은 여러 가지였지만 그중에서도 죽은 나뭇가지를 치우고 쓰레기를 줍고 바닥을 쓰는 등의 일을 주로 했다. 누군가에게는 꿈의 직장이 아닐 수도 있다. 하지만 제니퍼는 청소 일을 하면서 공원에 대해 큰 자부심을 느꼈다. 그의 상사는 실내에 모일 수 없는 상황에서 사람들에게 만남의 공간을 마련해주는 제니퍼의 일이 얼마나 중요한지를 되새겨주었다고 한다.

제니퍼는 팬데믹으로 인해 그 지역 사람들이 전에는 가볼 생각도 하지 않던 장소들을 탐색해보게 되었다고 말했다. 처음 방문한 사람들을 맞이하고 자주 찾는 사람들과 가벼운 대화를 나누는 것도 그의 일과였다. 그러다 보니 가장 아름다운 상태의 공원을 보여주는 것이 중요했다.

우리가 일상적인 업무를 더 큰 무언가와 결부시킬 수 있을 때 그 업무는 훨씬 더 큰 의미를 얻게 된다. 당신이 제조회사의 생산라인에서 근무하는 직원들의 팀장이라고 상상해보라. 직원들은 매일 무엇을 만들고 있는가? 차량의 브레이크를 만들고 있는가? 아니면 임산부가 병원까지 안전하게 도착하느냐, 도중에 사고를 당하느냐의 차이를 만들고 있는가? 휠체어를 만들고 있는가? 아니면 최근 장애를 얻은 한 아버지가 마침내 이동의 자유를 얻어 직장에 복귀할 수 있도록 돕고 있는가? 부동산을 팔고 있는가? 아니면 사람들이 안전하다고 느끼는 장소, 생활을 시작할 수 있는 공간, 아름답게 나이 들 수 있는 집을 찾아주고 있는가?

리더는 매일 하는 업무에서 더 큰 그림을 보고 사명에 집중해야 한다. 그러려면 몇 개월마다 한 번씩 아래의 질문을 통해 당신이 여전히 올바른 방향으로 나아가고 있는지 확인하라. 답변에 계속 살을 덧붙이면서 시간이 지남에 따라 의미가 어떻게 변형되고 달라지는지 살펴보라. 분석하고 기록하라.

- 업무의 어떤 면이 의미를 주는가?
- 의욕 상실을 느낄 때 어떤 방법으로 돌파하는가?

- 리더라서 좋은 점은 무엇인가?
- 어떤 방식으로 팀원들의 목적의식을 고취하는가?
- 직원들이 일의 의미에 대해 어떻게 생각하기 바라는가?

직장에서 웰빙을 도모하고 싶다면 경영진부터 직원들에게 바라는 행동의 모범을 보이는 것이 좋다. 직장 내 행복을 가치 기반 전략으로 삼는다면 그렇게 할 수 있다.

나는 정치인과 연구자들로 구성된 한 정책 연구 기관에 소속되어 있다. 전 세계의 정책 결정자들을 위해 공공 정책을 연구하고 정부의 지침이 될 척도로서 행복을 표준화해 행복과 주관적 웰빙을 증진하고자 하는 조직이다. 세계행복협의회는 세계정부정상회의의 일환으로 매년 두바이에 모여서, 삶의 모든 영역에 걸쳐 웰빙의 가치를 강력하게 입증하는 최신 연구, 증거, 데이터를 토대로 토론을 벌인다. 나는 이 협의회 산하 세계직장웰빙위원회의 일원이고, 매년 발간하는 〈세계행복정책보고서〉의 직장 편을 담당하고 있다.

협의회 구성의 핵심 전략은 학자, 실무자, 경제학자, 과학자, 정치인, 전문가 등을 골고루 섭외해 웰빙과 웰빙이 세상에 끼치는 영향을 살펴보겠다는 것이다.

모든 협의회 구성원은 윈윈 시나리오를 뒷받침할 증거가 있으면, 다시 말해 직원과 경영진 양쪽 모두 행복해질 수 있다는 증거를 보여주면 정책 결정자나 리더들이 웰빙 전략을 채택하기가 쉬워진다는 사실을 이해하고 있다.

런던정치경제대학의 리처드 레야드[Richard Layard], 옥스포드대학교 경제학 교수인 얀-에마뉘엘 드니브[Jan-Emmanuel De Neve], OECD의 통계 수석 겸 통계국장 마틴 듀란[Martine Durand], 미국의 유명 경제학자이자 지속가능발전센터 소장이며 컬럼비아대학교 교수이기도 한 제프리 삭스 등이 협의회 의장직을 맡고 있다.

내가 소속된 세계직장웰빙위원회의 의장인 얀-에마뉘엘 드니브는 웰빙이 비즈니스 성과에 끼치는 인과적 영향을 여러 해에 걸쳐 입증했다. 2018년 보고서에는 급여보다 목적의식이 동기부여 수준을 더 크게 높인다는 내용이 실렸다. 그보다 앞선 2017년 보고서의 직장 편에는 직장인들이 업무에서 높은 목적의식을 느낄 수만 있다면 37퍼센트의 급여 삭감까지도 감수할 거라고 밝힌 점이 이목을 끌었다.[1]

더욱 놀랍게도 링크드인이 최근 내놓은 직장 문화 보고서에 따르면 밀레니얼 세대(1981년에서 1996년 사이 출생자) 열 명 중 약 아홉 명(86퍼센트)이 사명과 가치관이 일치하는 회사에서 일하기 위해 급여 삭감을 고려해볼 거라고 한다. 이에 반해 베이비부머 세대(1946년과 1964년 사이 출생자)의 경우 그 비율은 9퍼센트에 그쳤다.

그런데 웰빙과 수익성이 맞물려 돌아간다는 이야기를 들으면 어떤가? 최근 몇몇 연구자들은 행복이 수익성과 인과관계가 있다고 발표했다. 학계에서 무언가가 상관관계가 아니라 인과관계에 있다고 주장할 수 있다는 것은 큰 의미다. 그 시점까지 아마도 몇 년 동안 조사, 모델링, 측정, 동료들의 분석, 질책, 발표가 충분히 이루어졌다는 뜻이기 때문이다.

행복을 전략적 우선순위로 삼으면 따뜻하고 기분 좋은 느낌만 드는 것이 아니다. 그것은 정신건강과 웰빙에 영향을 미치는 선제적 개입의 한 방법이다. 번아웃을 막는 효과도 있다.

증거는 다음과 같다. 2019년에 드니브는 경제적성과센터 웰빙 프로그램의 동료 조지 워드George Ward와 에라스무스대학교의 조교수 클레망 벨레Clément Bellet와 협력해, 영국 최대의 민간 고용주인 세계적인 통신사 브리티시텔레콤에서 노동자의 주간 행복이 생산성에 인과적 효과를 미쳤다는 증거를 제시했다.

노동자의 웰빙과 성과에 관한 과거의 연구에서는 관리자의 성과 평가 같은 주관적인 결과에 의존할 수밖에 없었다. 그래서 드니브와 그의 팀은 이 회사가 통상적으로 사용하는 다양한 객관적·계량적 성과 지표로 콜센터 모집단을 연구했다.

연구팀은 11개 콜센터에 흩어져 근무하는 영업 사원 1800명을 분석했다. 6개월 동안 매주 이 노동자들의 행복 수준을 관찰한 것이다. 직원들이 자기 보고한 행복 데이터를 여러 가지 직장 내 행동 및 수행 결과에 관해 관리자가 평가한 데이터와 맞춰보았다. 또한 현지의 나쁜 기상 상태가 매출 실적에 영향을 줬는지 판단하기 위해 날씨 요인도 고려했다.

성과 측정은 각 직원의 주간 매출 실적을 중심으로 했다. 생산성을 파악하기 위해 콜당 통화 시간, 매출로 전환된 콜의 비율, 예정된 업무에 대한 직원들의 수행 충실도를 측정했다.

일단 연구팀은 행복이 생산성에 인과적 영향을 끼치고 결과적으로 매출을 높인다는 사실을 발견했다. (중립적인 감정 상태와 비교해) 행복한 상태일 때 주간 매출이 약 6퍼센트 상승했고, (중립과 비교해) 부정적인 감정 상태일 때 주간 매출이 약 7퍼센트 하락했다. 직원들이 매우 행복하지 않다고 밝힌 주와 매우 행복하다고 밝힌 주를 비교해 보았더니 매출 차이가 약 13퍼센트에 달했다.

다른 모델을 사용한 2차 측정에서도 행복이 매출 실적에 끼치는 강력한 인과 효과가 확인되었다. 1부터 5까지의 행복 척도에서 점수가 1점 높아지면 주간 매출이 24퍼센트 상승했다.

직원들이 행복하다고 느낀 주와 행복하지 않다고 느낀 주 사이에 나타난 13퍼센트의 매출 차이는 유의미하다. 그 수치를 조직 전체에 적용하면 엄청난 차이로 벌어진다. 드니브와 그의 팀은 행복감이 높은 직원들의 멀티태스킹 능력이 행복감이 떨어지는 동료들보다 뛰어나다는 사실도 알아냈다. 행복은 직원들의 업무 처리 속도와 효율성까지 높여주었다. 행복한 직원은 처리하는 콜 수가 더 많았고 콜의 생산성도 더 높았다.[2]

날씨와 관련해서는 콜센터의 지리적 위치에 따른 악천후가 매출 실적에 부정적인 영향을 끼친다는 사실을 발견했다. 나쁜 날씨가 행복에 부정적인 영향을 끼친다는 것은 잘 알려진 상식이지만 이들의 연구로 한층 더 강화되었다. 예를 들어 20만 7000건의 판례 결과를 살펴보았더니 중대한 법정 소송에서 판결에 기온이 유의미한 영향을 끼친 것으로 드러났다.[3] 마찬가지로 주식시장 참여자들의 행동은 햇빛과 일조량, 심지어 국가 대항 축구 경기 결과에도 영향을 받는다.[4]

드니브와 그의 팀은 이전의 연구 결과를 뒷받침하는 추가 증거도 발견했다. 일시적으로 행복한 상태를 만들어주면 동기부여, 인지적 유연성, 협상, 문제 해결 능력과 같은 프로세스에도 긍정적인 효과가 있다는 증거였다. 아울러 그들은 콜센터 직원들에게 재택근무를 허용하면 생산성이 높아지고 행복감과 만족감이 올라간다는 사실을 확인했다. 2020년에 재택근무 체제에 돌입한 수많은 콜센터 직원들에게 반가운 소식이다.

인터뷰에서 드니브는 더 많은 사람이 일에서 의미를 찾고 몰입을 느끼는 것이 중요한 이유를 이렇게 밝혔다. "일은 정체성을 주고, 사회적 연결성을 부여하며, 하루의 일과와 체계를 잡아주죠. 이러한 부분이 실제로 굉장히 중요합니다."

드니브는 엄청나게 큰 데이터 세트(갤럽 세계 여론조사)를 가지고 작업했고, 그 데이터와 직장인 1800만 명의 몰입도 설문 결과를 토대로 리더들이 더 강력한 웰빙 전략을 채택할 수 있도록 다음과 같은 사항을 제안했다.

- 무엇보다 관리자 역량, 특히 공감 능력을 향상하는 데 조직의 초점을 맞춰라.
- 긍정적인 기여를 중요시하라. 이것은 동료 인정 프로그램을 확대하면 된다. 드니브는 일례로 링크드인이 현재 사용하는 브라보를 거론했다. 이 소프트웨어는 자신의 맡은 바 임무를 뛰어넘어 동료들을 돕는 직원들의 노력을 보상하고 인정하도록 장려한다. 링크드인은 이 시스템을 자사의 훌륭한 기업 문화 사례로 내세운다.
- 좀 더 참여적인 성격의 보상 패키지를 구성하라. 드니브는 이렇게 설명했다. "개별 보너스가 아닌 그룹 보너스, 수익 공유, 스톡옵션형 우리사주매수선택권제도*로 보상 패키지를 구성하면 사람들을 단합시킬 수 있습니다. 특히 그룹 보너스의 경우가 그렇죠. 또한 수익 공유와 연계되는 측면이 있다면 사람들이 회사 일에 더 적극적으로 참여하게 됩니다."
- 일보다 생활을 우선하라. 이것은 탄력 근무제를 운영하고 자율성을 주며 가능하다면 주 4일 근무를 허용하는 것을 의미한다. 드니브는 최근 마이크로소프트 재팬을 포함해 주 4일 근무제가 잘 시행되고 있는 사례들을 제시했다.

드니브의 열의는 통화에서도 생생히 느껴졌다. 행복의 경제학을 연구하는 일에 평생을 바친 사람에게 이것은 고무적인 결과다.

● 직원에게 회사의 주식을 할인된 가격으로 매수할 기회를 주는 제도.

"데이터를 좀 더 자세히 뜯어볼수록 생산성을 끌어올리는 행복의 힘에 관해 점점 더 흥미로운 통찰이 드러납니다. 상당히 흥분되는 일이죠. 아마도 오늘날 존재하는 가장 강력하고 확실한 현장 증거일 겁니다."

행복하고 건강하며 성취도 높은 리더

웰빙은 기분을 좋게 해줄 뿐만 아니라 실제로도 유익하기 때문에 중요하다는 사실이 연구를 통해 입증되었다. 웰빙 수준이 낮은 사람에 비해 웰빙 수준이 높은 사람은 다음과 같은 특징을 보인다.

- 직장에서 더 좋은 성과를 낸다.
- 더 만족스러운 관계를 꾸려나간다.
- 더 협력적이다.
- 면역력이 높다.
- 건강 상태가 좋다.
- 즐겁게 오래 산다.
- 심혈관계로 인한 사망률이 낮다.
- 수면 문제를 덜 겪는다.
- 번아웃에 빠질 가능성이 적다.

자기 자신을 돌보는 법

- 자제력이 더 높다.
- 자기 조절을 잘 하고 잘 극복한다.
- 더 친사회적이다.
- 우울과 불안을 덜 겪는다.

누가 보아도 이 목록은 건강한 직원의 여러 가지 긍정적인 특징과 일치한다. 더 흥미로운 부분은 건강한 직장이 어떻게 직원의 웰빙을 높일 수 있느냐일 것이다. 건강한 직원과 건강한 직장, 두 가지가 조화를 이루면 강력한 공생 관계가 형성된다. 이것은 내가 일반적인 삶의 행복에서 직장 내 웰빙으로 연구의 초점을 전환한 이유이기도 하다. 깨어 있는 시간의 절반을 직장에서 보내는데 직장 때문에 비참한 기분이 든다면 어떻게 진정으로 행복하기를 기대할 수 있겠는가?

번영˚은 내 초창기 컨설팅 활동의 근간으로 너무나 많은 연구와 후속 단계가 거기에 뿌리를 두고 있었다. 하지만 나는 어느 순간 종착점에 다다른 기분이었고 더 나아간다는 느낌이 들지 않았다. 마틴 셀리그먼과 펜실베이니아대학교 연구팀은 이 분야의 선구자들이고 여전히 이 분야를 주도하고 있지만, 나는 현장 실무자로서 우리가 어떻게 해야 경영진의 적극적인 동의를 얻어 웰빙을 하나의 전략으

● 단기적인 행복감과 지속적인 행복감을 포괄하는 개념.

로 채택할 수 있을지 알고 싶었다. 그러려면 웰빙이 중요하다는 것을 데이터로 증명해야 했다.

연구자, 데이터 과학자, 직장 전문가로 구성된 우리 팀은 조직 문화와 행복한 조직 문화의 중요성에 주목했다. 우리는 먼저 셀리그먼이 말한 행복의 첫 번째 구성 요소인 긍정 정서에 해당하는 특질을 측정하되 거기에 몇 가지를 더 추가했다. 그리고 간단하지만 의도적인 일상 행동을 통해 기를 수 있는 이 능력들을 HERO 특질이라고 명명했다. 희망Hope, 효능감 Efficacy, 회복력Resilience, 낙관주의Optimism, 감사Gratitude, 공감Empathy, 마음챙김Mindfulness의 앞 글자 몇 개를 따서 만든 용어다. 다년간의 연구와 검증 끝에, 우리는 이러한 특질을 두루 갖춘 사람들이 일과 삶에서 가장 건강하고 행복하며 성취도도 높다는 사실을 발견했다.

이러한 인지적 능력을 향상할 수 있는 개입 방법은 수천 가지가 있다. 하지만 우리는 뇌의 신경가소성(새로운 연결과 경로를 형성하고 회로 배선 방식을 변경할 수 있는 능력)을 이용한 덕분에 조직 내에 이러한 특질을 어렵지 않게 내재화할 수 있었다.

릭 핸슨Rick Hanson은《행복을 위한 뇌 배선Hardwiring Happiness》에서 뇌는 긍정성을 위해 스스로 배선을 바꾸는 특별한 능력이 있다고 설명한다. 그러려면 시간과 의지가 필요하지만, 이것은 부정 편향●●을

●● 긍정적이거나 중립적인 일보다 부정적인 일에 주의가 더 쏠리는 경향.

완화하고 몸의 위협 반응을 줄이는 한 가지 방법일 수 있다.

우리는 몇몇 과학자와 연구자들의 연구 성과를 받아들이고 조합해 플래스티시티 랩스라는 회사를 설립했다. 이것은 우리의 학습 기반이 되었다. 리더와 직원을 포함해 누구나 활용할 수 있는 개입 방법 몇 가지를 나열해보면 아래와 같다. 과학으로 검증된 삶의 지혜라고 생각해주면 좋겠다.

희망

찰스 로버트 스나이더 Charles Robert Snyder 는 캔자스대학교 임상심리학과 교수이자 심리학자로, 인지적 희망 이론을 제시했다. 스나이더는 희망이란 원하는 목표를 달성하기 위한 경로(계획)를 만들고, 주도 사고[●]를 바탕으로 스스로 동기를 부여함으로써 그 계획을 지킬 거라 믿는 상태라고 정의한다. 그는 희망 이론을 학습된 낙관성, 낙관주의, 자기효능감, 자존감 이론과 비교할 수 있다고 이야기한다. 그의 연구는 "높은 희망을 품으면 학업, 운동, 신체건강, 심리적 적응, 심리치료에서 일관되게 더 나은 결과로 연결된다"는 사실을 보여주었다.[5]

인지적 희망을 키우고 싶다면 어떻게 해야 할까? 과학자들은 침대를 정리하라고 조언한다. 싱거운 조언이라고? 대규모의 청중 앞에서 강연할 때, 침대를 정리하는 사람이 몇 명이나 되는지 손을 들어

● 목표를 달성할 수 있다고 믿는 신념.

보라고 하면 한 명도 빠짐없이 손을 든다. 10명 중 7명이 매일 침대를 정리한다고 하니 대부분은 진실을 말하고 있는 셈이다.

《침대부터 정리하라》의 저자 윌리엄 맥레이븐William McRaven은 텍사스대학교 졸업 연설 중 매일 하는 침대 정리의 중요성이 네이비씰(미국 해군 소속의 특수부대)에서 복무하며 얻은 가장 값진 교훈이었다고 말했다.

"매일 아침 침대를 정리하면 하루의 첫 번째 과제를 이미 완료한 사람이 될 것입니다." 그는 말했다. "거기서 작은 뿌듯함을 얻으면 다음 과제, 그다음 과제를 완료할 용기를 얻게 됩니다. 그런 식으로 하루를 마칠 때쯤이면 완료한 과제가 하나에서 여러 개로 불어나 있을 것입니다."[6]

그는 침대를 정리하면 삶의 세세한 부분의 중요함을 인지하는데 도움이 된다고 강조한다. "혹시 절망적인 하루를 보내더라도 집에 돌아와 (여러분이) 잘 정리해놓은 침대에 몸을 누일 수 있습니다."

그러나 침대 정리는 한 가지 예에 불과하다. 어떤 목표든 달성하고 나면 뇌는 이런 메시지를 얻게 된다. "잘했어! 이제 더 큰 도전에 나설 거야! 계속 가보자!"

희망은 작은 목표에서 찾을 수 있다. 위기의 시기일수록 이것이 매우 중요하다. 직장에서도 작은 과제를 완수하면서 하루를 시작하는 것이 중요하다. 이를테면 책상을 깔끔하게 정돈하거나 주력해야 할 우선순위 업무 세 가지를 체크리스트로 작성할 수 있다. 일정이

자기 자신을 돌보는 법

비는 시간을 이용해 잠시 휴식을 취하거나 동료에게 간단한 감사 메시지를 보내는 것도 좋다. 무엇이든 한 가지 일을 처리하고 나서 잘했다고 스스로 어깨를 토닥여주는 것이 핵심이다.

효능감

심리학자이자 스탠퍼드대학교 석좌교수인 앨버트 밴듀라에 따르면 자기효능감은 기본적으로 특정 상황에서 성공할 수 있다는, 자신의 능력에 대한 믿음을 가리킨다.[7]

2020년에 우리의 자기효능감은 큰 타격을 입었다. 너무나 많은 사람이 갑작스레 방향을 선회해야 했고, 업무 능률은 예전만큼 좋지 않았다. 목표 도달에 더 오랜 시간이 걸렸고, 사람들 대부분은 재택근무를 하면서 화상회의를 하고 팀을 이끄느라 애를 먹었다. 나를 포함한 많은 사람이 집에서 아이들을 직접 가르치느라 힘들어했다. 가르치는 일에 그렇게까지 소질이 없다니 당혹스러울 정도였다.

자기효능감을 높이려면 새로운 개념을 마스터하거나 새로운 것을 배웠던 때를 떠올려야 한다. 가령 2020년은 나에게 난관을 딛고 일어서는 법을 알려주었다. 지금도 화상회의의 달인은 아니지만 예전보다는 잘하게 되었다. 공개 강연이 온라인에서 이루어지면서 여러 가지 새로운 도구를 적극적으로 테스트해야 했고, 그중에는 직접 아바타가 되어야 하는 도구도 있었다(기분은 묘했다).

자기효능감(자존감)을 기르려면 2020년 이전에는 해볼 생각도

하지 않았고 그런 것이 있는 줄도 몰랐지만 이제 제법 잘하게 된 일한 가지를 종이에 적어보라. 그것은 뇌에 이렇게 이야기해줄 것이다. "전에 이미 해본 일이야. 다시 할 수 있어."

회복력

이번 장에서는 회복력에 관해 자세히 설명했다. 여기에 회복력을 기르는 방법을 하나 더 소개한다. 자신만의 이점을 발견하라. 다시 말해 리프레이밍을 시도해보는 것이다. 인생에서 정말 힘들었던 일을 한 가지 떠올리고, 그 경험의 결과로 생긴 긍정적인 면을 생각나는 대로 모두 나열해보라. 나쁜 상황에서 좋은 점을 찾기가 불가능해 보일 수도 있지만 시도해보라. 무엇을 배웠는가? 무엇을 얻었는가?

낙관주의

미래에 대한 희망이나 어떤 일의 성공적인 결과에 대한 확신이 있을 때 낙관적인 사람으로 여겨진다. 그런 사람은 모든 일이 잘 풀릴 거라 믿는 경향이 있다. 직장에서는 낙관적인 리더의 아이디어를 지지하는 사람이 더 많아서 실제로 그런 결과가 나오기도 한다. 그들은 좀 더 편안한 마음으로 위험을 받아들이고 다른 사람들도 위험을 받아들이도록 허용한다.

사용하는 화법을 통해 낙관주의를 연습할 수 있다. 다음 일주일 동안 가장 따분한 업무에 대해 '해야 한다' 대신 '하겠다'라고 표현해보라. 이것은 나에게 선택권이 있고 그 일이 가치 있는 일이라고 느끼는 데 도움이 된다. 업무의 노예가 되지 않고 이 업무를 더 큰 목표와 연결 지을 수 있다.

감사

행복으로 향하는 지름길인 감사는 우리에게 가장 빠른 투자 수익을 돌려준다. 오랜 기간 감사를 실천하면 뇌의 기본 구조가 달라져 내가 가지지 못한 것보다 가진 것에 초점을 맞추기 시작한다. 캘리포니아대학교의 로버트 에먼스Robert Emmons 교수가 진행한 연구에 따르면 10주 동안 금요일마다 그 주에 있었던 긍정적인 일을 글로 적기만 해도 면역 체계가 향상되고 수면의 질이 좋아지며 외로움을 덜 느끼고 측은지심이 깊어지며 관계가 풍요로워지는 것으로 드러났다.[8]

신경과학적 관점에서 바라볼 때 뇌에서 벌어진 일은 다음과 같다. 우리가 뭔가를 보고해야 한다고 뇌에 이야기하면 뇌는 집중하게 되어 있다. 위 연구에서는 매주 금요일마다 감사한 일을 기록하는 할 일이 생겼다고 뇌에 이야기한 것이다. 그러면 뇌는 이렇게 생각한다. '좋아, 그렇다면 하루 중 감사한 마음이 들게 하는 순간에 좀 더 관심을 기울여봐야겠군.'

프랑스어를 배우는 아이를 상상해보자. 아이는 처음에는 모국어에서 프랑스어로 계속 번역을 할 것이다. 하지만 매일 그 작업에 몰입하다 보면 조금씩 번역을 멈추고 새로 익힌 언어로 생각하기 시작한다. 그러다가 어느 날 갑자기 유창한 상태가 된다. 감사의 작용원리도 마찬가지다. 감사를 번역하는 상태에서 상시 감사한 상태로 옮겨가는 것이다.

이런 연습을 해보라. 스톱워치를 60초에 맞추고 1분이 될 때까지 감사한 모든 일을 적는다. 몇 가지를 나열했는가? 일주일 동안 이렇게 해보고 속도가 얼마나 빨라지는지 살펴보라. 항목을 더 빨리 떠올릴수록 더 유창해지는 것이다.

내가 좋아하는 또 하나의 연습은 업무용 달력에 매주 금요일 오후 2시 49분마다 반복 회의를 잡아두는 것이다. 학자들의 주장으로는 매주 이 시간이면 우리의 정신이 퇴근해버린다고 한다. 그러니 이 반복 회의를 감사의 시간으로 활용해, 한두 문장으로 된 이메일이나 문자, 슬랙 메시지를 보내라. 평소에 사용하는 커뮤니케이션 수단이면 무엇이든 괜찮다. 이번 주 당신의 삶을 수월하게 만들어준 누군가의 구체적인 행동에 고마움을 전하라.

감사는 사회적으로 전염된다. 나의 직장 생활에만 영향을 미치는 게 아니라 다른 사람에게도 긍정적인 영향을 미친다.

공감

나는 예전부터 '깊은 공감이 담긴 정책과 관행'을 응원했다. 미래의 인력을 성공적으로 운용하려면 공감이 매우 중요하다고 믿기 때문이다.

이미 이 책의 한 장을 할애해 공감 능력 있는 리더가 되는 법에 관해 다루었지만, 요령을 한 가지 더 습득하고 싶다면 저명한 심리학자 브레네 브라운Brené Brown의 팁을 참고하는 것이 좋겠다.

브라운은 지난 20년간 용기, 취약성, 수치심, 공감을 탐구했다. 그는 우리에게 '적어도'라는 말을 쓰지 말라고 간청한다. '적어도'라는 말로 말문을 여는 순간 어떠한 공감의 반응도 나올 수 없다는 것이다.

다음에 누군가가 힘든 상황에서 자기 이야기를 들어주기 바라면 그냥 잘 들어주기만 하라. 상대방 당신이 그 이야기에 희망을 비춰주기를 바라지 않는다. 그냥 이렇게 말해야 한다. "이야기 잘 들었습니다. 어떤 기분이었는지 저에게 말해줘서 고맙습니다. 정말 힘드셨겠네요."

마음챙김

현재의 순간에 주의를 기울이는 습관은 중요한 삶의 기술일 뿐 아니라 직장 생활에서도 대단한 가치를 발휘한다. 마음챙김을 실천하면 투쟁-도피 반응을 일으키는 뇌의 스트레스 영역이 진정되기 때문이다. 마음챙김의 상태에서는 스트레스에 대한 원시적인 반응이 좀 더 사려 깊은 반응으로 대체된다.

화가 나 있거나 감정적이거나 스트레스로 지친 직원이 당신의 사무실을 찾아와 자신의 기분을 토로하려는 상황을 상상해보라. 그들을 어떤 상태로 맞이하고 싶은가? 정신없이? 아니면 차분하게? 마음챙김을 실천하면 격앙된 상태로 사람들을 만날 일이 없다. 스스로 감정을 조절할 수 있고, 너무 격렬하다고 느껴지면 식힐 수도 있기 때문이다.

또한 업무를 관리할 때 마음챙김을 실천하면 주의력, 인식력, 집중력이 높아진다. 뛰어난 운동선수들을 대상으로 한 연구에서는 마음챙김을 실천함으로써 통증까지 더 잘 조절할 수 있는 것으로 나타났다.[9]

현재에 머무르는 능력을 기르기는 어렵지 않다. 무엇이든 더 깊이 음미함으로써 현재에 머무를 수 있다. 다음 식사 때는 먹는 속도를 늦춰보라. 먹고 있는 음식에 집중하라. 냄새와 맛이 어떤지 느껴라. 전반적으로 속도를 늦추는 것이 핵심이다. 추천하고 싶은 또 다른 연습은 '세 가지 활동'이다. 하루 중 어느 시점이든 동작을 멈추고 주위를 둘러본 후, 다음 세 가지의 이름을 말한다.

- 당신이 볼 수 있는 것.
- 당신이 들을 수 있는 것.
- 당신이 만질 수 있는 것.

행동을 멈추고 뇌와 감각의 상태를 확인하기만 해도 앞에서 언급한 인지적 혜택을 모두 얻을 수 있다. 이런 활동은 간단하지만 여

자기 자신을 돌보는 법

러 가지 복합적인 혜택을 선사한다. 말했다시피 과학으로 검증된 삶의 지혜다. 이상의 방법들을 종합하면 더 건강하고 행복하며 높은 성과를 내는 리더로 거듭날 수 있다.

외상 후 성장

리더는 자신의 책임을 다하고 감정을 처리하는 동시에, 다른 사람을 돌보고 그들에게 공감해야 한다. 이것은 버거운 일일 수 있다. 위기가 닥치거나 자신이나 직원 혹은 조직이 어려운 시기에 리더의 임무를 수행하고 있다면 더욱 그렇다.

그러한 상황은 이상적이지 않다. 비극, 팬데믹, 경기 침체 같은 상황은 많은 스트레스를 주고 견디기 힘들 때도 있지만 피할 수 없다. 그런 일들을 분명히 일어난다. 그리고 이러한 경험에서 최대한 배우고 성장하는 것이 우리의 몫이다.

나는 30년 동안 일과 삶, 성취에 관한 관점을 탐구한 사회학자 트레이시 브라우어Tracy Brower에게 연락을 취했다. 그는《일에 활기를 주기 위한 삶의 활력 찾기Bring Work to Life by Bringing Life to Work》를 쓴 저자이기도 하다. 브라우어는 중대한 위기나 트라우마 사건을 겪으면 외상 후 성장의 순간을 경험할 수 있다고 말했다. 그것이 무슨 의미일까?

외상 후 성장은 트라우마 이후 찾아오는 특별한 종류의 변화를 설명하는 이론이다. 리처드 테데스키Richard Tedeschi와 로런스 캘훈Lawrence Calhoun은 이 현상을 설명하기 위해 '외상 후 성장'이라는 용어를 만들고, 이것을 매우 도전적인 삶의 상황에 맞서 힘겹게 싸운 결과 경험하게 되는 긍정적인 심리 변화로 정의했다.

그들은 트라우마를 경험한 사람들이 놀라운 회복력을 보일 뿐 아니라 트라우마 사건의 여파 속에서도 성장한다는 사실을 발견했다. 연구에 따르면 트라우마 생존자 중 대다수가 외상 후 스트레스 장애를 겪지 않으며 많은 사람이 그 경험을 통해 오히려 성장했다고 한다.

팬데믹 이전 미국 남성의 약 61퍼센트와 여성의 51퍼센트가 평생 적어도 한 차례의 트라우마 사건을 겪었다고 밝힌 것을 고려하면 인간의 회복 능력은 상당히 놀라운 편이다.[10]

테데스키와 캘훈에 따르면 역경을 딛고 일어선 사람들은 다음 7가지 영역에서 성장을 한다.

- 삶을 더 감사히 여긴다.
- 친밀한 관계를 더 감사히 여기고 견고히 다진다.
- 측은지심과 이타주의가 높아진다.
- 새로운 가능성 또는 인생의 목적을 발견한다.
- 내면의 힘을 더 또렷이 자각하고 활용한다.
- 영적 발달이 깊어진다.

자기 자신을 돌보는 법

- 창조적 성장을 이룬다.[11]

물론 반드시 트라우마를 겪어야만 성장할 수 있는 것은 아니다. 하지만 대다수는 인생에서 큰 스트레스의 순간을 직면하게 될 것이므로, 완전히 무너지느니 더 강해져서 일어나는 편이 더 낫지 않을까 싶다. 리프레이밍도 도무지 이해하기 힘든 일을 이해하는 데 도움이 된다.

10여 년 전 펜실베이니아대학교에서 회복력에 관한 연구를 시작한 저명한 연구자 루시 혼Lucy Hone에게도 비슷한 일이 일어났다. 그는 미군 장병 110만 명의 정신을 건강하게 훈련시키는 연구팀의 일원이었다.

혼이 고향인 뉴질랜드 크라이스트처치로 돌아가 박사 과정 연구를 시작했을 때의 일이다. 그는 2014년 어느 날, 긴 주말 연휴를 맞아 다른 두 가족과 함께 호수에 놀러 가기로 했다. 출발 직전에 열두 살짜리 딸 애비게일은 단짝 친구인 엘라와 함께 엘라의 엄마이자 혼의 절친한 친구인 샐리가 운전하는 차에 탔다. 그런데 호수로 향하던 길에 차 한 대가 정지 신호를 무시하고 속도를 내 그 차를 들이받았고, 세 명 모두 그 자리에서 즉사했다.

일순간 혼은 회복력 전문가에서 아이를 잃은 어머니가 되었다. 그는 말했다. "갑자기 제가 전문가의 조언을 받아야 할 사람이 된 거예요. 그리고 어떤 조언도 마음에 들지 않았죠."

책자와 애도 상담은 좋은 의도로 기획되었겠지만 기분을 더 악화시킬 뿐이었다고 한다. "그런 조언을 듣고 있자니 우리가 피해자라는 느낌이 들었어요. 앞으로의 여정에 대한 버거움과 우리가 느끼는 슬픔을 통제할 수 없다는 무력함을 느꼈어요. 상황이 얼마나 안 좋은지는 굳이 들을 필요가 없었습니다. 정말로 끔찍한 상황이라는 건 이미 알고 있었으니까요. 제게 가장 필요한 건 희망이었어요. 그 고뇌와 고통, 그리움을 헤쳐나갈 힘이 필요했어요. 무엇보다도 슬픔을 극복하는 과정에 적극적으로 참여하고 싶었어요."

치유를 위해 다른 길을 택하기로 한 혼은 새로운 전략으로 슬픔을 감당해보기로 했다. 그리고 효과 있는 방법 세 가지를 찾았다. 누구나 트라우마와 역경을 극복하는 다음 세 가지 전략을 시도할 수 있다.

- 고통이 삶의 일부임을 이해하라. "회복력이 강한 사람들은 살다 보면 안 좋은 일도 생긴다는 걸 이해합니다." 혼은 말했다. 고통을 반긴다는 건 아니지만 그렇다고 망상 속에서 살지도 않는다는 것이다. 고난이 닥칠 때 회복력이 강한 사람들은 고통이 모든 인간 존재성의 일부임을 알고 있는 듯하다. "이걸 알고 있으면 힘든 시기가 와도 딱히 차별당한다는 생각을 하지 않게 되죠. 저는 한 번도 '왜 하필 나야?'라고 생각한 적이 없어요. 그보다는 이렇게 생각했죠. '나면 어때서? 모두에게 그렇듯 내게도 끔찍한 일이 생긴 거야. 이게 이제 네 인생이니까 열심히 헤엄치

든지 가라앉든지 해야 해.'"

- 어떤 것에 주의를 기울여야 할지 살펴보고 판단하라. 회복력이 강한 사람들은 현실적으로 상황을 분석하고 바꿀 수 있는 부분에 집중하며 바꿀 수 없는 부분은 받아들이는 경향이 있다.

혼은 인간 진화의 후유증이 여기에 어떤 식으로 작용하는지 설명했다. "우리에게는 위협 반응이 너무나 깊이 내재해 있어서, 좋은 소식은 무시하고 온갖 나쁜 소식만 받아들이는 경향이 있습니다. 이는 호랑이에게서 자신을 보호해야 했던 시절에는 도움이 되었겠지만, 지금은 아닙니다. 그런데도 오늘날 우리는 온종일 계속해서 이런저런 위협에 시달리며 상시 긴장 상태로 지냅니다." 이때 회복력이 강한 사람들은 부정적인 면을 축소하지 않지만 긍정적인 면에 주파수를 맞추는 방법을 찾아낸다.

이제는 유명해진 TED 강연 '회복력 강한 사람들의 세 가지 비밀'에서 혼은 이렇게 이야기한다. "어느 날 의구심으로 너무나 버거웠을 때 이렇게 생각한 게 기억나요. '아냐, 여기에 휘말려선 안 돼. 이겨내야 해. 살아가야 할 이유가 너무나 많잖아. 죽음이 아닌 삶을 선택해야 해. 이미 잃어버린 것 때문에 지금 가진 것까지 잃어선 안 돼.' 심리학에서는 이걸 이점 발견이라고 부릅니다. 용감하게 살아보기로 한 저는 감사한 일들을 찾아보기로 했어요. 적어도 우리 예쁜 딸이 끔찍한 병을 오래 앓다가 죽은 건 아니잖아요. 갑자기 그 자리에서 즉사했기에 아이도 우리도 그런 고통을 겪을 필요가 없었죠. 또한 저는 슬픔을 이겨내는 과정에서 가족과 친구들에게 엄청난 도움을 받았습니다. 그리고 무엇보다도, 소중한 두 아이들은 살아가야 할 또 다른 이유였죠. 아이들은 우리를 필요로 했어요. 그리고 우리는 그들에게 할 수 있는 한 평범한 삶을 주고 싶었어요. 주의를 돌려 좋은 면을 바라보는 건 아주 강력한 방법임이 과학적으로 입증되었습니다."[12]

- 자신에게 질문하라. "지금 내가 하는 행동이 내게 도움이 되는가, 해가 되는가?" 루시는 딸이 죽고 처음 며칠 동안 여러 결정을 내려야 했고, 이 질문을 계속했다고 말했다. 이게 내게 도움이 되는 일일까, 아니면 나를 해치는 일일까? 딸의 사진을 들여다보면서 마음이 괴로워질 때면 자신에게 물었다. "이게 내게 도움이 되는 건가, 아니면 해가 되는 건가? 사진은 넣어두고 침대에 가서 자자. 자신에게 다정해야 해."

지금 당신에게 이렇게 물어보라. 내가 하는 행동 중 나를 해치는 일이 있는가? 지난 일을 곱씹거나 걱정하는가? 분노 또는 용서에 집착하고 있는가? 다른 사람의 사랑을 거부하거나 자신에 대한 애정을 보류하고 있는가? 자기 연민을 가져야 할 일에 수치심이나 죄책감을 느끼고 있지는 않은가? 그것은 당신에게 도움이 되는가, 아니면 해가 되는가?

혼이 우리에게 제시하는 이 세 가지 방법은 단순하지만 놀라운 효과가 있으며 실천하기 쉽고 마음대로 사용할 수 있다.

나는 혼과 인터뷰하면서 그의 이야기가 우리의 마음을 산산이

부수었다가 다시 꿰매주는 듯하다고 느꼈다. 그의 메시지는 명백하다. 회복은 가능하다는 것이다. 혼은 이렇게 말했다. "혹시라도 '내가 이 일을 이겨낼 수 있을까?' 싶은 순간이 온다면 제가 말씀드린 방법들을 배우고 다시 생각해보시길 바라요. 생각의 방향을 바꾸는 게 쉬웠다고 얘기하진 않겠어요. 고통이 전부 없어지는 것도 아니고요. 하지만 지난 5년간 제가 깨달은 것은 생각하는 방식을 바꾸는 게 정말 도움이 된다는 거예요."

트레이시 브라우어는 우리가 최근 집단으로 겪은 일들을 숙고할 때, 깊이 파고 들어가 이점을 발견할 필요가 있다고 말한다. "번아웃이 증가하고 있고 정신건강 문제가 만연한 상태입니다. 정신건강 문제가 얼마나 극심한지에 관한 새로운 연구 결과가 나오지 않는 주가 드물 정도죠. 하지만 번아웃이 온다고 해서 극복하지 못하는 것은 아닙니다. 오히려 성장의 밑거름이 될 수 있어요. 지금은 정말 힘든 시기고, 우리는 많은 것을 배우면서 회복력을 쌓고 있어요. 가장 위대한 혁신은 가장 거대한 장벽과 난관을 거쳐서 탄생합니다. 이 시대는 우리가 자녀 양육에서부터 일과 생활에 이르기까지 모든 분야에서 처음으로 돌아가 다시 생각하고 새로운 방법을 찾도록 하고 있습니다."

안타깝게도 리더들은 역할 때문에 고립감을 느낀다. 고립감은 리더라는 직무에 자연스럽게 수반되는 면도 없지 않다. 하지만 브라우어에 따르면 목적의식이 높은 사람들, 즉 가장 효과적으로 대처하는 사람들은 공동체에 대한 유대감이 강하며 풍파를 견뎌낸 경험이 풍부하다.

트라우마와 스트레스의 시기에 유대감은 외상 후 성장의 촉매로 작용할 수 있다. "공동의 적만큼 유대감 형성에 중요한 요소도 없죠. 코로나 바이러스 같은 위기는 관계를 강화할 완벽한 기회죠." 브라우어는 단언했다. "우리는 아주 힘든 시간을 함께 견뎌내고 있고, 그 시간을 통과하고 나면 동료나 직원들과 새로운 관계를 맺게 될 것입니다."

'리더십과 외로움'이라는 논문에서 아미 로카치Ami Rokach는 "(교육, 국가, 기업, 조직의) 리더들은 스트레스, 소외감, 고립감, 감정적 혼란을 견딘다. 이것은 건강 문제로 이어질 수 있고, 사회적 관계나 가족 관계에도 부정적인 영향을 끼칠 수 있다"라고 썼다.[13]

리더의 역할을 맡으면 예전의 동료들이 부하 직원이 되면서 보이지 않는 선이 생기기 때문에 고립감을 느낄 수 있다. 관계가 소원해지고 지지가 줄었다고 느낄 수도 있다. 로카치는 '통솔자의 외로움'이라는 말이 리더십의 맥락에서 자주 사용된다고 말한다. "높은 자리에서 자신의 지각력을 검증하지 못하고 현실 감각을 잃어버리는 경향은 리더의 위치에서 누구든 빠질 수 있는 함정입니다."

그는 몇 가지 핵심적인 차이로 외로움의 종류를 구분할 수 있으며, 이를 통해 우리가 직면하는 고립의 경험이 급성인지 만성인지 식별할 수 있다고 말한다.

"급성 외로움은 대개 상실감에 따른 상황적 외로움입니다. 반면 만성 외로움은 두 가지 원인에서 비롯될 수 있죠." 로카치는 설명했다. 만성 외로움은 "사람의 정신이나 성격과 밀접하게 얽힌 본질적 외로움입니다. 대개는 부모 또는 중요한 타인과의 관계 실패에 따른 결과로서, 세상은 나의 필요를 무시하고 심지어 알아차리지도 못하는 무자비한 곳이라는 인식을 바탕으로 합니다. 그런 외로움은 장기적인 심리치료를 통해서만 해결할 수 있다는 것이 제 소견입니다."

이와 달리 상황적 외로움은 일시적인 큰 상실감이 외로움을 불러오고, 심하면 우울증으로 이어지기도 하는 경우다. 당사자가 이를 극복할 수 없다고 느끼고 학습된 무기력이 생기면 오래 지속될 수 있다.

로카치가 언급한 학습된 무기력은 모든 리더와 직원들이 이해해야 할 중요한 용어로 "트라우마 사건 또는 연이은 실패로 인해 무력감을 느끼는 상태이며, 우울의 근본 요인 중 하나로 여겨진다."

통제 불가능한 부정적 상황을 계속 마주하고, 상황을 바꿀 능력이 있음에도 이러한 노력이 효과가 없다고 느껴 바꾸려는 시도를 중단할 때 학습된 무기력이 발생한다. 흡연자가 담배를 끊으려고 여러 차례 노력하다가 실패한 후, 평생 흡연을 하게 될 거라고 체념하듯 받아들이는 상황을 예로 들 수 있다.

'최고의 자리는 외롭다'라는 말은 농담처럼 들릴 수 있지만 실제로는 농담이 아닌 경우가 많다. "이 일은 원래 혼자 처리하는 거야" 혹은 "나 혼자 감당해야지. 나를 도와줄 수 있는 사람은 아무도 없으니까"와 같은 화법은 패배주의적 사고방식을 지속시킨다. 이런 사고방식이 만연해지면 번아웃으로 이어질 수 있다.

팬데믹 기간 내내 연구를 진행하고 리더들과 대화를 나누면서 내가 흥미롭다고 생각했던 부분은 사실 그들이 혼자가 아니라는 점이었다. 위기를 겪는 동안 극기심을 내려놓았더니 관계가 개선되었고 위계질서의 개념이 사라졌다는 이야기를 계속 들었다. 리더십 워크숍을 진행할 때 한 임원은 우리가 각자 다른 배를 타고 있을지는 모르지만 같은 폭풍우를 헤쳐나가고 있다는 사실을 깨달았다고 말했다.

조직에서 맡은 역할은 각자 다를지 몰라도, 리더 역시 여느 직원들과 다를 바 없이 식구들 뒷바라지를 하면서 바이러스 감염을 걱정하고 다른 가족들을 염려하는 처지다. 이런 식으로 유대감이 쌓이면 외딴섬에 혼자 있을 필요가 없다는 사실을 쉽게 깨달을 수 있다. 누군가가 나의 부하 직원이라고 해서 그와 단절된 채 지내야 한다는 뜻은 아니다. 리더는 직원들에게 자신의 삶을 들여다볼 창을 내어줄 수 있고, 그럼으로써 회사의 문화는 더 나아질 것이다.

내가 진행한 어느 워크숍에서 위기를 바라보는 관점들을 분석하는 시간에 "2020년에 대해서는 두 번 다시 생각하고 싶지 않아요"라는 말 대신 이런 말이 나왔다. "우리 팀은 너무나 가까워졌어요. 저는 이 일을 다 함께 겪고 있고, 우리가 공동의 목표 안에서 끈끈하게 연결되어 있다고 느껴요."

"누구도 겪어보지 못한 이 시기는 우리 모두에게 경종을 울렸습니다." 로카치는 말했다. "서구 세계의 사람들은 물질적 소유, 승진, 이익을 좇는 숨 가쁜 경쟁 속에서 살아왔습니다. 하지만 이번 일을 계기로 우리가 포옹, 인간과의 접촉, 따뜻함과 지지를 얼마나 갈망하는지 알게 되었죠. 주로 대면 상호작용이 필요한 일들이에요. 우리는 다른 사람들과 더 의미 있는 관계를 맺는 법을 배웠고, 그들을 소중히 여기게 되었으며, 우리 삶에 그들이 얼마나 필요한 존재인지 깨닫게 되었습니다."

그러면 이 모든 것은 번아웃과 어떻게 연결될까? 더는 설명이 필요하지 않겠지만 정리하자면 이 선제적 개입 방법들은 번아웃을 해결하는 과정에서 리더가 자신의 몫을 다하는 데 도움이 될 것이다. 리더는 모두의 노력을 하나로 모아야 하고, 이것은 힘을 보태는 방법이다. 리더십을 보여주는 방법이기도 하다.

심리 체력이 높은 상태로 업무에 임하면 사소한 일들로 감정이 마모될 일이 별로 없다. 다른 사람들에게 친절이 필요할 때 친절을 베풀 수 있고, 자신에게 연민이 필요할 때 자기 연민을 베풀 수 있다. 팬데믹이나 경제 붕괴, 대규모 화재와 같은 큰 스트레스에 대처해야 할 때 특히 그렇고, 다음 위기가 오기 전이라도 마찬가지다. 무슨 일이 닥치든 이 방법으로 감당할 수 있을 것이다.

앞으로는 어떠한 상황에서든 정답을 다 알지 못한다고 자신을 너무 몰아붙이지 말기 바란다. 격동의 시기에 친절을 베풀고 받는 것은 정신적 역량을 키워둔 상태에서만 가능하다. 감성 지능 역량을 연습하고, HERO 특질을 기르며, 심리 체력을 쌓으면 그렇게 할 수 있다.

아울러 개인적이고 개별화된 노력을 통해 웰빙과 행복을 증진하려는 공동의 노력, 건강한 기업 위생에 대한 약속, 정신건강을 뒷받침하는 더 나은 시스템과 정책, 그리고 이 문제를 완전히 해결하겠다는 헌신이 필요하다.

나는 리더들을 믿는다. 그리고 리더들이 함께한다면 번아웃과 싸워서 이길 수 있을 거라는 낙관적인 기분이 든다.

자기 자신을 돌보는 법

감사의 말

전 세계적인 감염병 대유행 중 번아웃에 관한 책을 쓰기란 쉽지 않았다. 가장 가까운 사람들의 특별한 배려가 필요했고, 지인과 동료들의 응원도 많이 필요했다. 무엇보다 가족들은 뒤집힌 세상의 혼란 속에서도 고요를 유지해야 했다. 누구보다도 남편 짐에게 감사한다. 나의 스웨덴이 되어줘서 고마워요, 짐. 당신의 조언은 치우침 없고 통찰력 넘치고 설득력 있고 상냥했어요. 당신이 아낌없이 시간을 내준 덕분에 이 작업을 하면서 한 번도 외롭다고 느낀 적이 없어요. 감사의 마음을 전합니다.

우리 아이들, 와이어트, 올리비아, 라일라의 존중과 인내에 감사한다. 너희들이 침실 겸 사무실에 조용히 들어왔다가 내 이마에 입을 맞추고 다시 조용히 나갔던 순간들이 특히 고마웠어. 엄마는 그 작은 행동들에 가슴이 뭉클해졌단다. 너희들은 나를 온전하게 만들어주는 존재야.

기억나지 않을 만큼 오래전부터 아빠는 내가 세상을 바꿀 거라고 말씀하셨다. 늘 하시던 그 말은 나에게 놀라울 정도로 긍정적인 영향을 끼쳤다. 세상의 모든 아빠가 딸들에게 너희는 굉장한 능력이 있다고 말해주기를 바란다. 하지만 나에게 그보다 더 큰 영향을 준 것은 우리 부모님이 평생을 살아오신 삶의 방식이었을 것이다. 엄마는 미국의 1세대 임상전문간호사로, 새로운 분야의 개척자이자 돌봄 제공자였다. 아빠가 은행에서 처음 맡은 업무는 종이로 동전을 싸는 일이었지만, 그는 결국 같은 은행에서 부행장으로 은퇴하셨다. 이런 배경은 나에게 봉쇄 기간 중 책을 쓸 수 있는 근면함과 추진력을 심어주었다. 말한 대로 행동하는 나의 부모님 샐리와 더그에게 감사한다. 사랑합니다.

꾸준한 응원을 보내준 나의 형제자매 재니스와 앨런, 친자매나 다름없는 패티와 멜리사, 제2의 엄마·아빠인 시부모님 코니와 론에게 감사하고 싶다. 재니스, 묻지도 따지지도 않고 나를 사랑해줘서 고마워. 내 필요를 예측하고 아이들을 돌봐준 것도. 네 덕분에 나와 이 책이 결승선을 무사히 통과할 수 있었어. 앨런과 멜리사, 내 고민과 두려움에 귀 기울여주고 내 삶에 웃음을 더해주는 가족으로 든든히 있어 줘서 고마워. 우리가 매주 즐기던 게임은 나에게 탈출구였어. 패티, 나에게 지적인 자극을 주고 이 책이 세상에 의미 있는 이유를 되새겨줘서 고마워. 삶에는 측정 기준 말고도 더 많은 것이 있더라. 코니와 론, 제 인생에 두 분이 계시다니 저는 정말 운 좋은 사람이에요. 특히 코니, 제가 하는 일에 자부심과 이해심을 보여주셔서 고맙습니다. 제가 한길을 걷는 힘이 되어주셨어요.

나의 친구들, 특히 영혼의 단짝 리디아 바고에게 고맙다는 말을 전하고 싶다. 네가 내 인생에 가져다주는 심리적 안전, 너와 함께 있을 때 느끼는 자연스러운 소속감은 이루 헤아릴 수 없을 만큼 소중하단다. 보석금을 내고 감옥에서 빼내 줄 그런 친구가 누구에게나 필요하다고 이야기했는데, 나한테 그건 너야.

나의 사람이 되어준 젠 슈나이더, 샌드라 리룩, 사라 심프슨, 린지 레인에게 감사한다. 전화 통화를 하고, 온라인으로 만나고, 지나다 잠깐 들르고, 차에서 커피를 마시고, 마스크를 쓴 채 사회적 거리두기를 하다가, 백신이 당도하고 자유를 얻기까지. 배꼽을 잡거나 눈물을 흘리던 모든 순간에 그들은 나와 항상 함께해 주었다. 정말이지 나에게는 절실한 순간이었다. 번아웃에 관한 책을 쓰면서 번아웃을 맞은 번아웃 전문가가 되지 않도록 도와줘서 고맙다.

케이티 루이스에게 감사한다. 이 책을 쓰는 동안 업무적으로나 개인적으로 그의 도움이 얼마나 컸는지 이루 말할 수 없다. 통상적인 업무 처리는 물론이고 내가 여전히 자기 돌봄을 실천하고 있는지 확인하는 일까지, 그의 지원은 더없이 소중했다. 살아남기 위해 애썼던 일 년간, 구명보트를 끌고 항상 그 자리에 있어 줘서 고마워요.

물론 하버드비즈니스리뷰 출판사 최강의 편집팀에 대한 감사도 빼놓을 수 없다. 제일 먼저 케빈 에버스, 이 책을 옹호해주시고 일찍부터 잠재력을 알아봐 주셔서 감사합니다. 제가 해야 할 이야기를 하고 싶은 방식대로 풀어나가도록 허락해주심으로써 최상의 결과물을 끌어내주신 점 고맙게 생각해요. (항상 쉬운 건 아니었지만) 이 책을 올바른 궤도에 올려주셔서 감사합니다. 당신은 진정한 프로예요. 앤 스타와 제인 게바르트, 다듬어지지 않은 제 글을 깔끔하고 체계적으로 정리해 훨씬 읽기 쉽게 만들어주셔서 감사합니다! 앤, 이 과정 내내 보여주신 지도력은 정말 큰 도움이 되었어요.

이 책이 세상에 나올 수 있도록 힘써주신 HBR 팀 전체에도 감사를 드리고 싶다. 다나 루스마니에르, 당신은 이 책이 존재하는 이유입니다. 이 주제에 관한 당신의 지지와 열정적인 관심 덕분에 여기까지 올 수 있었어요. 감사합니다. 함께 일할 수 있어 행복했어요. 그레천 가베트, 저를 믿어주시고 제 '놀라운 아이디어'에 신뢰를 보내주셔서 감사합니다. 이것은 제 인생에 긍정적인 영향을 끼친 열정적인 프로젝트였어요. 켈시 그리펜스트로, 전 세계 HBR 네트워크를 통해 기업 리더들과 저를 연결해 주셔서 감사합니다. 그 후로 직장에서의 번아웃 예방에 관한 대화가 어떻게 시작되었는지, 피드백을 계속 받고 있답니다.

미디어 대행사 케이브 헨릭스의 멋진 PR팀에서 활약해준 바버라 헨릭스, 제시카 크라코스키, 에밀리 라벨에게 감사한다. 여러분 모두는 변화를 가져다주는 이 책의 힘을 믿었고, 이 책을 위해 지칠 줄 모르고 일했어요. 줄리 드볼, 린지 디트리히, 알리신 잘, 알렉산드라 케파트, 펠리시아 시누사스, 에리카 하일먼, 존 시플리, 샐리 애슈워스, 엘라 모리시, 브라이언 갤빈까지 HBR 출판사의 마케팅과 커뮤니케이션 팀원 여러분께도 감사한다. 이 책을 전 세계 독자의 손에 들려준 여러분의 노고에 깊이 감사합니다.

나보다 앞서 번아웃이라는 주제에 관한 인식 개선을 촉구해온 과학자, 연구원, 전문가 여러분께 감사한다. 그중에서도 수십 년 동안 번아웃 측정의 황금 표준으로 남아 있는 학문적 척도를 만들어주신 크리스티나 매슬랙, 마이클 라이터, 수전 잭슨에게 감사한다. 크리스티나와 마이클, 팬데믹 기간 중 데이비드 화이트사이드와 함께 저랑 일해주셔서 감사해요.

우리의 데이터는 번아웃과 같은 기존의 문제점이 위기를 통해 전염병 수준으로 악화될 수 있음을 보여주었다. 그 데이터를 전 세계와 공유함으로써 변화가 시작되었고, 그 점을 나는 매우 감사히 여긴다. 우리 팀은 프뢰덴버거부터 허즈버그, 쇼펠리에 이르는 다른 과학자들과 마찬가지로 번아웃이 초래하는 치명적인 영향을 오래전부터 알고 있었다. 빠르게 커지는 이 문제에 대해 해결책을 찾으려는 그들의 노력은 타의 추종을 불허한다. 나는 열정적인 옹호와 현장에서의 끊임없는 연구로 그들의 업적을 기리기 위해 최선을 다할 것이다.

마지막으로 이 책을 읽고 실질적인 변화를 위해 애쓰시는 모든 분께 감사드린다. 내게 도움을 요청한 전 세계의 기업과 그 리더들이 펼치는 부단한 노력은 건강하게 성장하는 인력을 구축하고자 하는 기업들의 욕구가 얼마나 강렬한지 일깨워준다. 번아웃에서 자유로운 직장의 미래를 기대한다.

어떻게 해야
덜 지치고 건강하게
일할 수 있을까요?

안주연

정신건강의학과 전문의,
《내가 뭘 했다고 번아웃일까요》 저자

2년 전 나는 번아웃을 겪으며 힘들어하거나 번아웃 위기에 있는 분들에게 도움이 될 수 있는 내용을 중심으로《내가 뭘 했다고 번아웃일까요》를 썼다. 나는 책에서 번아웃을 극복하려면 충분한 휴식과, 속도와 방향 조절의 결심이 필요하며, 증상에 따라 심리 상담이나 정신건강의학과 진료가 도움이 될 수도 있다고 말했다. 물론 번아웃의 원인 자체가 성공적으로 관리되지 않은 직장 스트레스이므로, 리더와 팀장들에 대한 제언과 당부의 말을 수록하여 조직의 변화를 촉구하기도 했다.

번아웃 연구의 선구자이며 권위자인 크리스티나 매슬랙 교수는 셀프케어나 회복 프로그램도 필요하지만, 번아웃을 예방하기 위해서는 조직과 리더의 노력과 변화가 중요하다고 강조한다. 그는 "번아웃의 근본 원인은 개인이 아니라 조직에 있으며, CEO와 조직 관계자의 리더십을 통해서만 번아웃을 초기 단계부터 예방할 수 있다"고 이야기한다. 2019년 말 〈하버드비즈니스리뷰〉에 실린 제니퍼 모스의 매슬랙 교수 인터뷰[1]가 이러한 관점을 기업들에게 효과적으로 전달했다고 생각하며, 나 또한 이 인터뷰에 깊은 인상을 받았다.

출간 후 스타트업부터 대기업까지, 번아웃을 주제로 다양한 기업에서 강연을 하고, 진료실에서 번아웃으로 고통받는 많은 직장인들과 이야기를 나누면서 "번아웃은 조직의 도움 없이는 해결할 수 없다"는 매슬랙 교수의 말이 더욱 깊이 와닿았다. 우선 번아웃을 경험하는 당사자가 회복을 위해 업무 페이스를 조절하려면 동료와 팀원들에게 자신의 상태를 공유해야 하고, 직무 범위를 조율하거나 병가를 사용하기 위해서는 회사와도 논의해야 한다. 그런데 힘들다고 말하면 나약하다고 질책하고, 가시적 성과를 내지 않으면 구성원으로서의 가치를 인정하지 않는 현재 직장 문화 내에서는 자신의 취약성을 드러내는 것이 매우 어렵다.

또한 여러 연구나 많은 사람의 경험을 종합할 때 번아웃에서 회복하는 데는 적어도 여러 달이 걸리고 사람에 따라서는 2년 이상이 걸릴 수도 있으며, 그 후로도 지속적 영향이 있을 수 있다. 그러므로 번아웃에 대한 가장 효과적인 대책이자 백신은, 번아웃을 일으킬 수 있는 조직 내의 원인들을 파악하고 미리 제거하는 것이다. 그리고 이를 위해서는 조직과 리더들의 변화가 필수적이다.

조직 차원에서 번아웃 문제를 어떻게 해결할 수 있을지, 조직의 리더들에게 어떤 이야기를 해야 진정한 변화가 일어날 수 있을지 방법을 고심하던 중, 제니퍼 모스가 그동안의 번아웃 연구를 바탕으로 《잘나가는 조직은 무엇이 다를까》를 집필했다는 것을 알게 되었다.

제니퍼 모스는 오랫동안 번아웃을 해결하는 방법을 연구해온 세계적인 번아웃 전략가이자 저널리스트이며, 직장 문화 컨설턴트이기도 하다. 그는 번아웃의 최고 권위자인 매슬랙 교수와 함께 팬데믹 기간 동안 번아웃에 대한 연구를 수행하고 이 책을 썼다. 무엇보다 이 책은 번아웃의 예방과 회복에 관한 매슬랙 교수의 관점과 의도를 잘 반영하고 있으며, 번아웃 예방에 가장 중요한 요소이자 자원인 조직의 리더들을 위해 쓰인 번아웃 안내서다.

이 책에서 모스는 코로나19가 번아웃을 유발하는 업무 환경의 문제들과 정신건강 위기들을 더 가속화하여 드러냈을 뿐, 문제는 이미 존재하고 있었다고 이야기한다. 21세기에 들어서면서 인터넷과 SNS 등으로 인해 휴일에도 맘 편히 쉴 수 없는 업무 환경, 불확실한 경제 상황, 갈수록 고립이 심해지는 개인의 삶 등으로 사람들 사이에 피로와 우울이 심해졌다. 그런데 팬데믹 시기를 거치며 기약 없는 전면적 재택근무가 시작되는 등 업무 형태가 변화했고, 많은 사람들의 질병과 죽음을 겪으면서 사람들이 일과 삶의 좀 더 본질적인 부분에 관심을 갖게 되었다. 이에 따라 권위적인 직장 문화나 틀에 박힌 직무로 인한 스트레스 등도 이전만큼 견디지 않게 되었다. 미국에서는 '대퇴사great resignation'라는 현상이 나타났고 한국도 이런 흐름에서 자유롭지 않다.

2022년 7월 커리어테크 플랫폼 사람인이 1100개 기업을 대상으로 한 조사에 따르면 기업의 약 85퍼센트가 1년 이내에 조기 퇴사한 직원이 있다고 답했으며, 실제로 10명 중 3명이 1년을 근속하지 못한 것으로 나타났다. 특히 MZ세대의 조기 퇴사가 증가하는 추세인데 기업 10곳 중 7곳은 MZ세대의 조기 퇴사가 이전 세대보다 많다고 답했다.[2]

모스는 이 책에서 번아웃이 걷잡을 수 없이 퍼져나가는 것을 막기 위해 조직원 경험employee experience을 질적으로 변화시켜야 한다고 이야기한다. 여태껏 직업 환경은 조직이 원하는 바를 구성원에게 공유하여 수행케 하고, 그 대가로 복지 프로그램을 제공하는 등 리더의 '의도'에 초점을 맞춰 조성되어 왔다. 그러나 현실의 직장 문화를 좌우하는 것은 리더의 '선의' 자체보다는 이것이 구현되어 도달하는 직원들의 '경험'이다. 최근의 연구들은 구성원들이 직무 환경을 어떻게 느끼는지, 개선이 이루어졌다면 그것이 구성원에게 얼마나 도움을 주었는지가 실제 번아웃 예방에 더 중요한 요소임을 밝히고 있다.

직무 환경을 개선하고 구성원들에게 실질적인 도움을 주기 위해서는 리더의 공감 능력과 구체적이고 실질적인 소통, 합의된 내용에 대한 실천이 필요하다. 이처럼 건강한 조직원 경험을 만드는 일의 중요성과 방법, 태도를 섬세하게 담아낸 것이 이 책의 또 다른 미덕이다. 리더 자신의 정신건강을 돌보는 것 역시 큰 틀에서는 좋은 조직원 경험을 만들려는 노력인 동시에 좋은 조직원 경험을 만들기 위한 바탕이 된다. 비행기 탑승 시 안전 가이드에서 보듯, 비상시에 나부터 산소마스크를 써야 미처 그러지 못한 동반자나 노약자에게도 산소마스크를 씌워줄 수 있기 때문이다.

나는 이 책을 자신이 번아웃을 경험했거나, 주변에서 번아웃을 겪는 동료를 자주 목격하는 밀레니얼 세대의 리더들에게 특히 추천하고 싶다.

이 책의 서두에서 모스는 밀레니얼 세대가 가장 높은 수준의 번아웃을 겪는다고 밝힌다. 밀레니얼의 삶은 '생산성'으로 시작하여, 덕과 업의 일치, 워케이션(일work과 휴가vacation의 합성어로 업무와 휴가를 동시에 하는 근무 제도)까지 이어진다. 너무나 피곤하지만 '갓생 (MZ세대가 자주 쓰는 접두어 '갓'과 '인생'을 합쳐 만든 말로 생산적이고 계획적인 바른 생활을 의미한다)'을 살지 않으면 영원히 뒤처질 것 같아 멈출 수가 없다. 경쟁과 비교, 효능감에 대한 강박관념 때문에 몸과 마음의 신호를 무시하고 자신을 착취하면서까지 일하게 된다. 피로와 소진이 밀레니얼 세대의 공통적 특성일 수 있다는 목소리도 나온다.[3]

여러 회사와 조직에서 밀레니얼 세대는 구성원의 다수를 차지한다. 그중에서 30대 중반~ 40대 초반인 이들은 조직에서 팀장 혹은 매니저 역할을 맡고 있는 경우가 많다. 이들은 '좋은' 리더가 되고 싶지만, 직장 초년생 시절에 민주적 리더십을 경험하거나 소통과 리더십에 대한 교육을 받았을 가능성이 적다. 본인 나름대로 책을 읽고 강의를 들으며 리더십과 조직 심리에 대해 공부하고, 팀원들의 성향과 관심 업무를 파악해 최대한 소통하면서 업무를 해나가려 하지만 늘어난 업무와 책임에, 완벽해야 한다는 긴장과 자책까지 더해져 급격히 소진되곤 한다.

이렇게 업무 부담이 과중할수록 리더 자신의 정신건강과 심리적 안전을 지키는 것이 중요하다. 팀장이 자신의 마음을 돌보지 않으면 다른 팀원들 역시 마음 돌보기를 뒷전으로 미루거나, 정신건강상의 어려움에 대해 말을 꺼내기 어려워하기 때문이다. 최근 발표된 연구[4]에 따르면 스타트업 창업자의 64.2퍼센트가 심리적 문제를 겪고 있다고 답했지만, 낙인 등을 우려한 나머지 전문적 도움이 아닌 음주 등 역기능적 방식으로 스트레스를 해소하고 있었다. 이런 상태의 리더들이 다른 팀원과 조직원들에게 건강한 방식의 호기심을 보이고, 그들의 말을 적극적으로 경청하며, 성장을 돕기란 매우 어려운 일이다.

모스는 밀레니얼 세대 리더들에게 번아웃 예방과 회복을 위해 어떤 리더십을 갖춰야 하는지, 또 어떻게 번아웃에 대처하고, 조직을 변화시킬 수 있는지 그 방안을 제시한다. 이 책에는 번아웃을 유발할 수 있는 여섯 가지 직무 환경과 구체적인 대처 방안들이 실제 사례와 함께 실려 있다. 이중에서도 통제력 상실(자율성)과 빈약한 인간관계 상황에 대한 저자의 통찰은 정신건강의학과 전문의로서도 상당히 흥미롭고 도움이 되는 내용이었다.

저자는 직원들이 통제력을 상실했다고 느끼지 않도록 하기 위해 리더에게 마이크로매니징을 줄이고, 직원이 자기 역할을 재설계할 수 있는 개방적인 분위기를 형성하라고 권한다. 또 건전하고 서로를 의지하는 직장 내 인간관계의 중요성을 강조하며, 구성원들이 외로움을 덜 느끼고 솔직하고 공감적으로 소통할 수 있도록 다양한 기회를 만들라고 조언한다. 이 조언들은 내가 주치의로서 내담자들이 우울증이나 스트레스 장애에서 벗어나도록 도울 때, 특히 마지막 단계에서 제안하는 회복 방안들과 매우 닮았다.

인간은 타인과 연결되고 싶어 하며 자신이 속한 조직에 의미 있게 기여하고 싶어 한다. 그리고 그것이 잘 되지 않을 때 소진 또는 무력감, 우울감에 빠지기 쉽다. 그래서 정신건강의학과 전문의조차, 회복의 마지막 단계로 자신이 속한 조직이나 사회와 안전하고 건강한 연결을 만드는 방법을 제안할 수밖에 없다. 이러한 측면에서 볼 때 팀장(리더)의 가장 중요한 역할은 회사가 구성원들이 마음껏 시도하고 실패하며 성장할 수 있는 안전한 터전이 되도록 하는 것이다. 그리고 이렇게 만들어진 심리적으로 안전한 순간과 의미 있는 소통, 친밀한 관계들이 구성원 모두를 번아웃의 위험에서 어느 정도 보호해줄 수 있다.

구성원 중 한 명이 번아웃을 경험하는 조직은 직무 환경이 구성원들을 과도하게 힘들게 하지는 않는지, 또 심리적으로 안전하지 않아 자신의 피로한 상태를 솔직히 상의할 수 없는 건 아닌지 점검해 보아야 한다. 완벽하지 않더라도 이런 노력 자체가 조직의 정신건강 수준을 높일 수 있다. 결과와 성취 중심의 도파민 문화에서 행복과 웰빙을 중요시하는 세로토닌 문화, 안전과 연결을 추구하는 옥시토신 문화로의 전환이 필요하다. 그리고 이러한 노력들이 결국 조직의 성과와 지속 가능성을 만드는 든든한 주춧돌이 될 것이다.

어디에선가 고립되고 위축되어, "내가 뭘 했다고 번아웃일까요" 하고 자책하고 있을 이 시대의 팀장들에게 무조건적인 지지를 보낸다. 그리고 어느 정도 회복되었다면 자신과 회사를 향해 "어떻게 해야 우리가 덜 지치고 건강하게 일할 수 있을까요?"라는 한 걸음 나아간 질문을 품어보기를 제안한다.

어떤 구성원이 일반적인 수준 이상의 지속적 스트레스로 지쳐가는데 이를 알아차리고 돕지 못하는 조직이 과연 건강한가? 그리고 이런 분위기가 바뀌지 않는다면 이 조직이 급변하는 사회에서 잘 성장해나갈 수 있을까?

번아웃을 먼저 경험한 자신을 위해, 그리고 번아웃의 위험에 노출되어 있는 동료를 위해 이렇게 되물어보자.

"어떻게 해야 우리가 덜 지치고 건강하게 일할 수 있을까요?"

"어떻게 해야 우리가 나 자신과 서로를 보살필 수 있을까요?"

이 물음에 대해 대화하고 해결책을 찾다보면 팀장도, 동료들도 조직의 구성원으로서, 그리고 리더로서 함께 회복하고 성장해나갈 것이라고 믿는다. 이런 고민의 시기에는 조직 내 번아웃 예방에 관한 팁이나 일회성 강의보다 번아웃과 조직 내 인간관계에 대한 근본적인 변화를 만드는 새로운 조언과 통찰이 더 도움이 될 것이다. 보다 건강하고 의미 있으며 지속 가능한 직무 환경을 만들어가고픈 조직과 밀레니얼 리더들에게, 이 책《잘나가는 조직은 무엇이 다를까》가 든든한 지원군이 되어줄 것이다.

1. https://hbr.org/2019/12/burnout-is-about-your-workplace-not-your-people.
2. https://www.fnnews.com/news/202207210941250229.
3. 《요즘 애들》, 앤 헬렌 피터슨 지음, 박다솜 옮김, 알에이치코리아, 2021.
4. 《2022년도 국내 스타트업 창업자 정신건강 실태조사 결과보고서》, 분당서울대학교병원 공공의료사업단.

참고 문헌

들어가는 말

1. "More Than 2.6 Billion Worldwide Told to Observe Lockdowns", *MedicalXpress*, March 24, 2020, https://medicalxpress.com/news/2020-03-billion-worldwide-told-lockdowns.html; "Coronavirus: Four Out of Five People's Jobs Hit by the Pandemic", *BBC News*, April 7, 2020, https://www.bbc.com/news/business-52199888.

2. Reuters, "Zoom's Daily Participants Jumped from 10 Million to Over 200Million in 3 Months(Updated)", April 2, 2020, *VentureBeat*, https://venturebeat.com/2020/04/02/zooms-daily-active-users-jumped-from-10-million-to-over-200-million-in-3-months/.

3. "Burn-out an 'Occupational Phenomenon': International Classification of Diseases", World Health Organization, May 28, 2019, https://www.who.int/news/item/28-05-2019-burn-out-an-occupational-phe-

nomenon-international-classification-of-diseases.

4. "A Message from the Maslach Burnout Inventory Authors", *Mind Garden Blog*, March 19, 2019, https://www.mindgarden.com/blog/post/44-a-message-from-the-maslach-burnout-inventory-authors.

5. Jim Clifton, "The World's Broken Workplace", *Gallup Chairman's Blog*, June 13, 2017, https://news.gallup.com/opinion/chairman/212045/world-broken-workplace.aspx.

6. " One-Third of Your Life Is Spent at Work" Gettysburg College, n.d., https://www.gettysburg.edu/news/stories?id=79db7b34-630c-4f49-ad32-4ab9ea48e72b&pageTitle=1%2F3+of+your+life+is+spent+at+work; Karl Thompson, "What Percentage of Your Life Will You Spend at Work?", ReviseSociology, August 16, 2016, https://revisesociology.com/2016/08/16/percentage-life-work/.

7. Jeffrey Blitz, dir., *The Office*, season 5, episode 13, "Stress Relief", aired, February 1, 2009, on NBC.

8. Kristine D. Olson, "Physician Burnout—A Leading Indicator of Health System Performance?", *Mayo Clinic Proceedings* 92, no.11(November 1, 2017), https://www.mayoclinicproceedings.org/article/S0025-6196(17)30690-0/fulltext.

9. Dirk Enzmann and Dieter Kleiber, *Helfer-Leiden: Streß und Burnout in Psychosozialen Berufen*(Heidelberg: Asanger, 1989), 18.

1. 번아웃의 여섯 가지 근본 원인

1. Frederick Herzberg, "The Hygiene Motivation Theory", *Thinker 001*,

Chartered Management Institute, n.d., https://www.managers.org.
uk/~/media/Campus Resources/Frederick Herzberg-The hygiene mo-
tivation theory.ashx.

2. "Maslow's Hierarchy of Needs", *Encyclopedia of Child Behavior and Development*, 2011, https://link.springer.com/referenceworkentry/10.100
7%2F978-0-387-79061-9_1720.

3. Ibid.

4. Kathleen Stassen Berger, *The Developing Person through the Life Span*
(New York: Worth, 1983), 44.

5. Ben Wigert, "Employee Burnout: The Biggest Myth", Gallup, March 13,
2020, https://www.gallup.com/workplace/288539/employee-burn-
out-biggest-myth.aspx.

6. Rob Edwards, "Pyramids Broke the Backs of Workers", *New Scientist*,
January 20, 1996, https://www.newscientist.com/article/mg14920131-
100-pyramids-broke-the-backs-of-workers/.

7. Joel Goh, Jeffrey Pfeffer, and Stefanos A. Zenios, "The Relationship
between Workplace Stressors and Mortality and Health Costs in the
United States", *Management Science* 62, no. 2 (2016): iv–vii.

8. "World Day for Safety and Health at Work", International Labour Or-
ganization, April 28, 2019, https://www.ilo.org/global/topics/safety-
and-health-at-work/events-training/events-meetings/world-day-for-
safety/lang--en/index.htm.

9. "Three Out of Five Employees Are Highly Stressed, According to Com-
Psych Survey", press release, ComPsych, October 30, 2017, https://www.
compsych.com/press-room/press-article?nodeId=37b20f13-6b88-

400e-9852-0f1028bd1ec1.

10. Michelle Davis and Jeff Green, "Three Hours Longer, the Pandemic Work-Day Has Obliterated Work-Life Balance", *BNN Bloomberg*, April 27, 2020, https://www.bnnbloomberg.ca/three-hours-longer-the-pandemic-workday-has-obliterated-work-life-balance-1.1425827.

11. Oracle, "Global Study: 82% of People Believe Robots Can Support Their Mental Health Better Than Humans", press release, October 7, 2020, https://www.theglobeandmail.com/investing/markets/stocks/ORCL-N/pressreleases/389382/.

12. Durairaj Rajan, "Negative Impacts of Heavy Workload: A Comparative Study among Sanitary Workers", *Sociology International Journal* 2, no. 6(2018): 465–474.

13. Anna Dahlgren, Göran Kecklund, and Torbjörn Åkerstedt, "Different Levels of Work-Related Stress and the Effects on Sleep, Fatigue, and Cortisol", *Scandinavian Journal of Environmental Health* 31, no. 4(2005): 277–285.

14. John Ross, "Only the Overworked Die Young", *Harvard Health Blog*, Harvard Health Publishing, Harvard Medical School, December 14, 2015, https://www.health.harvard.edu/blog/only-the-overworked-die-young-201512148815.

15. Gonzalo Shoobridge, "Dealing with Chronically Overworked Employees", *LinkedIn Pulse*, February 18, 2016, https://www.linkedin.com/pulse/chronic-overwork-gonzalo-shoobridge/.

16. Evan DeFilippis et al., "Collaborations during Coronavirus: The Impact of COVID-19 on the Nature of Work", National Bureau of Economic

Research, working paper 27612, July 2020, https://www.nber.org/papers/w27612.

17. Davis and Green, "Three Hours Longer, the Pandemic Work-Day Has Obliterated Work-Life Balance."

18. "Four-Day Week Pays Off for UK Business", Henley Business School, July 3, 2019, https://www.henley.ac.uk/news/2019/four-day-week-pays-off-for-uk-business.

19. "Looking After Our Mental Health", #Healthy at Home, World Health Organization, n.d., https://www.who.int/campaigns/connecting-the-world-to-combat-coronavirus/healthyathome/healthyathome---mental-health.

20. "Mental Health—Having Courageous Conversations", Canadian Centre for Occupational Health and Safety, n.d., https://www.ccohs.ca/oshanswers/psychosocial/mentalhealth_conversations.html.

21. Palena Neale, "'Serious' Leaders Need Self-Care, Too", hbr.org, October 22, 2020, https://hbr.org/2020/10/serious-leaders-need-self-care-too.

22. Ibid.

23. Ibid.

24. "Breaking Boredom: What's Really Driving Job Seekers in 2018", Korn Ferry, https://www.kornferry.com/insights/this-week-in-leadership/job-hunting-2018-boredom.

25. Elizabeth Grace Saunders, "6 Causes of Burnout, and How to Avoid Them", hbr.org, July 5, 2019, https://hbr.org/2019/07/6-causes-of-burnout-and-how-to-avoid-them.

26. Susan K. Collins and Kevin S. Collins, "Micromanagement—a Costly Management Style, *Radiology Management* 24, no. 6(2002): 32–35.

27. Robert Karasek, "Lower Health Risk with Increased Job Control among White Collar Workers", *Journal of Organizational Behavior* 11, no. 3 (1990): 171–185.

28. Collins and Collins, "Micromanagement."

29. Timothy A. Judge et al., "Do Nice Guys and Gals Really Finish Last? The Joint Effects of Sex and Agreeableness on Income", *Journal of Personality and Social Psychology* 102, no. 2(2011): 390–407.

30. Michael Cabbage, "Still Haunted by Columbia's End", *Baltimore Sun*, February 1, 2004, https://www.baltimoresun.com/news/bs-xpm-2004 -02-01-0402010042-story.html.

31. Shahram Heshmat, "Eight Reasons Why We Get Bored", *Psychology Today*, June 16, 2017, https://www.psychologytoday.com/ca/blog/sci-ence-choice/201706/eight-reasons-why-we-get-bored.

32. "How We Form Habits, Change Existing Ones", *Science Daily*, August 8, 2014, https://www.sciencedaily.com/releases/2014/08/140808111931. htm.

33. Jane E. Dutton et al., "Being Valued and Devalued at Work: A Social Valuing Perspective", *Qualitative Organizational Research: Best Papers from the Davis Conference on Organizational Research*, vol. 3(Charlotte, NC: Information Age Publishing, 2012).

34. Ibid.

35. J. M. Violanti et al., "Effort–Reward Imbalance and Overcommitment at Work: Associations with Police Burnout", *Police Quarterly* 21, no.

4(2018): 440−460.

36. A. B. Bakker et al., "Effort-Reward Imbalance and Burnout among Nurses", *Journal of Advanced Nursing* 31, no. 4(2000): 884−891.

37. Beata Basinska and Ewa Wilczek-Rużyczka, "The Role of Rewards and Demands in Burnout among Surgical Nurses", *International Journal of Occupational Medicine and Environmental Health* 26(2013): 593−604.

38. Wale Aliyu, "25 Investigates: Overworked Police Departments Paying Big Money in Overtime", *Boston 25 News*, November 21, 2019, https://www.boston25news.com/news/25-investigates-overworked-police-departments-paying-big-money-in-overtime/1010669867/.

39. A. M. Williamson and Anne-Marie Feyer, "Moderate Sleep Deprivation Produces Impairments in Cognitive and Motor Performance Equivalent to Legally Prescribed Levels of Alcohol Intoxication", *Occupational and Environmental Medicine* 57(2000): 649−655.

40. Alison Duquette, "Fact Sheet−Pilot Fatigue Rule Comparison", Federal Aviation Administration, December 21, 2011, https://www.faa.gov/news/fact_sheets/news_story.cfm?newsKey=12445.

41. Michael J. Gaynor, "43 Percent of Internships at For-Profit Companies Don't Pay. This Man Is Helping to Change That", *Washington Post*, January 15, 2015, https://www.washingtonpost.com/lifestyle/magazine/his-quest-to-get-interns-paid-is-paying-off/2019/01/11/93df2b2-ff2a-11e8-83c0-b06139e540e5_story.html.

42. Nicolas A. Pologeorgis, "Unpaid Internship Impact on the Labor Market", Investopedia, June 25, 2019, https://www.investopedia.com/articles/economics/12/impact-of-unpaid-internships.asp#:~:text=Un-

paid%20internships%20take%20labor%20away,employees%2C%20
thus%20contributing%20to%20unemployment.

43. 2020 Branch Report, https://www.branchapp.com/resources/the-2020-branch-report.

44. Sabrina Son, "The Most Embarrassing Employment Stories We've Heard", *TinyPulse*, February 25, 2015, https://www.tinypulse.com/blog/the-most-embarrassing-employee-recognition-stories-weve-heard.

45. S. Alexander Haslam et al., "Social Identity, Health and Well−being: An Emerging Agenda for Applied Psychology", *Applied Psychology* 58, no. 1 (2009): 1−23.

46. Mary McCarthy, Grace Pretty, and Vic Catano, "Psychological Sense of Community and Burnout", *Journal of College Student Development* 31 (May 1990): 211−216.

47. Karl Thompson, "What Percentage of Your Life Will You Spend at Work?" ReviseSociology, August 16, 2016, https://revisesociology.com/2016/08/16/percentage-life-work/.

48. Deloitte Insights, "The Social Enterprise at Work: Paradox as a Path Forward: 2020 Deloitte Global Human Capital Trends", Deloitte Insights, n.d.,deloitte-cn-hc-trend-2020-en-200519.pdf.

49. "The Value of Belong at Work: New Frontiers for Inclusion in 2021 and Beyond", BetterUp, https://www.betterup.com/en-us/resources/reports/the-value-of-belonging-at-work-the-business-case-for-investing-in-workplace-inclusion.

50. "WorkWell: Living Your Best Life, At Work", YMCA, n.d., https://www.thisisy.ca/workwell/#lp-pom-block-8.

51. "Item 10: I Have a Best Friend at Work", Gallup, Workplace, May 26, 1999, https://www.gallup.com/workplace/237530/item-best-friend-work.aspx.

52. Ibid.

53. Ibid.

54. Tom Rath and Jim Harter, "Your Friends and Your Social Well-Being", *Gallup Business Journal*, August 19, 2010, https://news.gallup.com/businessjournal/127043/friends-social-wellbeing.aspx.

55. Arie Shirom et al., "Work-Based Predictors of Mortality: A 20-Year Follow-up of Healthy Employees", *Health Psychology* 30, no. 3(2011).

56. Dan Schawbel, *Back to Human: How Great Leaders Create Connection in the Age of Isolation*(Cambridge, MA: Da Capo Press, 2018).

57. Jaime Ballard, "During COVID, Many Millennials Still Feel Lonely", YouGov, May 1, 2020, https://today.yougov.com/topics/relationships/articles-reports/2020/05/01/loneliness-mental-health-coronavirus-poll-data.

58. Emmy Kenny, "Why Workplace Friendships Are Worth the Effort", Milkround, January 22, 2021, https://www.milkround.com/advice/why-workplace-friendships-are-worth-the-effort.

59. "Creative Thinking and the Brain", *Harvard Health Letter*, December 2010, https://www.health.harvard.edu/newsletter_article/creative-thinking-and-the-brain.

60. Gavin Kilduff et al., "The Psychology of Rivalry: A Relationally Dependent Analysis of Competition", *Academy of Management Journal* 53, no. 5(2010): 943–969.

61. John T. Cacioppo and Louise C. Hawley, "Perceived Social Isolation and Cognition", *Trends in Cognitive Science* 13, no. 10(2009): 447–454.

62. "Item 10", Gallup.

63. Constanze Leineweber et al., "Interactional Justice at Work Is Related to Sickness Absence: A Study Using Repeated Measures in the Swedish Working Population", *BMC Public Health* 17, no. 1(2017).

64. Ibid.

65. "Resolving Human Rights Issues in the Workplace", Ontario Human Rights Commission, 2008, http://www.ohrc.on.ca/en/iv-human-rights-issues-all-stages-employment/12-resolving-human-rights-issues-workplace.

66. Adia Harvey Wingfield, "The Disproportionate Impact of Covid-19 on Black Health Care Workers in the U.S.", hbr.org, May 14, 2020, https://hbr.org/2020/05/ the-disproportionate-impact-of-covid-19-on-black-health-care-workers-in-the-u-s.

67. Tiana Clark, "This Is What Black Burnout Feels Like", *BuzzFeed News*, January 11, 2019, https://www.buzzfeednews.com/article/tianaclark-poet/millennial-burnout-black-women-self-care-anxiety-depression.

68. Brianna Holt, "Beyond Burnout", The Cut, August 13, 2020, https://www.thecut.com/article/ black-women-on-burnout.html.

69. Ibid.

70. Saunders, "6 Causes of Burnout, and How to Avoid Them."

71. Arne L. Kalleberg, "The Mismatched Worker: When People Don't Fit Their Jobs", *Academy of Management Perspectives* 22, no. 1(2008): 24–40.

72. "Millennials: The Overqualified Workforce", Deloitte Insights, January 2019, https://www2.deloitte.com/us/en/insights/economy/spotlight/economics-insights-analysis-01-2019.html.

73. Camilla Turner and Olivia Rudgard, "Almost One in Three Graduates Are Overqualified for Their Job, Major Report Finds", *Telegraph*, September 12, 2018, https://www.telegraph.co.uk/education/2018/09/11/almost-one-three-graduates-overqualified-job-major-report-finds/.

74. "Millennials: The Overqualified Workforce", Deloitte Insights.

75. Ibid.

76. Richard Fry, "Share of Young Adults Not Working or in School Is at a 30-Year Low in U.S.", Pew Research Center, October 29, 2019, https://www.pewresearch.org/fact-tank/2019/10/29/share-of-young-adults-not-working-or-in-school-is-at-a-30-year-low-in-u-s/.

77. "Tuition Costs of Colleges and Universities", National Center for Education Statistics, n.d., https://nces.ed.gov/fastfacts/display.asp?id=76.

78. Michael Harari, Archana Manapragada, and Chockalingam Visweswaran, "Who Thinks They're a Big Fish in a Small Pond and Why Does It Matter? A Meta-analysis of Perceived Overqualification", *Journal of Vocational Behavior* 102 (October 2017): 28–47.

79. Ibid.

80. Ibid.

81. Terrence Jermyn Porter, "Employees' Responses to the Mismatch between Organizations' Espoused Values and Basic Assumptions about Organizational Culture", PhD dissertation, University of St. Thomas, St. Paul, MN, 2013, https://ir.stthomas.edu/cgi/viewcontent.cgi?arti-

cle=1025&context=caps_ed_orgdev_docdiss.

82. Sue Shellenbarger, "The Dangers of Hiring for Cultural Fit", *Wall Street Journal*, September 23, 2019, https://www.wsj.com/articles/the-dangers-of-hiring-for-cultural-fit-11569231000.

2. 우리 중 가작 취약한 사람들

1. Herbert J. Freudenberger, "Staff Burn-Out", *Journal of Social Issues* 30, no.1 (Winter 1974): 1-7.

2. E. R. Thompson, "Development and Validation of an International English Big-Five Mini-Markers", *Personality and Individual Differences* 45, no. 6 (2008): 542-548.

3. Sharon Maylor, "The Relationship Between Big Five Personality Traits and Burnout: A Study among Correctional Personnel", PhD dissertation, Walden University, Minneapolis, MN, 2018, https://scholarworks.waldenu.edu/cgi/viewcontent.cgi?article=6214&context=dissertations.

4. Gloria Mark et al., "Neurotics Can't Focus: An In Situ Study of Online Multitasking in the Workplace", *Proceedings of the 2016 CHI Conference on Human Factors in Computing Systems*, May 2016, 1739-1744.

5. Jason M. Fletcher, "The Effects of Personality Traits on Adult Labor Market Outcomes", *Journal of Economic Behavior and Organization* 89 (2013): 122-135.

6. Turhan Canli, "Functional Brain Mapping of Extraversion and Neuroticism: Learning from Individual Differences in Emotion Processing",

Journal of Personality 72(2005): 1105–1132.

7.   Susan Cain, *Quiet: The Power of Introverts in a World That Can't Stop Talking* (New York: Crown, 2013).

8.   Molly Owens, "Personality Type and Career Achievement", *Typefinder*, February 2015, https://www.truity.com/sites/default/files/Personality-Type-CareerAchievementStudy.pdf.

9.   Elizabeth Layman and Janet A. Guyden, "Reducing Your Risk of Burnout", *Health Care Supervisor* 15, no. 3(1997): 57–69.

10. Joachim Stoeber and Kathleen Otto, "Positive Conceptions of Perfectionism: Approaches, Evidence, Challenges", *Personality and Social Psychology Review* 10(2006): 259–319.

11. Andrew P. Hill and Thomas Curran, "Multidimensional Perfectionism and Burnout: A Meta-Analysis", *Personality and Social Psychology Review* 20, no. 3(2016): 269–288.

12. David Burns, *Feeling Good: The New Mood Therapy* (New York: Quill, 2000).

13. David Burns, "Secrets of Self-Esteem #2", *Feeling Good* (blog), https://feelinggood.com/2014/01/06/secrets-of-self-esteem-2-negative-and-positive-distortions/.

14. Mick Oreskovich and James Anderson, "Physician Personalities and Burnout", *Bulletin of the American College of Surgeons*, June 1, 2013, https://bulletin.facs.org/2013/06/personalities-and-burnout/.

15. Scott Gottlieb, "Patients Are at Risk Because of Nurses' Long Hours, Says Report", *British Medical Journal* 327, no. 7424(November 15, 2003): 1128.

16. Amy Witkoski Stimpfel, Douglas M. Sloane, and Linda H. Aiken, "The Longer the Shifts for Hospital Nurses, the Higher the Levels of Burnout and Patient Dissatisfaction", *Health Affairs* 31, no.11(November 2012): 2501–2509.

17. Jane Ball et al., "The 12-Hour Shift: Friend or Foe?" *Nursing Times* 111, no. 6(2015): 12–14.

18. Peter Donald Griffiths et al., "Nurses' Shift Length and Overtime Working in 12 European Countries", *Medical Care*, September 2014, https://www.researchgate.net/publication/265692122_Nurses'_Shift_Length_and_Overtime_Working_in_12_European_Countries_The_Association_With_Perceived_Quality_of_Care_and_Patient_Safety.

19. Jin Wen et al., "Workload, Burnout, and Medical Mistakes among Physicians in China: A Cross-Sectional Study", *BioScience Trends* 2016 10, no. 1(2016): 27–33.

20. Charles M. Balch et al., "Personal Consequences of Malpractice Lawsuits on American Surgeons", *Journal of the American College of Surgeons* 213, no. 5(November 2011): 657–667.

21. Edward R. Melnick et al., "The Association between Perceived Electronic Health Record Usability and Professional Burnout among US Physicians", *Mayo Clinic Proceedings* 95, no. 3(2020): 476–487.

22. Ibid.

23. Yale University, "Obama Administration Pumped $27 Billion into Electronic Health Records—Doctors Give an 'F,'" *SciTech Daily*, November 17, 2019, https://scitechdaily.com/obama-administration-pumped-27-billion-into-electronic-health-records-doctors-give-an-f/.

24. Ibid.

25. Tait D. Shanafelt et al., "Changes in Burnout and Satisfaction with Work-Life Integration in Physicians and the General US Working Population between 2011 and 2017", *Mayo Clinic Proceedings* 94, no. 9 (September 1, 2019): 1681–1694.

26. American Academy of Family Physicians, "COVID-19 Is Increasing Physician Burnout", *Quick Tips* (blog), September 18, 2020, https://www.aafp.org/journals/fpm/blogs/inpractice/entry/covid_burnout_survey.html.

27. Edward M. Ellison, "Beyond the Economics of Burnout", *Annals of Internal Medicine*, June 4, 2019, video, https://www.acpjournals.org/doi/10.7326/M19-1191.

28. Margo M. C. van Mol et al., "The Prevalence of Compassion Fatigue and Burnout among Healthcare Professional in Intensive Care Units: A Systematic Review", PLOS ONE 10, no. 8 (August 31, 2015), https://journals.plos.org/plosone/article?id=10.1371/journal.pone.0136955.

29. Dr. Lorna Breen Heroes' Foundation, https://drlornabreen.org/.

30. Maureen O'Connor, "A Doctor's Emergency", *Vanity Fair*, September 17, 2020, https://www.vanityfair.com/style/2020/09/will-lorna-breens-death-change-doctors-mental-health.

31. Emma Garcia and Elaine Weiss, "The Teacher Shortage Is Real, Large and Growing, and Worse Than We Thought", Economic Policy Institute, March 26, 2019, https://www.epi.org/publication/the-teacher-shortageis-real-large-and-growing-and-worse-than-we-thought-the-first-report-in-the-perfect-storm-in-the-teacher-labor-market-

series/.

32. Keith Lambert, "Why Our Teachers Are Leaving", *Education World*, n.d., https://www.educationworld.com/why-our-teachers-are-leaving.

33. "The World Needs Almost 69 Million New Teachers to Reach the 2030 Education Goals", UNESCO Institute for Statistics, October 2016, https://unesdoc.unesco.org/images/0024/002461/246124E.pdf.

34. Dian Schaffhauser, "Educators Feeling Stress, Anxious, Overwhelmed and Capable", *Journal*, June 2, 2020, https://thejournal.com/articles/2020/06/02/survey-teachers-feeling-stressed-anxious-overwhelmed-and-capable.aspx.

35. Rachel Krantz-Kent, "Teachers' Work Patterns: When, Where, and How Much Do U.S. Teachers Work?", *Monthly Labor Review* (March 2008): 52–59.

36. Sylvia Allegretto and Lawrence Mishel, "The Teacher Pay Penalty Has Reached a New High", Economic Policy Institute, September 5, 2018, https://www.epi.org/publication/teacher-pay-gap-2018/; National Center for Education Statistics, "Table 211.10: Average Total Income, Base Salary, and Other Sources of School and Nonschool Income for Full-Time Teachers in Public and Private Elementary and Secondary Schools, by Selected Characteristics: 2017–18", Digest of Education Statistics, https://nces.ed.gov/programs/digest/d19/tables/dt19_211.10.asp?current=yes.

37. Katie Reilly, "'I Work 3 Jobs and Donate Plasma to Pay the Bills.' This Is What It's Like to Be a Teacher in America", *Time*, September 24, 2018, https://time.com/magazine/us/5394910/september-24 th-2018-vol-

192-no-12-u-s/.

38. David Cooper and Teresa Kroeger, "Employers Steal Billions from Workers' Paychecks Each Year", Economic Policy Institute, May 10, 2017, https://www.epi.org/publication/employers-steal-billions-from-workers-paychecks-each-year/.

39. National Education Association, "Teacher Compensation: Fact vs. Fiction", September 1, 2018, https://www.nea.org/resource-library/teacher-compensation-fact-vs-fiction.

40. Christian Krekel, George Ward, and Jan-Emmanuel de Neve, "Employee Well-being, Productivity, and Firm Performance: Evidence and Case Studies", Global Happiness Council, *Global Happiness and Well-Being Policy Report 2019*, presented at World Government Summit, Dubai, February 10, 2019, 39–42.

41. James H. Fowler and Nicholas A. Christakis, "Dynamic Spread of Happiness in a Large Social Network: Longitudinal Analysis over 20 Years in the Framingham Heart Study", *British Medical Journal* (2008), https://www.bmj.com/content/337/bmj.a2338.

42. Ezra Golberstein et al., "Social Contagion of Mental Health: Evidence from College Roommates", *Health Economics* 22, no. 8 (2013): 965–986.

43. Jodi Kantor and David Streitfeld, "Inside Amazon: Wrestling Big Ideas in a Bruising Workplace", *New York Times*, August 15, 2015, https://www.nytimes.com/2015/08/16/technology/inside-amazon-wrestling-big-ideas-in-a-bruising-workplace.html.

44. Parul Koul and Chewy Shaw, "We Built Google. This Is Not the Com-

pany We Want to Work For", *New York Times*, January 4, 2021, https://www.ny times.com/2021/01/04/opinion/google-union.html.

45. Jennifer Moss, "Disrupting the Tech Profession's Gender Gap", Society of Human Resource Management, May 19, 2019, https://www.shrm.org/hr-today/news/all-things-work/pages/disrupting-the-tech-profession-gender-gap.aspx.

46. Rich Kleiman, "Jack Dorsey", *Out of the Office* podcast, n.d., https://podcasts.apple.com/us/podcast/episode-1-jack-dorsey/id1526198 958?i=100048 7879010.

47. Jennifer Moss, "When Passion Leads to Burnout", hbr.org, July 1, 2019, https://hbr.org/2019/07/when-passion-leads-to-burnout.

48. Robert J. Vallerand et al., "On the Role of Passion for Work in Burnout: A Process Model", *Journal of Personality* 78, no. 1(February 2010): 289–312.

3. 좋은 의도가 나쁜 결과를 불러올 때

1. Kathryn Walton et al., "Exploring the Role of Family Functioning in the Association between Frequency of Family Dinners and Dietary Intake among Adolescents and Young Adults", *JAMA Network Open*, November 21, 2018, https://jamanetwork.com/journals/jamanetworkopen/fullarticle/2715616.

2. Michelle J. Saksena et al., "American's Eating Habits: Food Away from Home", *Economic Information Bulletin* 196(September 2018), https://www.ers.usda.gov/webdocs/publications/90228/eib-196.pdf.

3. "Want to Eat Better and Live Longer? Learn to Cook", Blue Zones, April 2018, https://www.bluezones.com/2018/04/want-to-eat-better-and-live-longer-learn-to-cook/.

4. Sandra L. Hofferth and John F. Sandberg, "How American Children Spend Their Time", *Journal of Marriage and Family* 63, no. 2(2001): 295–308.

5. Jennifer Elias, "Google Is Accelerating Partial Reopening of Offices and Putting Limits on Future of Remote Work", CNBC, March 31, 2021, https://www.cnbc.com/2021/03/31/google-speeds-partial-office-reopening-and-puts-limits-on-remote-work.html.

6. Haley Messenger, "Google Delays Return to Office, Announces Plan to Test 'Flexible Work Week,'" NBC News, December 14, 2020, https://www.nbcnews.com/business/business-news/google-delays-return-office-announces-plan-test-flexible-work-week-n1251194.

7. Laura M. Giurge and Vanessa K. Bohns, "3 Tips to Avoid WFH Burnout", hbr.org, April 3, 2020, https://hbr.org/2020/04/3-tips-to-avoid-wfh-burnout.

8. Andrew J. Oswald et al., "Happiness and Productivity", *Journal of Labor Economics* 33, no. 4(2015): 789–822.

9. David Wyld, "Do Happier Employees Really Stay Longer?", *Academy of Management Perspectives* 28, no. 1(2014): 1–3; Claudia M. Haase, Michael J. Poulin, and Jutta Heckhausen, "Happiness as a Motivator: Positive Affect Predicts Primary Control Striving for Career and Educational Goals", *Personality and Social Psychology Bulletin* 38, no. 8(May 8, 2012): 1093–1104.

10. Shung J. Shin et al., "Cognitive Team Diversity and Individual Team Member Creativity: A Cross-Level Interaction", *Academy of Management Journal* 55, no.1(2013), https://journals.aom.org/doi/abs/10.5465/amj.2010.0270; Julian Barling et al., "Effects of Transformational Leadership Training on Attitudinal and Financial Outcomes: A Field Experiment", *Journal of Applied Psychology* 81, no. 6(1996): 827–832; Hui Wang et al., " Leader-Member Exchange as a Mediator of the Relationship between Transformational Leadership and Followers' Performance and Organizational Citizenship Behavior", *Academy of Management Journal* 48, no.3(2005), https://journals.aom.org/doi/abs/10.5465/amj.2005.17407908.

11. Julia K. Boehm and Sonja Lyubomirsky, "Does Happiness Promote Career Success?", *Journal of Career Assessment* 26, no. 2(2018), http://sonjalyubomirsky.com/wp-content/themes/sonjalyubomirsky/papers/BLinpressb.pdf.

12. Namely, "HR Mythbusters: The Reality of Work at Mid-Market Companies Worldwide", 2017, https://cdn2.hubspot.net/hubfs/228948/Namely%20HR%20Mythbusters%20Report.pdf.

13. Sabine Sonnentag, "Psychological Detachment from Work during Leisure Time: The Benefits of Mentally Disengaging from Work", *Current Directions in Psychological Science* 21, no. 2(March 2012): 114–118.

14. William J. Zukel et al., "The Multiple Risk Factor Intervention Trial (MRFIT): I. Historical Perspectives", *Preventive Medicine* 10, no. 4(1981): 387–401.

15. Justin McCarthy, "Taking Regular Vacations May Help Boost

Americans' Well-Being", *Gallup Wellbeing*, December 30, 2014, https://news.gallup.com/poll/180335/taking-regular-vacations-may-help-boost-americans.aspx.

16. John La Place, "The EY Better You Survey Uncovers Benefits Preferences of Employed Adults and College Students", press release, EY, February 25, 2020, https://www.ey.com/en_us/news/2020/02/ey-better-you-survey-uncovers-benefits-preferences-of-employed-adults-and-students.

17. Gerhard Strauss-Blasche et al., "Does Vacation Enable Recuperation? Changes in Well-Being Associated with Time Away from Work", *Occupational Medicine* 50, no. 3(2000): 167–172.

18. Vatsal Chikani et al., "Vacations Improve Mental Health among Rural Women: The Wisconsin Rural Women's Health Study", *Wisconsin Medical Journal* 104, no. 6(2005): 20–23.

19. Laura M. Giurge and Kaitlin Woolley, "Don't Work on Vacation. Seriously", hbr.org, July 22, 2020, https://hbr.org/2020/07/dont-work-on-vacation-seriously.

20. John Pencavel, "The Productivity of Working Hours", working paper, Stanford University, Palo Alto, CA, April 2014, http://ftp.iza.org/dp8129.pdf.

21. Ibid.

22. Global Wellness Institute, *2018 Global Wellness Economy Monitor*, https://globalwellnessinstitute.org/industry-research/2018-global-wellness-economy-monitor/.

23. Statista, "Health and Fitness App Downloads Worldwide from 1st

Quarter 2019 to 2nd Quarter 2020", n.d., https://www.statista.com/statistics/1127248/health-fitness-apps-downloads-worldwide/.

24. "Wearable Fitness Trackers Market to Reach $48.2 Billion", Globe-Newswire, March 28, 2018, https://www.globenewswire.com/news-release/2018/03/28/1454453/0/en/Wearable-Fitness-Trackers-Market-to-Reach-48-2-Billion-by-2023-P-S-Market-Research.html.

25. "How Fitness Trackers Can Improve Your Health", *Harvard Women's Health Watch*, December 2015, https://www.health.harvard.edu/staying-healthy/how-fitness-trackers-can-improve-your-health.

26. Robert A. Sloane et al., "Effectiveness of Activity Trackers with and without Incentives to Increase Physical Activity(TRIPPA): A Randomised Controlled Trial", *Lancet Diabetes and Endocrinology* 4, no. 12(December 1, 2016): 983–995.

27. Rui Wang, "Mental Health Sensing Using Mobile Phones", PhD thesis, Dartmouth College, Hanover, NH, September 28, 2018, https://www.cs.dartmouth.edu/~campbell/dr_rui_wang_thesis-2018.pdf.

28. Daniel B. Kline, "Be Merry(But Not That Merry): A Guide to Office-Holiday Parties", Yahoo, November 4, 2018, https://www.yahoo.com/news/merry-not-merry-guide-office-114600017.html.

29. Randstad USA, "What Do American Employees Really Want for the Holidays? Hint: Not a Cookie Swap", press release, November 16, 2017, https://rlc.randstadusa.com/press-room/press-releases/what-do-american-employees-really-want-for-the-holidays-hint-not-a-cookie-swap.

30. Jennifer Moss, "Holidays Can Be Stressful. They Don't Have to

Stress Out Your Team", hbr.org, December 18, 2018, https://hbr.org/2018/12/holidays-can-be-stressful-they-dont-have-to-stress-out-your-team.

31. Zoya Gervis, "A Lot of People Have Office Holiday Party Regrets", *New York Post*, November 28, 2018, https://nypost.com/2018/11/28/a-lot-of-people-have-office-holiday-party-regrets/.

32. Greenberg Quinlan Rosner, "Holiday Stress", press release, December 12, 2006, https://www.apa.org/news/press/releases/2006/12/holiday-stress.pdf.

33. P. J. Feinstein, "An Office Holiday Party Survival Guide for Introverts and Shy People", Muse, n.d., https://www.themuse.com/advice/office-holiday-party-survival-guide-introvert-shy.

34. Moss, "Holidays Can Be Stressful."

35. Rebecca Mead, "Cold Comfort: Tech Jobs and Egg Freezing", *New Yorker*, October 17, 2014, https://www.newyorker.com/news/daily-comment/facebook-apple-egg-freezing-benefits.

36. Ethics Committee of the American Society for Reproductive Medicine, "Planned Oocyte Cryopreservation for Women Seeking to Preserve Future Reproductive Potential: An Ethics Committee Opinion", *Fertility and Sterility* 110, no. 6(2018), https://www.asrm.org/globalassets/asrm/asrm-content/news-and-publications/ethics-committee-opinions/planned_oocyte_cryopreservation_for_women_seeking_to_preserve-pdfmembers.pdf.

4. 번아웃 측정 방법

1. Morris S. Viteles, *Motivation and Morale in Industry* (New York: Norton, 1953).

2. Linda V. Heinemann and Torsten Heinemann, "Burnout Research: Emergence and Scientific Investigation of a Contested Diagnosis", SAGE Open, January–March 2017, 1–12.

3. Michael P. Leiter and Christina Maslach, "Areas of Worklife: A Structured Approach to Organizational Predictors of Job Burnout", *Emotional and Physiological Processes and Positive Intervention Strategies*, vol. 3, eds. Pamela L. Perrewe and Daniel C. Ganster (Bingeley, UK: Emerald Insight, 2003), 91–134; Jennifer Moss, "Rethinking Burnout", (survey), https://wlu.ca1.qualtrics.com/jfe/preview/SV_3n4KhcTKet5fsMJ?Q_SurveyVersionID=current&Q_CHL=preview.

4. "A Message from the Maslach Burnout Inventory Authors", Mind Garden, March 19, 2019, https://www.mindgarden.com/blog/post/44-a-message-from-the-maslach-burnout-inventory-authors.

5. Ben Stiller (dir.), *Reality Bites*, Universal Pictures, 1994.

6. Wilmar B. Schaufeli et al., "The Measurement of Engagement and Burnout: A Two Sample Confirmatory Factor Analytic Approach", *Journal of Happiness Studies* 3 (2002): 71–92.

7. Toon W. Taris, Jan Fekke Ybema, and Ilona van Beek, "Burnout or Engagement: Identical Twins or Just Close Relatives?" Burnout Research 5 (June 2017): 3–11.

8. Leslie A. Baxter and Barbara M. Montgomery, *Relating: Dialogues and Dialectics* (New York: Guilford Press, 1996).

9. William A. Kahn, "Psychological Conditions of Personal Engagement and Disengagement at Work", *Academy of Management Journal* 33, no. 4(2017), https://journals.aom.org/doi/abs/10.5465/256287.

10. Ibid.

11. Shawn Achor and Michelle Gielan, "What Leading with Optimism Really Looks Like", hbr.org, June 4, 2020, https://hbr.org/2020/06/what-leading-with-optimism-really-looks-like.

12. Ibid.

5. 호기심으로 이끌기

1. Francesca Gino, "The Business Case for Curiosity", *Harvard Business Review*(September–October 2018): 48–57.

2. Ibid.

3. Mario Livio, "Why Do We Ask Why?", *Psychology Today*, June 23, 2017, https://www.psychologytoday.com/ca/blog/why/201706/why-do-we-ask-why.

4. Ibid.

5. Ibid.

6. Celeste Kidd and Benjamin Y. Hayden, "The Psychology and Neuroscience of Curiosity", *Neuron* 88, no. 3(November 4, 2015): 449–460.

7. Stefano I. Di Domenica and Richard M. Ryan, "The Emerging Neuroscience of Intrinsic Motivation: A New Frontier in Self-Determination Research", *Frontiers in Human Neuroscience* 11(March 24, 2017), https://www.ncbi.nlm.nih.gov/pmc/articles/PMC5364176/.

8. Thomas G. Reio Jr. and Albert Wiswell, "Field Investigation of the Relationship among Adult Curiosity, Workplace Learning, and Job Performance", *Human Resource Development Quarterly* 11, no. 1(2001): 5−30.

9. Roman Krznaric, "Six Habits of Highly Empathic People", *Greater Good Magazine*, November 27, 2012, https://greatergood.berkeley.edu/article/item/six_habits_of_highly_empathic_people1.

10. Jodi Halpern, "Empathy and Patient-Physician Conflicts", *Journal of General Internal Medicine* 22, no. 5(2007): 696−700.

11. Todd B. Kashdan et al., "Curiosity and Exploration: Facilitating Positive Subjective Experiences and Personal Growth Opportunities", *Journal of Personality Assessment* 82, no. 3(2004): 291−305.

12. Yancy Berns, "Best Company Culture 2019", Comparably, December 10, 2019, https://www.comparably.com/news/best-company-culture-2019/.

13. Heather Bussing, "ADP Women in STEM Profile: Martha Bird", ADP Spark, n.d., https://www.adp.com/spark/articles/2018/11/adp-women-in-stem-profile-martha-bird.aspx.

14. Charles Duhigg, "What Google Learned from Its Quest to Build the Perfect Team", *New York Times*, February 25, 2016, https://www.nytimes.com/2016/02/28/magazine/what-google-learned-from-its-quest-to-build-the-perfect-team.html.

15. Ibid.

16. "What Is Scrum?", Scrum.org, n.d., https://www.scrum.org/resources/what-is-scrum.

17. Hirotaka Takeuchi and Ikujiro Nonaka, "The New New Product Devel-

opment Game", *Harvard Business Review* (January 1986): 137−146.

18. Scrum Guides, https://scrumguides.org/.

19. "Small Teams", Published Patterns, n.d., https://sites.google.com/a/scrumplop.org/published-patterns/product-organization-pattern-language/development-team/small-teams.

20. Jill Clark and Trish Baker, "'It's Not Fair!' Cultural Attitudes to Social Loafing in Ethnically Diverse Groups", *Intercultural Communication Studies* 20(2011): 124−140.

21. Beng-Chong Lim and Katherine J. Klein, "Team Mental Models and Team Performance: A Field Study of the Effects of Team Mental Model Similarity and Accuracy", *Journal of Organizational Behavior* 27, no. 4(2006): 403−418.

22. Positive Psychology Center, "Perma Theory of Well-Being and Perma Workshops", University of Pennsylvania, 2021, https://ppc.sas.upenn.edu/learn-more/perma-theory-well-being-and-perma-workshops.

23. "One-Third of Your Life Is Spent at Work", Gettysburg College, n.d., https://www.gettysburg.edu/news/stories?id=79db7b34-630c-4f49-ad32-4ab9ea48e72b&pageTitle=1%2F3+of+your+life+is+spent+at+work.

24. Karyn Twaronite, "The Surprising Power of Simply Asking Coworkers How They're Doing", hbr.org, February 28, 2019, https://hbr.org/2019/02/the-surprising-power-of-simply-asking-coworkers-how-they-re-doing.

25. Ibid.

26. Catherine A. Sanderson, *Social Psychology* (Hoboken, NJ: Wiley, 2009),

344.

27. Gino, "The Business Case for Curiosity."

28. Annamarie Mann, "Why We Need Best Friends at Work", Gallup, January 15, 2018, https://www.gallup.com/workplace/236213/why-need-best-friends-work.aspx.

29. Ruma Betheja, "Here's How You Can Hire Curious Talent", People Matters, October 3, 2019, https://www.peoplemattersglobal.com/article/talent-acquisition/heres-how-you-can-hire-curious-talent-23321.

30. Alison Horstmeyer, "Using Curiosity to Enhance Meaningfulness of Work", *Graziadio Business Review* 22, no.2 (August 8, 2019), https://gbr.pepperdine.edu/2019/08/using-curiosity-to-enhance-meaningfulness-of-work/.

6. 공감 능력 있는 리더 되기

1. Center for Army Leadership, *The U.S. Army Leadership Field Manual: Battle-Tested Wisdom for Leaders in Any Organization* (New York: Mc-Graw-Hill, 2004).

2. Maureen Dowd, "Lady of the Rings: Jacinda Rules", *New York Times*, September 8, 2018, https://www.nytimes.com/2018/09/08/opinion/sunday/jacinda-ardern-new-zealand-prime-minister.html.

3. Jennifer Moss, "Making Your Workplace Safe for Grief", hbr.org, June 6, 2017, https://hbr.org/2017/06/making-your-workplace-safe-for-grief.

4. Ms. Yasmine Motarjemi v. Société des Produits Nestlé SA (formerly

Nestec SA), https://assets.gov.ie/88067/21cee589-2411-4197-a280-7a9b6ef7f5dd.pdf.

5.   Benjamin J. McMichael, "The Failure of 'Sorry': An Empirical Evaluation of Apology Laws, Health Care, and Medical Malpractice", *Lewis and Clark Law Review* 22, no. 1(March 1, 2019): 1199－1281.

6.   Nicole Saitta and Samuel D. Hodge Jr., "Efficacy of a Physician's Words of Empathy: An Overview of State Apology Laws", *Journal of the American Osteopathic Association* 112(2012): 302－306.

7.   Ibid.

8.   Anne Pietrangelo, "The Effects of Stress on Your Body", Healthline, March 29, 2020, https://www.healthline.com/health/stress/effects-on-body#4.

9.   Amy Edmondson, "Psychological Safety, Trust, and Learning in Organizations: A Group-Level Lens", ResearchGate, October 2011, https://www.researchgate.net/publication/268328210_Psychological_Safety_Trust_and_Learning_in_Organizations_A_Group-level_Lens.

10.   Amy Edmondson, "Creating Psychological Safety in the Workplace", HBR Podcast, January 22, 2019, https://hbr.org/podcast/2019/01/creating-psychological-safety-in-the-workplace.

11.   Albert Bandura, "Toward a Psychology of Human Agency", *Perspectives on Psychological Science* 1, no. 2(2006): 164－180.

12.   Ibid.

13.   Todd B. Kashdan and Jonathan Rottenberg, "Psychological Flexibility as a Fundamental Aspect of Health", *Clinical Psychology Review* 30, no. 7 (2010): 865－878.

14. Danielle Jessica Lamb, "Examining Psychological Flexibility at the Individual, Team, and Leadership Levels in Crisis Resolution Teams", PhD thesis, University College London, 2018, https://discovery.ucl.ac.uk/id/eprint/10043365/1/DL%20PhD%20thesis%20%-20final%20version.pdf.

15. Brian Thompson, "Experiential Avoidance and Its Relevance to PDST", Portland Psychotherapy, n.d., https://portlandpsychotherapytraining.com/2012/09/22/experiential-avoidance-and-its-relevance-to-ptsd/.

16. Walter Swap et al., "Using Mentoring and Storytelling to Transfer Knowledge in the Workplace", *Journal of Management Information Systems* 18, no.1(2001): 95–114.

17. Karl E. Weick and Larry D. Browning, "Argument and Narration in Organizational Communication", *Journal of Management* 12, no. 2(1986): 243–259.

18. Tommi Auvinen, Iiris Aaltio, and Kirsimarja Blomqvist, "Constructing Leadership by Storytelling—the Meaning of Trust and Narratives", *Leadership and Organization Development Journal* 34, no. 6(August 23, 2013): 496–514.

7. 자기 자신을 돌보는 법

1. Jan-Emmanuel De Neve and George Ward, "Happiness at Work", *World Happiness Report*, 2017, https://s3.amazonaws.com/happiness-report/2017/HR17-Ch6_wAppendix.pdf.

2. Jan-Emmanuel De Neve, "Equation for Happiness", Global HR Fo-

rum, 2019, https://www.youtube.com/watch?v=bZKLvIBJtFc&.

3. Anthony Heyes and Soodeh Saberian, "Temperature and Decisions: Evidence from 207,000 Court Cases", *American Economic Journal: Applied Economics* 11, no. 2(2019): 238‒265.

4. David Hirshleifer and Tyler Shumway, "Good Day Sunshine: Stock Returns and the Weather", *Journal of Finance* 58, no. 3(2003): 1009‒1032; Alex Edmans et al., "Sports Sentiment and Stock Returns", *Journal of Finance* 62, no. 4(2007): 1967‒1998.

5. Charles R. Snyder, " Hope Theory: Rainbows in the Mind", *Psychological Inquiry* 13, no. 4(2002): 249‒275.

6. William H. McRaven, "Commencement Address", University of Texas at Austin, May 19, 2014, https://www.youtube.com/watch?v=pxBQL-FLei70.

7. Albert Bandura, "Regulation of Cognitive Processes through Perceived Self-Efficacy", *Developmental Psychology* 25, no. 5(1989): 729‒735.

8. Robert A. Emmons, Michael E. McCollough, and Jo-Ann Tsang, "The Assessment of Gratitude", in S. J. Lopez and C. R. Snyder(eds.), *Positive Psychological Assessment: A Handbook of Models and Measures*, Washington, DC: American Psychological Association(2003): 327‒341.

9. Jui-Ti Nien et al., "Mindfulness Training Enhances Endurance Performance and Executive Functions in Athletes: An Event-Related Potential Study", *Neural Plasticity*(August 28, 2020), https://www.ncbi.nlm.nih.gov/pmc/articles/PMC7474752/.

10. Beatriz Olaya, "Association between Traumatic Events and Post-Traumatic Disorder: Results from the ESEMeD-Spain Study", *Epidemiology*

and Psychiatric Sciences 24, no. 2(April 2015): 172–183.

11. Richard G. Tedeschi and Lawrence G. Calhoun, "Posttraumatic Growth: Conceptual Foundations and Empirical Evidence", *Psychological Inquiry* 15, no. 1(2004): 1–18.

12. Lucy Hone, "3 Secrets of Resilient People", TEDxChristchurch, August 2019, https://www.ted.com/talks/lucy_hone_3_secrets_of_resilient_people?language=en.

13. Ami Rokach, "Leadership and Loneliness", *International Journal of Leadership and Change* 2, no. 1(2014): 48–58.

옮긴이 강유리

성균관대학교 영어영문학과를 졸업하고 외국계 기업의 인사부서 근무 중 번역의 세계에 발을 들였다. 현재는 펍헙번역그룹에서 좋은 책을 발굴하고 우리말로 옮기는 일에 즐겁게 매진하고 있다. 옮긴 책으로는《미움받는 식물들》《딸아, 너는 생각보다 강하단다》《굿바이 스트레스》《스타벅스 웨이》《탁월한 생각은 어떻게 만들어지는가》《나는 퇴근 후 사장이 된다》《크리에이터의 생각법》등 다수가 있다.

잘나가는 조직은 무엇이 다를까

첫판 1쇄 펴낸날 2022년 10월 7일
　　2쇄 펴낸날 2022년 12월 9일

지은이 제니퍼 모스
옮긴이 강유리
발행인 김혜경
편집인 김수진
책임편집 임지원
편집기획 김교석 조한나 김단희 유승연 김유진 곽세라 전하연
디자인 한승연 성윤정
경영지원국 안정숙
마케팅 문창운 백윤진 박희원
회계 임옥희 양여진 김주연

펴낸곳 (주)도서출판 푸른숲
출판등록 2003년 12월 17일 제2003-000032호
주소 경기도 파주시 심학산로 10(서패동) 3층, 우편번호 10881
전화 031)955-9005(마케팅부), 031)955-9010(편집부)
팩스 031)955-9015(마케팅부), 031)955-9017(편집부)
홈페이지 www.prunsoop.co.kr
페이스북 www.facebook.com/simsimpress　　**인스타그램** @simsimbooks

ⓒ 푸른숲, 2022
ISBN 979-11-5675-988-1(03320)

심심은 (주)도서출판 푸른숲의 인문·심리 브랜드입니다.